税收制度分类指引丛书

“走出去”税收指引

《“走出去”税收指引》编写组　编

中国税务出版社

图书在版编目(CIP)数据

“走出去”税收指引/《“走出去”税收指引》编写组编.
--北京:中国税务出版社,2017.12
(税收制度分类指引丛书)
ISBN 978-7-5678-0652-8

Ⅰ.①走… Ⅱ.①走… Ⅲ.①企业管理-对外投资-税收管理-中国 Ⅳ.①F812.423

中国版本图书馆 CIP 数据核字(2017)第 320781 号

丛 书 名: 税收制度分类指引丛书
书 名: “走出去”税收指引
作 者: 《“走出去”税收指引》编写组 编
责任编辑: 刘 菲 范竹青
责任校对: 于 玲
技术设计: 刘冬珂
出版发行: 中国税务出版社
北京市丰台区广安路9号国投财富广场1号楼11层
邮政编码:100055
http://www.taxation.cn
E-mail:swcb@taxation.cn
发行中心电话:(010)83362083/86/89
传真:(010)83362046/47/48/49
经 销: 各地新华书店
印 刷: 北京联兴盛业印刷股份有限公司
规 格: 787毫米×1092毫米 1/16
印 张: 21
字 数: 386000字
版 次: 2017年12月第1版 2017年12月第1次印刷
书 号: ISBN 978-7-5678-0652-8
定 价: 42.00元

《“走出去”税收指引》编写组

（按姓氏笔画排序）

编写指导： 王　懿　许云程　孙毅敏
杨　肖　周怀世　熊　艳

编写人员： 马　聪　王　帅　王禹娇
王增光　仲伟嘉　刘瑞宝
严海霞　李巧郎　杨　磊
岑远春　陈凤月　陈依媛
姚　禹　姚朝钗　黄　星
彭索夫　韩秀芹　曾文聪
缪婷婷

统　　稿： 刘　凯

编者说明

为深入贯彻落实党的十九大精神，进一步优化税收环境，更好地服务纳税人，国家税务总局组织编写了税收制度分类指引。目前，已公布《“大众创业、万众创新”税收优惠政策指引》和《“走出去”税收指引》。

根据国家税务总局发布的相关资料，我们组织编写了《税收制度分类指引丛书》，主要是整理、汇编、补充涉及的相关政策。目前，已出版《“大众创业、万众创新”税收优惠政策指引及文件汇编》,《“走出去”税收指引》是第二种。

《“走出去”税收指引》分税收政策、税收协定、管理规定及服务举措四大类，涉及83个“走出去”税收事项，针对每个税收事项的适用主体、政策规定、使用条件、政策依据等加以指引。编写组在已发布的资料基础上，对其中涉及的政策文件、条款进行链接，并对文件、条款中涉及的失效、废止及政策调整状态进行标注，以更便捷地查询、使用相关政策，满足纳税人的个性化需求。

为方便读者使用，我们对在政策链接中首次出现的政策进行了编码。例如：编码“1-2”中的第一个数字“1”代表该政策所处的税收事项“1. 生产企业出口货物出口退（免）税政策”的编号，第二个数字“2”代表该政策在所处税收事项的政策依据中出现的顺序。重复出现该政策时，标注“（略，见文件1-2)”。本书所涉及的所有政策在正文后按编码排序制作了索引，读者可依据文件编码或索引查找相关政策内容。

本书收录文件截至2017年10月。具体执行中的问题，以及执行中遇到修改、补充或新的规定，请参照最新发布的法律、法规、规章及规范性文件的规定执行。

更多税收政策请登录中国税务出版社税收资讯网（www.taxation.cn）查阅。

《“走出去”税收指引》编写组

2017年11月

目　　录

二、税收协定

三、管理规定

四、服务举措

一、税收政策

（一）出口货物劳务退（免）税政策

按照我国现行税收政策，对出口企业出口货物（包括对外援助、对外承包、境外投资的出口货物等）、对外提供加工修理修配劳务，实行免征和退还增值税政策；对于出口货物属于消费税应税消费品的，如果出口货物适用增值税退（免）税政策，免征消费税；如果属于购进出口的货物，退还前一环节对其已征的消费税。

1. 生产企业出口货物出口退（免）税政策

【适用主体】

生产企业，是指具有生产能力（包括加工修理修配能力）的单位或个体工商户。

【政策规定】

生产企业出口自产货物和视同自产货物及对外提供加工修理修配劳务，以及列名生产企业出口非自产货物，免征增值税，相应的进项税额抵减应纳增值税额（不包括适用增值税即征即退、先征后退政策的应纳增值税额），未抵减完的部分予以退还。

上述列名生产企业具体范围见《财政部　国家税务总局关于出口货物劳务增值税和消费税政策的通知》（财税〔2012〕39 号）。

在特定条件下，生产企业出口的外购货物，可视同自产货物适用增值税退（免）税政策。具体条件见《财政部　国家税务总局关于出口货物劳务增值税和消费税政策的通知》（财税〔2012〕39 号）。

生产企业出口实行增值税退（免）税的货物，如果属于消费税应税消费品，免征消费税；如果属于购进出口视同自产的货物，退还前一环节对其已征的消费税。

【适用条件】

生产企业应依法办理工商登记、税务登记、对外贸易经营者备案登记。如果委托出口货物的生产企业未办理对外贸易经营者备案登记，也可实行上述政策。

【情景问答】

问：我们是一家摩托车生产企业，准备将产品出口到东南亚。请问出口货物的退（免）税申报程序和期限的要求是什么？

答：你企业当月出口的货物须在次月的增值税纳税申报期内，向主管税务机关办理增值税纳税申报、免抵退税相关申报及消费税免税申报。

你企业应在货物报关出口之日（以出口货物报关单〈出口退税专用〉上的出口日期为准）次月起至次年4月30日前的各增值税纳税申报期内收齐有关凭证，向主管税务机关申报办理出口货物增值税免抵退税及消费税退税。

【政策依据】

（1）《财政部　国家税务总局关于出口货物劳务增值税和消费税政策的通知》（财税〔2012〕39号）第一条、第二条

（2）《国家税务总局关于发布〈出口货物劳务增值税和消费税管理办法〉的公告》（国家税务总局公告2012年第24号）第四条

（3）《国家税务总局关于部分税务行政审批事项取消后有关管理问题的公告》（国家税务总局公告2015年第56号）第三条

政策链接

1－1[①] 《财政部　国家税务总局关于出口货物劳务增值税和消费税政策的通知》第一条、第二条

2012年5月25日　财税〔2012〕39号

一、适用增值税退（免）税政策的出口货物劳务

对下列出口货物劳务，除适用本通知第六条和第七条规定的外，实行免征

① 为方便读者检索，编者对首次出现的政策链接内容进行编码。该编码中的第一个数字1代表税收事项“1. 生产企业出口货物出口退（免）税政策”，第二个数字1代表该政策在所处税收事项中的政策序列。

和退还增值税［以下称增值税退（免）税］政策：

（一）出口企业出口货物。

本通知所称出口企业，是指依法办理工商登记、税务登记、对外贸易经营者备案登记，自营或委托出口货物的单位或个体工商户，以及依法办理工商登记、税务登记但未办理对外贸易经营者备案登记，委托出口货物的生产企业。

本通知所称出口货物，是指向海关报关后实际离境并销售给境外单位或个人的货物，分为自营出口货物和委托出口货物两类。

本通知所称生产企业，是指具有生产能力（包括加工修理修配能力）的单位或个体工商户。

（二）出口企业或其他单位视同出口货物。具体是指：

1. 出口企业对外援助、对外承包、境外投资的出口货物。

2. 出口企业经海关报关进入国家批准的出口加工区、保税物流园区、保税港区、综合保税区、珠澳跨境工业区（珠海园区）、中哈霍尔果斯国际边境合作中心（中方配套区域）、保税物流中心（B型）（以下统称特殊区域）并销售给特殊区域内单位或境外单位、个人的货物。

3. 免税品经营企业销售的货物〔国家规定不允许经营和限制出口的货物（见附件1）、卷烟和超出免税品经营企业《企业法人营业执照》规定经营范围的货物除外〕。具体是指：（1）中国免税品（集团）有限责任公司向海关报关运入海关监管仓库，专供其经国家批准设立的统一经营、统一组织进货、统一制定零售价格、统一管理的免税店销售的货物；（2）国家批准的除中国免税品（集团）有限责任公司外的免税品经营企业，向海关报关运入海关监管仓库，专供其所属的首都机场口岸海关隔离区内的免税店销售的货物；（3）国家批准的除中国免税品（集团）有限责任公司外的免税品经营企业所属的上海虹桥、浦东机场海关隔离区内的免税店销售的货物。

4. 出口企业或其他单位销售给用于国际金融组织或外国政府贷款国际招标建设项目的中标机电产品（以下称中标机电产品）。上述中标机电产品，包括外国企业中标再分包给出口企业或其他单位的机电产品。贷款机构和中标机电产品的具体范围见附件2。

5. 生产企业向海上石油天然气开采企业销售的自产的海洋工程结构物。海洋工程结构物和海上石油天然气开采企业的具体范围见附件3。

6. 出口企业或其他单位销售给国际运输企业用于国际运输工具上的货物。上述规定暂仅适用于外轮供应公司、远洋运输供应公司销售给外轮、远洋国轮的货物，国内航空供应公司生产销售给国内和国外航空公司国际航班的航空食品。

7. 出口企业或其他单位销售给特殊区域内生产企业生产耗用且不向海关

报关而输入特殊区域的水（包括蒸汽）、电力、燃气（以下称输入特殊区域的水电气）。

除本通知及财政部和国家税务总局另有规定外，视同出口货物适用出口货物的各项规定。

（三）出口企业对外提供加工修理修配劳务。

对外提供加工修理修配劳务，是指对进境复出口货物或从事国际运输的运输工具进行的加工修理修配。

二、增值税退（免）税办法

适用增值税退（免）税政策的出口货物劳务，按照下列规定实行增值税免抵退税或免退税办法。

（一）免抵退税办法。生产企业出口自产货物和视同自产货物（视同自产货物的具体范围见附件4）及对外提供加工修理修配劳务，以及列名生产企业（具体范围见附件5）出口非自产货物，免征增值税，相应的进项税额抵减应纳增值税额（不包括适用增值税即征即退、先征后退政策的应纳增值税额），未抵减完的部分予以退还。

（二）免退税办法。不具有生产能力的出口企业（以下称外贸企业）或其他单位出口货物劳务，免征增值税，相应的进项税额予以退还。

1-2 《国家税务总局关于发布〈出口货物劳务增值税和消费税管理办法〉的公告》第四条

2012年6月14日　国家税务总局公告2012年第24号

四、生产企业出口货物免抵退税的申报

（一）申报程序和期限

企业当月出口的货物须在次月的增值税纳税申报期内，向主管税务机关办理增值税纳税申报、免抵退税相关申报及消费税免税申报。

企业应在货物报关出口之日（以出口货物报关单〈出口退税专用〉上的出口日期为准，下同）次月起至次年4月30日前的各增值税纳税申报期内收齐有关凭证，向主管税务机关申报办理出口货物增值税免抵退税及消费税退税。逾期的，企业不得申报免抵退税。

（二）申报资料

1. 企业向主管税务机关办理增值税纳税申报时，除按纳税申报的规定提供有关资料外，还应提供下列资料：

（1）主管税务机关确认的上期《免抵退税申报汇总表》（见附件4）；

（2）主管税务机关要求提供的其他资料。

2. 企业向主管税务机关办理增值税免抵退税申报，应提供下列凭证资料：

（1）《免抵退税申报汇总表》及其附表（见附件5）；

（2）《免抵退税申报资料情况表》（见附件6）；

（3）《生产企业出口货物免抵退税申报明细表》（见附件7）；

（4）出口货物退（免）税正式申报电子数据；

（5）下列原始凭证：

①出口货物报关单（出口退税专用，以下未作特别说明的均为此联）（保税区内的出口企业可提供中华人民共和国海关保税区出境货物备案清单，简称出境货物备案清单，下同）；

②出口收汇核销单（出口退税联，以下未作特别说明的均为此联）（远期结汇的提供远期收汇备案证明，保税区内的出口企业提供结汇水单。跨境贸易人民币结算业务、试行出口退税免予提供纸质出口收汇核销单地区和货物贸易外汇管理制度改革试点地区的企业免予提供，下同）；[①]

③出口发票；

④委托出口的货物，还应提供受托方主管税务机关签发的代理出口货物证明，以及代理出口协议复印件；

⑤主管税务机关要求提供的其他资料。

3. 生产企业出口的视同自产货物以及列名生产企业出口的非自产货物，属于消费税应税消费品（以下简称应税消费品）的，还应提供下列资料：

（1）《生产企业出口非自产货物消费税退税申报表》（附件8）；

（2）消费税专用缴款书或分割单，海关进口消费税专用缴款书、委托加工收回应税消费品的代扣代收税款凭证原件或复印件。

（三）从事进料加工业务的企业，还须按下列规定办理手册登记、进口料件申报和手册核销：[②]

1. 企业在办理进料加工贸易手（账）册后，应于料件实际进口之日起至次月（采用实耗法扣除的，在料件实际耗用之日起至次月）的增值税纳税申报期内，填报《生产企业进料加工登记申报表》（见附件9），提供正式申报的电子数据及下列资料，向主管税务机关申请办理进料加工登记手续。

（1）采用纸质手册的企业应提供进料加工手册原件及复印件；采用电子

① 条款废止。第四条第（二）项第2目第（5）之②废止。参见：《国家税务总局关于〈出口货物劳务增值税和消费税管理办法〉有关问题的公告》，国家税务总局公告2013年第12号。

② 条款废止。第四条第（三）项废止。参见：《国家税务总局关于〈出口货物劳务增值税和消费税管理办法〉有关问题的公告》，国家税务总局公告2013年第12号。

化手册的企业应提供海关签章的加工贸易电子化纸质单证；采用电子账册的企业应提供海关核发的《加工贸易联网监管企业电子账册备案证明》。

(2) 主管税务机关要求提供的其他资料。

以双委托方式（生产企业进、出口均委托出口企业办理，下同）从事进料加工业务的企业，由委托方凭代理进、出口协议及受托方的上述资料的复印件，到主管税务机关办理进料加工登记手续。

已办理进料加工登记手续的纸质手册、电子化手册或电子账册，如发生加工单位、登记进口料件总额、登记出口货物总额、手册有效期等项目变更的，企业应在变更事项发生之日起至次月的增值税纳税申报期内，填报《生产企业进料加工登记变更申请表》（附件10），提供正式申报电子数据及海关核发的变更后的相关资料向主管税务机关申报办理手（账）册变更手续。

2. 从事进料加工业务的企业应于料件实际进口之日起至次月（采用实耗法计算的，在料件实际耗用之日起至次月）的增值税纳税申报期内，持进口货物报关单、代理进口货物证明及代理进口协议等资料向主管税务机关申报《生产企业进料加工进口料件申报明细表》（见附件11）、《生产企业进料加工出口货物扣除保税进口料件申请表》（见附件12）。

3. 采用纸质手册或电子化手册的企业，应在海关签发核销结案通知书（以结案日期为准，下同）之日起至次月的增值税纳税申报期内填报《生产企业进料加工手册登记核销申请表》（见附件13），提供正式申报电子数据及纸质手册或电子化手册，向主管税务机关申请办理进料加工的核销手续；采用电子账册的企业，应在海关办结一个周期核销手续后，在海关签发核销结案通知书之日起至次月的增值税纳税申报期内填报《生产企业进料加工手册登记核销申请表》，提供正式申报电子数据，向主管税务机关申请办理进料加工的核销手续。

企业应根据核销后的免税进口料件金额，计算调整当期的增值税纳税申报和免抵退税申报。

（四）购进不计提进项税额的国内免税原材料用于加工出口货物的，企业应单独核算用于加工出口货物的免税原材料，并在免税原材料购进之日起至次月的增值税纳税申报期内，填报《生产企业出口货物扣除国内免税原材料申请表》（见附件14），提供正式申报电子数据，向主管税务机关办理申报手续。

（五）免抵退税申报数据的调整

对前期申报错误的，在当期进行调整。在当期用负数将前期错误申报数据全额冲减，再重新全额申报。

发生本年度退运的，在当期用负数冲减原免抵退税申报数据；发生跨年度退运的，应全额补缴原免抵退税款，并按现行会计制度的有关规定进行相应调整。

本年度已申报免抵退税的，如须实行免税办法或征税办法，在当期用负数冲减原免抵退税申报数据；跨年度已申报免抵退税的，如须实行免税或征税办法，不用负数冲减，应全额补缴原免抵退税款，并按现行会计制度的有关规定进行相应调整。

1-3 《国家税务总局关于部分税务行政审批事项取消后有关管理问题的公告》第三条

2015年8月3日　国家税务总局公告2015年第56号

三、关于取消"出口退（免）税资格认定""出口退（免）税资格认定变更""出口退（免）税资格认定注销""研发机构采购国产设备退税资格的认定""集团公司具有免抵退税资格成员企业认定""以边境小额贸易方式代理外国企业、外国自然人出口货物备案登记及备案核销的核准"后的有关管理问题

（一）出口企业或其他单位应于首次申报出口退（免）税时，向主管国税机关提供以下资料，办理出口退（免）税备案手续，申报退（免）税。

1. 内容填写真实、完整的《出口退（免）税备案表》（附件1），其中"退税开户银行账号"须从税务登记的银行账号中选择一个填报。

2. 加盖备案登记专用章的《对外贸易经营者备案登记表》或《中华人民共和国外商投资企业批准证书》。

3. 《中华人民共和国海关报关单位注册登记证书》。

4. 未办理备案登记发生委托出口业务的生产企业提供委托代理出口协议，不需提供第2目、第3目资料。

5. 主管国税机关要求提供的其他资料。

（二）对出口企业或其他单位提供的出口退（免）税备案资料齐全，《出口退（免）税备案表》填写内容符合要求，签字、印章完整的，主管国税机关应当场予以备案。对不符合上述要求的，主管国税机关应一次性告知出口企业或其他单位，待其补正后备案。

（三）《出口退（免）税备案表》中的内容发生变更的，出口企业或其他单位须自变更之日起30日内，向主管国税机关提供相关资料，办理备案内容的变更。出口企业或其他单位需要变更"退（免）税方法"的，主管国税机关应按规定结清退（免）税款后办理变更。

（四）出口企业或其他单位撤回出口退（免）税备案的，主管国税机关应按规定结清退（免）税款后办理。

出口企业或其他单位申请注销税务登记的，应先向主管国税机关申请撤回出口退（免）税备案。

（五）已办理过出口退（免）税资格认定的出口企业或其他单位，无需再办理出口退（免）税备案。

（六）集团公司需要按收购视同自产货物申报免抵退税的，集团公司总部需提供以下资料，向主管国税机关备案：

1.《集团公司成员企业备案表》（附件2）及电子申报数据；

2. 集团公司总部及其控股的生产企业的营业执照副本复印件；

3. 集团公司总部及其控股的生产企业的《出口退（免）税备案表》（或《出口退（免）税资格认定表》）复印件；①

4. 集团公司总部及其控股生产企业的章程复印件；

5. 主管国税机关要求报送的其他资料。

对集团公司总部提供上述备案资料齐全、《集团公司成员企业备案表》填写内容符合要求的，主管国税机关应当场予以备案。对不符合上述要求的，主管国税机关应一次性告知企业，待其补正后备案。

（七）按收购视同自产货物申报免抵退税的集团公司备案后，主管国税机关按照集团公司总部和成员企业所在地情况，传递《集团公司成员企业备案表》。

1. 在同一地市的，集团公司总部所在地主管国税机关应将《集团公司成员企业备案表》传递至地市国家税务局报备，并同时抄送集团公司总部、成员企业所在地国家税务局；

2. 在同一省（自治区、直辖市、计划单列市，下同）但不在同一地市的，集团公司总部所在地主管国税机关，应将《集团公司成员企业备案表》逐级传递至省国家税务局报备，省国家税务局应清分至集团公司总部、成员企业所在地国家税务局；

3. 不在同一省的，集团公司总部所在地主管国税机关，应将《集团公司成员企业备案表》逐级传递至国家税务总局，由国家税务总局逐级清分至集团公司总部、成员企业所在地国家税务局。

（八）以边境小额贸易方式代理外国企业、外国自然人出口货物，出口企

① 条款废止。第三条第六项第3目废止。参见：《国家税务总局关于进一步加强出口退（免）税事中事后管理有关问题的公告》，国家税务总局公告2016年第1号。

业应当在货物报关出口之日（以出口货物报关单上的出口日期为准）次月起至次年4月30日前的各增值税纳税申报期内，提供下列资料向主管国税机关办理代理报关备案。

1. 企业相关人员签字、盖有单位公章且填写内容齐全的纸质《以边境小额贸易方式代理外国企业、外国自然人报关出口货物备案表》（附件3）及电子数据；

2. 代理出口协议原件及复印件，代理出口协议以外文拟定的，需同时提供中文翻译版本；

3. 委托方经办人护照或外国边民的边民证原件和复印件。

出口企业以边境小额贸易方式代理外国企业、外国自然人出口的货物，按上述规定已备案的，不属于增值税应税范围，其仅就代理费收入进行增值税申报。

主管国税机关应定期对出口企业以边境小额贸易方式代理外国企业、外国自然人出口货物的备案情况进行核查，发现出口企业未按照本条规定办理代理报关备案的，按有关规定处理。

2. 外贸企业或其他单位出口货物出口退（免）税政策

【适用主体】

不具有生产能力的出口企业（以下称外贸企业）或其他单位。

【政策规定】

外贸企业或其他单位出口货物、劳务，免征增值税，相应的进项税额予以退还。如果出口货物属于消费税应税消费品，同时退还前一环节对其已征的消费税。

【适用条件】

外贸企业或其他单位自营或委托出口货物的，应依法办理工商登记、税务登记、对外贸易经营者备案登记。

【情景问答】

问：我们是一家新办的外贸企业，请问如何办理出口退（免）税备案？

答：出口企业或其他单位应于首次申报出口退（免）税时，向主管国税机关提供以下资料，办理出口退（免）税备案手续，申报退（免）税。

（1）内容填写真实、完整的《出口退（免）税备案表》，其中“退税开户银行账号”须从税务登记的银行账号中选择一个填报。

（2）加盖备案登记专用章的《对外贸易经营者备案登记表》或《中华人民共和国外商投资企业批准证书》。

（3）《中华人民共和国海关报关单位注册登记证书》。

（4）未办理备案登记发生委托出口业务的生产企业提供委托代理出口协议，不需提供第2项、第3项资料。

（5）主管国税机关要求提供的其他资料。

【政策依据】

（1）《财政部 国家税务总局关于出口货物劳务增值税和消费税政策的通知》（财税〔2012〕39号）第一条、第二条（略，见文件1－1）①

（2）《国家税务总局关于部分税务行政审批事项取消后有关管理问题的公告》（国家税务总局公告2015年第56号）第三条（略，见文件1－3）

3. 对外援助的出口货物退（免）税政策

【适用主体】

出口对外援助相关货物的企业。

【政策规定】

企业对外援助的出口货物，实行增值税退（免）税政策，属于自产的消费税应税消费品，适用免征消费税政策；属于购进的消费税应税消费品，退还前一环节对其已征的消费税。

【适用条件】

依法办理工商登记、税务登记、对外贸易经营者备案登记，自营或委托出口货物的单位或个体工商户，以及依法办理工商登记、税务登记但未办理对外贸易经营者备案登记，委托出口货物的生产企业出口对外援助相关货物可按规定适用出口退（免）税政策。

① 重复出现的政策依据，编者不再重复链接。读者可依据文件编码或本书索引查找相关政策内容。

【情景问答】

问：我公司现有一批货物出口用于对外援助，请问在办理出口退税时，除了提交正常的单证之外，还需要提供什么特殊资料吗？

答：不需要。对外援助的出口货物，在办理出口退税时，应提供正常出口退税所需单证。

【政策依据】

（1）《财政部　国家税务总局关于出口货物劳务增值税和消费税政策的通知》（财税〔2012〕39号）第一条

（2）《国家税务总局关于出口货物劳务增值税和消费税有关问题的公告》（国家税务总局公告2013年第65号）第六条

政策链接

3－1 《财政部　国家税务总局关于出口货物劳务增值税和消费税政策的通知》第一条

2012年5月25日　财税〔2012〕39号

一、适用增值税退（免）税政策的出口货物劳务

对下列出口货物劳务，除适用本通知第六条和第七条规定的外，实行免征和退还增值税［以下称增值税退（免）税］政策：

（一）出口企业出口货物。

本通知所称出口企业，是指依法办理工商登记、税务登记、对外贸易经营者备案登记，自营或委托出口货物的单位或个体工商户，以及依法办理工商登记、税务登记但未办理对外贸易经营者备案登记，委托出口货物的生产企业。

本通知所称出口货物，是指向海关报关后实际离境并销售给境外单位或个人的货物，分为自营出口货物和委托出口货物两类。

本通知所称生产企业，是指具有生产能力（包括加工修理修配能力）的单位或个体工商户。

（二）出口企业或其他单位视同出口货物。具体是指：

1. 出口企业对外援助、对外承包、境外投资的出口货物。

2. 出口企业经海关报关进入国家批准的出口加工区、保税物流园区、保税港区、综合保税区、珠澳跨境工业区（珠海园区）、中哈霍尔果斯国际边境合作中心（中方配套区域）、保税物流中心（B型）（以下统称特殊区域）并

销售给特殊区域内单位或境外单位、个人的货物。

3. 免税品经营企业销售的货物〔国家规定不允许经营和限制出口的货物(见附件1)、卷烟和超出免税品经营企业《企业法人营业执照》规定经营范围的货物除外〕。具体是指：(1) 中国免税品（集团）有限责任公司向海关报关运入海关监管仓库，专供其经国家批准设立的统一经营、统一组织进货、统一制定零售价格、统一管理的免税店销售的货物；(2) 国家批准的除中国免税品（集团）有限责任公司外的免税品经营企业，向海关报关运入海关监管仓库，专供其所属的首都机场口岸海关隔离区内的免税店销售的货物；(3) 国家批准的除中国免税品（集团）有限责任公司外的免税品经营企业所属的上海虹桥、浦东机场海关隔离区内的免税店销售的货物。

4. 出口企业或其他单位销售给用于国际金融组织或外国政府贷款国际招标建设项目的中标机电产品（以下称中标机电产品)。上述中标机电产品，包括外国企业中标再分包给出口企业或其他单位的机电产品。贷款机构和中标机电产品的具体范围见附件2。

5. 生产企业向海上石油天然气开采企业销售的自产的海洋工程结构物。海洋工程结构物和海上石油天然气开采企业的具体范围见附件3。

6. 出口企业或其他单位销售给国际运输企业用于国际运输工具上的货物。上述规定暂仅适用于外轮供应公司、远洋运输供应公司销售给外轮、远洋国轮的货物，国内航空供应公司生产销售给国内和国外航空公司国际航班的航空食品。

7. 出口企业或其他单位销售给特殊区域内生产企业生产耗用且不向海关报关而输入特殊区域的水（包括蒸汽)、电力、燃气（以下称输入特殊区域的水电气)。

除本通知及财政部和国家税务总局另有规定外，视同出口货物适用出口货物的各项规定。

(三) 出口企业对外提供加工修理修配劳务。

对外提供加工修理修配劳务，是指对进境复出口货物或从事国际运输的运输工具进行的加工修理修配。

3-2 《国家税务总局关于出口货物劳务增值税和消费税有关问题的公告》第六条

2013年11月13日　国家税务总局公告2013年第65号

六、出口企业或其他单位申报对外援助出口货物退（免）税时，不需要提供商务部批准使用援外优惠贷款的批文（“援外任务书”）复印件和商务部批准使用援外合资合作项目基金的批文（“援外任务书”）复印件。

4. 对外承包的出口货物退（免）税政策

【适用主体】

出口对外承包相关货物的企业。

【政策规定】

企业对外承包的出口货物，实行增值税退（免）税政策，属于自产的消费税应税消费品，适用免征消费税政策；属于购进的消费税应税消费品，退还前一环节对其已征的消费税。

【适用条件】

依法办理工商登记、税务登记、对外贸易经营者备案登记，自营或委托出口货物的单位或个体工商户，以及依法办理工商登记、税务登记但未办理对外贸易经营者备案登记，委托出口货物的生产企业出口对外承包相关货物可按规定适用出口退（免）税政策。

【情景问答】

问：我们公司是出口企业，在境外承接了一个工程，需要在国内采购一批货物出口到工程所在地，请问我们的出口货物适用出口退（免）税吗？如果适用，在办理出口退税时，除了提交正常的单证之外，还需要提供什么资料吗？

答：出口企业对外承包工程的出口货物视同出口货物实行增值税退（免）税政策。

在办理出口退税时，除了提交正常的单证之外，还应提供对外承包工程合同；属于分包的，由承接分包的出口企业或其他单位申请退（免）税，申请退（免）税时除提供对外承包合同外，还须提供分包合同（协议）。

【政策依据】

（1）《财政部　国家税务总局关于出口货物劳务增值税和消费税政策的通知》（财税〔2012〕39号）第一条（略，见文件3－1）

（2）《国家税务总局关于发布〈出口货物劳务增值税和消费税管理办法〉的公告》（国家税务总局公告2012年第24号）第六条

政策链接

4－1 《国家税务总局关于发布〈出口货物劳务增值税和消费税管理办法〉的公告》第六条

2012年6月14日 国家税务总局公告2012年第24号

六、出口企业和其他单位出口的视同出口货物及对外提供加工修理修配劳务的退（免）税申报

报关进入特殊区域并销售给特殊区域内单位或境外单位、个人的货物，特殊区域外的生产企业或外贸企业的退（免）税申报分别按本办法第四、五条的规定办理。

其他视同出口货物和对外提供加工修理修配劳务，属于报关出口的，为报关出口之日起，属于非报关出口销售的，为出口发票或普通发票开具之日起，出口企业或其他单位应在次月至次年4月30日前的各增值税纳税申报期内申报退（免）税。逾期的，出口企业或其他单位不得申报退（免）税。申报退（免）税时，生产企业除按本办法第四条，外贸企业和没有生产能力的其他单位除按本办法第五条的规定申报〔不提供出口收汇核销单；非报关出口销售的不提供出口货物报关单和出口发票，属于生产企业销售的提供普通发票〕外，下列货物劳务，出口企业和其他单位还须提供下列对应的补充资料：

（一）对外援助的出口货物，应提供商务部批准使用援外优惠贷款的批文（“援外任务书”）复印件或商务部批准使用援外合资合作项目基金的批文（“援外任务书”）复印件。

（二）用于对外承包工程项目的出口货物，应提供对外承包工程合同；属于分包的，由承接分包的出口企业或其他单位申请退（免）税，申请退（免）税时除提供对外承包合同外，还须提供分包合同（协议）。

（三）用于境外投资的出口货物，应提供商务部及其授权单位批准其在境外投资的文件副本。

（四）向海关报关运入海关监管仓库供海关隔离区内免税店销售的货物，提供的出口货物报关单应加盖有免税品经营企业报关专用章；上海虹桥、浦东机场海关国际隔离区内的免税店销售的货物，提供的出口货物报关单应加盖免税店报关专用章，并提供海关对免税店销售货物的核销证明。

（五）销售的中标机电产品，应提供下列资料：

1. 招标单位所在地主管税务机关签发的《中标证明通知书》；

2. 由中国招标公司或其他国内招标组织签发的中标证明（正本）；

3. 中标人与中国招标公司或其他招标组织签订的供货合同（协议）；

4. 中标人按照标书规定及供货合同向用户发货的发货单；

5. 中标机电产品用户收货清单；

6. 外国企业中标再分包给国内企业供应的机电产品，还应提供与中标企业签署的分包合同（协议）。

（六）销售给海上石油天然气开采企业的自产的海洋工程结构物，应提供销售合同。

（七）销售给外轮、远洋国轮的货物，应提供列明销售货物名称、数量、销售金额并经外轮、远洋国轮船长签名的出口发票。

（八）生产并销售给国内和国外航空公司国际航班的航空食品，应提供下列资料：

1. 与航空公司签订的配餐合同；

2. 航空公司提供的配餐计划表（须注明航班号、起降城市等内容）；

3. 国际航班乘务长签字的送货清单（须注明航空公司名称、航班号等内容）。

（九）对外提供加工修理修配劳务，应提供下列资料：

1. 修理修配船舶以外其他物品的提供贸易方式为“修理物品”的出口货物报关单；

2. 与境外单位、个人签署的修理修配合同；

3. 维修工作单（对外修理修配飞机业务提供）。

5. 境外投资的出口货物退（免）税政策

【适用主体】

出口境外投资相关货物的企业。

【政策规定】

企业境外投资的出口货物，实行增值税退（免）税政策，属于自产的消费税应税消费品，适用免征消费税政策；属于购进的消费税应税消费品，退还前一环节对其已征的消费税。

【适用条件】

依法办理工商登记、税务登记、对外贸易经营者备案登记，自营或委托出口货物的单位或个体工商户，以及依法办理工商登记、税务登记但未办理对外贸易经营者备案登记，委托出口货物的生产企业出口境外投资相关货物可按规定适用出口退（免）税政策。

【情景问答】

（1）问：我们公司是一家生产企业，打算以自产货物出资的形式与其他外国投资者一起在境外设立一家公司，我们出口的货物可以享受增值税退（免）税吗?

答：可以享受增值税免抵退税政策。即免征出口环节增值税，相应的进项税额抵减应纳增值税额（不包括适用增值税即征即退、先征后退政策的应纳增值税额），未抵减完的部分予以退还。

（2）问：我公司现有一批货物出口用于境外投资，请问在办理出口退税时，除了提交正常的单证之外，还需要提供什么资料吗?

答：用于境外投资的出口货物，在办理出口退税时，除了提交正常的单证之外，还应提供商务部及其授权单位批准其在境外投资的文件副本。

【政策依据】

（1）《财政部　国家税务总局关于出口货物劳务增值税和消费税政策的通知》（财税〔2012〕39号）第一条（略，见文件3－1）

（2）《国家税务总局关于发布〈出口货物劳务增值税和消费税管理办法〉的公告》（国家税务总局公告2012年第24号）第六条（略，见文件4－1）

6. 融资租赁出口退（免）税政策

【适用主体】

融资租赁企业，是指经中国银行业监督管理委员会批准设立的金融租赁公司、经商务部批准设立的外商投资融资租赁公司、经商务部和国家税务总局共同批准开展融资业务试点的内资融资租赁企业、经商务部授权的省级商务主管部门和国家经济技术开发区批准的融资租赁公司。

【政策规定】

融资租赁是指具有融资性质和所有权转移特点的有形动产租赁活动。即出租人根据承租人所要求的规格、型号、性能等条件购入有形动产租赁给承租人，合同期内有形动产所有权属于出租人，承租人只拥有使用权，合同期满付清租金后，承租人有权按照残值购入有形动产，以拥有其所有权。不论出租人是否将有形动产残值销售给承租人，均属于融资租赁。

对融资租赁出口货物试行退税政策。对融资租赁企业、金融租赁公司及其设立的项目子公司（以下统称融资租赁出租方），以融资租赁方式租赁给境外承租人且租赁期限在5年（含）以上，并向海关报关后实际离境的货物，试行增值税、消费税出口退税政策。

对融资租赁海洋工程结构物试行退税政策。对融资租赁出租方购买的，并以融资租赁方式租赁给境内列名海上石油天然气开采企业且租赁期限在5年（含）以上的国内生产企业生产的海洋工程结构物，视同出口，试行增值税、消费税出口退税政策。

【适用条件】

融资租赁出口货物的范围，包括飞机、飞机发动机、铁道机车、铁道客车车厢、船舶及其他货物，具体应符合《中华人民共和国增值税暂行条例实施细则》（财政部　国家税务总局令第50号）第二十一条“固定资产”的相关规定。

海洋工程结构物范围、退税率以及海上石油天然气开采企业的具体范围按照《财政部　国家税务总局关于出口货物劳务增值税和消费税政策的通知》（财税〔2012〕39号）有关规定执行。

【情景问答】

问：我们是融资租赁出租企业，请问融资租赁出口货物的退（免）税申报期限和提供资料的要求是什么？

答：融资租赁出租方应在首份融资租赁合同签订之日起30日内，到主管国家税务局办理出口退（免）税资格备案，除提供《国家税务总局关于发布〈出口货物劳务增值税和消费税管理办法〉的公告》（国家税务总局公告2012年第24号）规定的资料外（仅经营海洋工程结构物融资租赁的，可不提供《对外贸易经营者备案登记表》或《中华人民共和国外商投资企业批准证书》、中华人民共和国海关进出口货物收发货人报关注册登记证书），还应提供以下资料：

（1）从事融资租赁业务的资质证明；

（2）融资租赁合同（有法律效力的中文版）；

（3）税务机关要求提供的其他资料。

2014年10月1日前已签订融资租赁合同的融资租赁出租方，可向主管国家税务局申请补办出口退税资格的备案手续。

【政策依据】

(1)《财政部　海关总署　国家税务总局关于在全国开展融资租赁货物出口退税政策试点的通知》(财税〔2014〕62号)

(2)《国家税务总局关于发布〈融资租赁货物出口退税管理办法〉的公告》(国家税务总局公告2014年第56号)第五条

(3)《财政部　国家税务总局关于出口货物劳务增值税和消费税政策的通知》(财税〔2012〕39号)第四条

(4)《国家税务总局关于发布〈出口货物劳务增值税和消费税管理办法〉的公告》(国家税务总局公告2012年第24号)第三条

政策链接

6-1　财政部　海关总署　国家税务总局关于在全国开展融资租赁货物出口退税政策试点的通知

2014年9月1日　财税〔2014〕62号

各省、自治区、直辖市、计划单列市财政厅(局)、国家税务局,海关总署广东分署、各直属海关,新疆生产建设兵团财务局:

为落实《国务院办公厅关于支持外贸稳定增长的若干意见》(国办发〔2014〕19号)的有关要求,决定将现行在天津东疆保税港区试点的融资租赁货物出口退税政策扩大到全国统一实施。现将有关政策通知如下:

一、政策内容及适用范围

(一)对融资租赁出口货物试行退税政策。对融资租赁企业、金融租赁公司及其设立的项目子公司(以下统称融资租赁出租方),以融资租赁方式租赁给境外承租人且租赁期限在5年(含)以上,并向海关报关后实际离境的货物,试行增值税、消费税出口退税政策。

融资租赁出口货物的范围,包括飞机、飞机发动机、铁道机车、铁道客车车厢、船舶及其他货物,具体应符合《中华人民共和国增值税暂行条例实施细则》(财政部　国家税务总局令第50号)第二十一条“固定资产”的相关规定。

(二)对融资租赁海洋工程结构物试行退税政策。对融资租赁出租方购买的,并以融资租赁方式租赁给境内列名海上石油天然气开采企业且租赁期限在5年(含)以上的国内生产企业生产的海洋工程结构物,视同出口,试行增值税、消费税出口退税政策。

海洋工程结构物范围、退税率以及海上石油天然气开采企业的具体范围按照《财政部 国家税务总局关于出口货物劳务增值税和消费税政策的通知》（财税〔2012〕39号）有关规定执行。

（三）上述融资租赁出口货物和融资租赁海洋工程结构物不包括在海关监管年限内的进口减免税货物。

二、退税的计算和办理

（一）融资租赁出租方将融资租赁出口货物租赁给境外承租方、将融资租赁海洋工程结构物租赁给海上石油天然气开采企业，向融资租赁出租方退还其购进租赁货物所含增值税。融资租赁出口货物、融资租赁海洋工程结构物（以下统称融资租赁货物）属于消费税应税消费品的，向融资租赁出租方退还前一环节已征的消费税。

（二）计算公式为：

增值税应退税额＝购进融资租赁货物的增值税专用发票注明的金额或海关（进口增值税）专用缴款书注明的完税价格×融资租赁货物适用的增值税退税率

融资租赁出口货物适用的增值税退税率，按照统一的出口货物适用退税率执行。从增值税一般纳税人购进的按简易办法征税的融资租赁货物和从小规模纳税人购进的融资租赁货物，其适用的增值税退税率，按照购进货物适用的征收率和退税率孰低的原则确定。

消费税应退税额＝购进融资租赁货物税收（出口货物专用）缴款书上或海关进口消费税专用缴款书上注明的消费税税额

（三）融资租赁出租方应当按照主管税务机关的要求办理退税认定和申报增值税、消费税退税。

（四）融资租赁出租方在进行融资租赁出口货物报关时，应在海关出口报关单上填写“租赁货物（1523）”方式。海关依融资租赁出租方申请，对符合条件的融资租赁出口货物办理放行手续后签发出口货物报关单（出口退税专用，以下称退税证明联），并按规定向国家税务总局传递退税证明联相关电子信息。对海关特殊监管区域内已退增值税、消费税的货物，以融资租赁方式离境时，海关不再签发退税证明联。

（五）融资租赁出租方凭购进融资租赁货物的增值税专用发票或海关进口增值税专用缴款书、与承租人签订的融资租赁合同、退税证明联或向海洋工程结构物承租人开具的发票以及主管税务机关要求出具的其他要件，向主管税务机关申请办理退税手续。上述用于融资租赁货物退税的增值税专用发票或海关进口增值税专用缴款书，不得用于抵扣内销货物应纳税额。

融资租赁货物属于消费税应税货物的，若申请退税，还应提供有关消费税专用缴款书。

（六）对承租期未满而发生退租的融资租赁货物，融资租赁出租方应及时主动向税务机关报告，并按照规定补缴已退税款，对融资租赁出口货物，再复进口时融资租赁出租方应按照规定向海关办理复运进境手续并提供主管税务机关出具的货物已补税或未退税证明，海关不征收进口关税和进口环节税。

三、有关定义

本通知所述融资租赁企业，仅包括金融租赁公司、经商务部批准设立的外商投资融资租赁公司、经商务部和国家税务总局共同批准开展融资业务试点的内资融资租赁企业、经商务部授权的省级商务主管部门和国家经济技术开发区批准的融资租赁公司。

本通知所述金融租赁公司，仅包括经中国银行业监督管理委员会批准设立的金融租赁公司。

本通知所称融资租赁，是指具有融资性质和所有权转移特点的有形动产租赁活动。即出租人根据承租人所要求的规格、型号、性能等条件购入有形动产租赁给承租人，合同期内有形动产所有权属于出租人，承租人只拥有使用权，合同期满付清租金后，承租人有权按照残值购入有形动产，以拥有其所有权。不论出租人是否将有形动产残值销售给承租人，均属于融资租赁。

四、融资租赁货物退税的具体管理办法由国家税务总局另行制定。

五、本通知自2014年10月1日起执行。融资租赁出口货物的，以退税证明联上注明的出口日期为准；融资租赁海洋工程结构物的，以融资租赁出租方收取首笔租金时开具的发票日期为准。

6-2 《国家税务总局关于发布〈融资租赁货物出口退税管理办法〉的公告》第五条

2014年10月8日 国家税务总局公告2014年第56号

第五条 融资租赁出租方应在首份融资租赁合同签订之日起30日内，到主管国家税务局办理出口退（免）税资格认定，除提供《国家税务总局关于发布〈出口货物劳务增值税和消费税管理办法〉的公告》（国家税务总局公告2012年第24号）规定的资料外（仅经营海洋工程结构物融资租赁的，可不提供《对外贸易经营者备案登记表》或《中华人民共和国外商投资企业批准证书》、中华人民共和国海关进出口货物收发货人报关注册登记证书），还应提供以下资料：

（一）从事融资租赁业务的资质证明；

（二）融资租赁合同（有法律效力的中文版）；

（三）税务机关要求提供的其他资料。

本办法发布前已签订融资租赁合同的融资租赁出租方，可向主管国家税务局申请补办出口退税资格的认定手续。

6-3 《财政部 国家税务总局关于出口货物劳务增值税和消费税政策的通知》第四条

2012年5月25日 财税〔2012〕39号

四、增值税退（免）税的计税依据

出口货物劳务的增值税退（免）税的计税依据，按出口货物劳务的出口发票（外销发票）、其他普通发票或购进出口货物劳务的增值税专用发票、海关进口增值税专用缴款书确定。

（一）生产企业出口货物劳务（进料加工复出口货物除外）增值税退（免）税的计税依据，为出口货物劳务的实际离岸价（FOB）。实际离岸价应以出口发票上的离岸价为准，但如果出口发票不能反映实际离岸价，主管税务机关有权予以核定。

（二）生产企业进料加工复出口货物增值税退（免）税的计税依据，按出口货物的离岸价（FOB）扣除出口货物所含的海关保税进口料件的金额后确定。

本通知所称海关保税进口料件，是指海关以进料加工贸易方式监管的出口企业从境外和特殊区域等进口的料件。包括出口企业从境外单位或个人购买并从海关保税仓库提取且办理海关进料加工手续的料件，以及保税区外的出口企业从保税区内的企业购进并办理海关进料加工手续的进口料件。

（三）生产企业国内购进无进项税额且不计提进项税额的免税原材料加工后出口的货物的计税依据，按出口货物的离岸价（FOB）扣除出口货物所含的国内购进免税原材料的金额后确定。

（四）外贸企业出口货物（委托加工修理修配货物除外）增值税退（免）税的计税依据，为购进出口货物的增值税专用发票注明的金额或海关进口增值税专用缴款书注明的完税价格。

（五）外贸企业出口委托加工修理修配货物增值税退（免）税的计税依据，为加工修理修配费用增值税专用发票注明的金额。外贸企业应将加工修理修配使用的原材料（进料加工海关保税进口料件除外）作价销售给受托加工修理修配的生产企业，受托加工修理修配的生产企业应将原材料成本并入加工修理修配费用开具发票。

（六）出口进项税额未计算抵扣的已使用过的设备增值税退（免）税的计税依据，按下列公式确定：

退（免）税计税依据 = 增值税专用发票上的金额或海关进口增值税专用缴款书注明的完税价格 × 已使用过的设备固定资产净值 ÷ 已使用过的设备原值

已使用过的设备固定资产净值 = 已使用过的设备原值 − 已使用过的设备已提累计折旧

本通知所称已使用过的设备，是指出口企业根据财务会计制度已经计提折旧的固定资产。

（七）免税品经营企业销售的货物增值税退（免）税的计税依据，为购进货物的增值税专用发票注明的金额或海关进口增值税专用缴款书注明的完税价格。

（八）中标机电产品增值税退（免）税的计税依据，生产企业为销售机电产品的普通发票注明的金额，外贸企业为购进货物的增值税专用发票注明的金额或海关进口增值税专用缴款书注明的完税价格。

（九）生产企业向海上石油天然气开采企业销售的自产的海洋工程结构物增值税退（免）税的计税依据，为销售海洋工程结构物的普通发票注明的金额。

（十）输入特殊区域的水电气增值税退（免）税的计税依据，为作为购买方的特殊区域内生产企业购进水（包括蒸汽）、电力、燃气的增值税专用发票注明的金额。

6－4 《国家税务总局关于发布〈出口货物劳务增值税和消费税管理办法〉的公告》第三条

2012 年 6 月 14 日　国家税务总局公告 2012 年第 24 号

三、出口退（免）税资格的认定

（一）出口企业应在办理对外贸易经营者备案登记或签订首份委托出口协议之日起 30 日内，填报《出口退（免）税资格认定申请表》（见附件 1），提供下列资料到主管税务机关办理出口退（免）税资格认定。

1. 加盖备案登记专用章的《对外贸易经营者备案登记表》或《中华人民共和国外商投资企业批准证书》；

2. 中华人民共和国海关进出口货物收发货人报关注册登记证书；

3. 银行开户许可证；

4. 未办理备案登记发生委托出口业务的生产企业提供委托代理出口协议，不需提供第1、2项资料；

5. 主管税务机关要求提供的其他资料。

（二）其他单位应在发生出口货物劳务业务之前，填报《出口退（免）税资格认定申请表》，提供银行开户许可证及主管税务机关要求的其他资料，到主管税务机关办理出口退（免）税资格认定。

（三）出口企业和其他单位在出口退（免）税资格认定之前发生的出口货物劳务，在办理出口退（免）税资格认定后，可以在规定的退（免）税申报期内按规定申报增值税退（免）税或免税，以及消费税退（免）税或免税。

（四）出口企业和其他单位出口退（免）税资格认定的内容发生变更的，须自变更之日起30日内，填报《出口退（免）税资格认定变更申请表》（见附件2），提供相关资料向主管税务机关申请变更出口退（免）税资格认定。

（五）需要注销税务登记的出口企业和其他单位，应填报《出口退（免）税资格认定注销申请表》（见附件3），向主管税务机关申请注销出口退（免）税资格，然后再按规定办理税务登记的注销。

出口企业和其他单位在申请注销认定前，应先结清出口退（免）税款。注销认定后，出口企业和其他单位不得再申报办理出口退（免）税。

（二）跨境应税服务零税率或免税政策

大力发展服务贸易，是扩大开放、拓展发展空间的重要着力点。为适应经济新常态，促进服务贸易快速发展，我国全面实施“营改增”改革，对37项跨境应税服务实行零税率或免税相关税收政策，鼓励扩大服务出口，增强服务出口能力，培育“中国服务”的国际竞争力。

7. 跨境应税行为适用增值税零税率

【适用主体】

提供适用增值税零税率应税服务的企业。

【政策规定】

境内单位提供国际运输服务、航天运输服务，以及向境外单位提供的完全在境外消费的研发服务、合同能源管理服务、设计服务、广播影视节目（作品）的制作和发行服务、软件服务、电路设计及测试服务、信息系统服务、业务流程管理服务、离岸服务外包业务、转让技术以及财政部和国家税务总局规定的其他服务，适用增值税零税率政策。

完全在境外消费指的是：

（1）服务的实际接受方在境外，且与境内的货物和不动产无关。

（2）无形资产完全在境外使用，且与境内的货物和不动产无关。

（3）财政部和国家税务总局规定的其他情形。

【适用条件】

增值税零税率应税服务提供者办理出口退（免）税备案手续后，方可申报增值税零税率应税服务退（免）税。如果提供的适用增值税零税率应税服务发生在办理出口退（免）税备案手续前，在办理出口退（免）税备案手续后，可按规定申报退（免）税。

【情景问答】

（1）问：我们是一家信息技术服务公司，近期有意向承接一些境外业务，主要是向境外公司提供软件服务和信息技术服务等，想咨询一下，什么情况下我们可以享受增值税零税率政策？

答：境内单位和个人向境外单位提供的完全在境外消费的10类服务，可以适用增值税零税率政策，其中包括研发服务、设计服务、软件服务、信息系统服务、离岸服务外包业务、转让技术等等。你们公司开展的跨境业务，如果符合上述规定，可以适用增值税零税率政策。并按《国家税务总局关于〈适用增值税零税率应税服务退（免）税管理办法〉的补充公告》（国家税务总局公告2015年第88号）规定办理申报。

同时，境内的单位和个人销售适用增值税零税率的服务或无形资产的，可以放弃适用增值税零税率，选择免税或按规定缴纳增值税。放弃适用增值税零税率后，36个月内不得再申请适用增值税零税率。

（2）问：我们公司提供船舶期租服务，境内承租方将船舶用于往来境外的国际运输服务，请问我们提供的这项服务能否享受增值税零税率政策？

答：境内的单位和个人向境内单位或个人提供期租、湿租服务，如果承租方利用租赁的交通工具向其他单位或个人提供国际运输服务和港澳台运输服务，由承租方适用增值税零税率。境内的单位或个人向境外单位或个人提供期租、湿租服务，由出租方适用增值税零税率。因此，境内承租方以期租方式从你公司租赁船舶提供国际运输服务，是由承租方适用增值税零税率的。

【政策依据】

（1）《财政部　国家税务总局关于全面推开营业税改征增值税试点的通知》（财税〔2016〕36 号）附件四《跨境应税行为适用增值税零税率和免税政策的规定》第一条、第三条至第九条

（2）《国家税务总局关于〈适用增值税零税率应税服务退（免）税管理办法〉的补充公告》（国家税务总局公告 2015 年第 88 号）

政策链接

7－1 《财政部　国家税务总局关于全面推开营业税改征增值税试点的通知》附件四《跨境应税行为适用增值税零税率和免税政策的规定》第一条、第三条至第九条

2016 年 3 月 23 日　财税〔2016〕36 号

一、中华人民共和国境内（以下称境内）的单位和个人销售的下列服务和无形资产，适用增值税零税率：

（一）国际运输服务。

国际运输服务，是指：

1. 在境内载运旅客或者货物出境。

2. 在境外载运旅客或者货物入境。

3. 在境外载运旅客或者货物。

（二）航天运输服务。

（三）向境外单位提供的完全在境外消费的下列服务：

1. 研发服务。

2. 合同能源管理服务。

3. 设计服务。

4. 广播影视节目（作品）的制作和发行服务。

5. 软件服务。

6. 电路设计及测试服务。

7. 信息系统服务。

8. 业务流程管理服务。

9. 离岸服务外包业务。

离岸服务外包业务，包括信息技术外包服务（ITO）、技术性业务流程外包服务（BPO）、技术性知识流程外包服务（KPO），其所涉及的具体业务活

动，按照《销售服务、无形资产、不动产注释》相对应的业务活动执行。

10. 转让技术。

（四）财政部和国家税务总局规定的其他服务。

……

三、按照国家有关规定应取得相关资质的国际运输服务项目，纳税人取得相关资质的，适用增值税零税率政策，未取得的，适用增值税免税政策。

境内的单位或个人提供程租服务，如果租赁的交通工具用于国际运输服务和港澳台运输服务，由出租方按规定申请适用增值税零税率。

境内的单位和个人向境内单位或个人提供期租、湿租服务，如果承租方利用租赁的交通工具向其他单位或个人提供国际运输服务和港澳台运输服务，由承租方适用增值税零税率。境内的单位或个人向境外单位或个人提供期租、湿租服务，由出租方适用增值税零税率。

境内单位和个人以无运输工具承运方式提供的国际运输服务，由境内实际承运人适用增值税零税率；无运输工具承运业务的经营者适用增值税免税政策。

四、境内的单位和个人提供适用增值税零税率的服务或者无形资产，如果属于适用简易计税方法的，实行免征增值税办法。如果属于适用增值税一般计税方法的，生产企业实行免抵退税办法，外贸企业外购服务或者无形资产出口实行免退税办法，外贸企业直接将服务或自行研发的无形资产出口，视同生产企业连同其出口货物统一实行免抵退税办法。

服务和无形资产的退税率为其按照《试点实施办法》第十五条第（一）至（三）项规定适用的增值税税率。实行退（免）税办法的服务和无形资产，如果主管税务机关认定出口价格偏高的，有权按照核定的出口价格计算退（免）税，核定的出口价格低于外贸企业购进价格的，低于部分对应的进项税额不予退税，转入成本。

五、境内的单位和个人销售适用增值税零税率的服务或无形资产的，可以放弃适用增值税零税率，选择免税或按规定缴纳增值税。放弃适用增值税零税率后，36个月内不得再申请适用增值税零税率。

六、境内的单位和个人销售适用增值税零税率的服务或无形资产，按月向主管退税的税务机关申报办理增值税退（免）税手续。具体管理办法由国家税务总局商财政部另行制定。

七、本规定所称完全在境外消费，是指：

（一）服务的实际接受方在境外，且与境内的货物和不动产无关。

（二）无形资产完全在境外使用，且与境内的货物和不动产无关。

（三）财政部和国家税务总局规定的其他情形。

八、境内单位和个人发生的与香港、澳门、台湾有关的应税行为，除本文另有规定外，参照上述规定执行。

九、2016 年 4 月 30 日前签订的合同，符合《财政部　国家税务总局关于将铁路运输和邮政业纳入营业税改征增值税试点的通知》（财税〔2013〕106 号）附件 4 和《财政部　国家税务总局关于影视等出口服务适用增值税零税率政策的通知》（财税〔2015〕118 号）规定的零税率或者免税政策条件的，在合同到期前可以继续享受零税率或者免税政策。

7－2　国家税务总局关于《适用增值税零税率应税服务退（免）税管理办法》的补充公告

2015 年 12 月 14 日　国家税务总局公告 2015 年第 88 号

根据《财政部　国家税务总局关于影视等出口服务适用增值税零税率政策的通知》（财税〔2015〕118 号），经商财政部同意，现对《适用增值税零税率应税服务退（免）税管理办法》（国家税务总局公告 2014 年第 11 号发布）补充公告如下：

一、适用增值税零税率应税服务的广播影视节目（作品）的制作和发行服务、技术转让服务、软件服务、电路设计及测试服务、信息系统服务、业务流程管理服务，以及合同标的物在境外的合同能源管理服务的范围，按照《营业税改征增值税试点实施办法》（财税〔2013〕106 号文件印发）所附的《应税服务范围注释》对应的应税服务范围执行；适用增值税零税率应税服务的离岸服务外包业务的范围，按照《离岸服务外包业务》（附件 1）对应的适用范围执行。以上适用增值税零税率的应税服务，本公告统称为新纳入零税率范围的应税服务。

境内单位和个人向国内海关特殊监管区域及场所内的单位或个人提供的应税服务，不属于增值税零税率应税服务适用范围。

二、向境外单位提供新纳入零税率范围的应税服务的，增值税零税率应税服务提供者申报退（免）税时，应按规定办理出口退（免）税备案。

三、增值税零税率应税服务提供者收齐有关凭证后，可在财务作销售收入次月起至次年 4 月 30 日前的各增值税纳税申报期内向主管国税机关申报退（免）税；逾期申报的，不再按退（免）税申报，改按免税申报；未按规定申报免税的，应按规定缴纳增值税。

四、实行免抵退办法的增值税零税率应税服务提供者，向境外单位提供研发服务、设计服务、新纳入零税率范围的应税服务的，应在申报免抵退税时，向主管国税机关提供以下申报资料：

（一）《增值税零税率应税服务免抵退税申报明细表》（附件2）。

（二）《提供增值税零税率应税服务收讫营业款明细清单》（附件3）。

（三）《免抵退税申报汇总表》及其附表。

（四）当期《增值税纳税申报表》。

（五）免抵退税正式申报电子数据。

（六）下列资料及原始凭证的原件及复印件：

1. 提供增值税零税率应税服务所开具的发票（经主管国税机关认可，可只提供电子数据，原始凭证留存备查）。

2. 与境外单位签订的提供增值税零税率应税服务的合同。

提供软件服务、电路设计及测试服务、信息系统服务、业务流程管理服务，以及离岸服务外包业务的，同时提供合同已在商务部“服务外包及软件出口管理信息系统”中登记并审核通过，由该系统出具的证明文件；提供广播影视节目（作品）的制作和发行服务的，同时提供合同已在商务部“文化贸易管理系统”中登记并审核通过，由该系统出具的证明文件。

3. 提供电影、电视剧的制作服务的，应提供行业主管部门出具的在有效期内的影视制作许可证明；提供电影、电视剧的发行服务的，应提供行业主管部门出具的在有效期内的发行版权证明、发行许可证明。

4. 提供研发服务、设计服务、技术转让服务的，应提供与提供增值税零税率应税服务收入相对应的《技术出口合同登记证》及其数据表。

5. 从与之签订提供增值税零税率应税服务合同的境外单位取得收入的收款凭证。

跨国公司经外汇管理部门批准实行外汇资金集中运营管理或经中国人民银行批准实行经常项下跨境人民币集中收付管理的，其成员公司在批准的有效期内，可凭银行出具给跨国公司资金集中运营（收付）公司符合下列规定的收款凭证，向主管国税机关申报退（免）税：

（1）收款凭证上的付款单位须是与成员公司签订提供增值税零税率应税服务合同的境外单位或合同约定的跨国公司的境外成员企业。

（2）收款凭证上的收款单位或附言的实际收款人须载明有成员公司的名称。

（七）主管国税机关要求提供的其他资料及凭证。

五、实行免退税办法的增值税零税率应税服务提供者，应在申报免退税时，向主管国税机关提供以下申报资料：

（一）《外贸企业外购应税服务出口明细申报表》（附件4）。

（二）《外贸企业出口退税进货明细申报表》（需填列外购对应的增值税零税率应税服务取得增值税专用发票情况）。

（三）《外贸企业出口退税汇总申报表》。

（四）免退税正式申报电子数据。

（五）从境内单位或者个人购进增值税零税率应税服务出口的，提供应税服务提供方开具的增值税专用发票；从境外单位或者个人购进增值税零税率应税服务出口的，提供取得的解缴税款的中华人民共和国税收缴款凭证。

（六）本公告第四条第（六）项所列资料及原始凭证的原件及复印件。

六、主管国税机关受理增值税零税率应税服务退（免）税申报后，应按规定进行审核，经审核符合规定的，应及时办理退（免）税；不符合规定的，不予办理，按有关规定处理；存在其他审核疑点的，对应的退（免）税暂缓办理，待排除疑点后，方可办理。

七、主管国税机关对申报的对外提供研发、设计服务以及新纳入零税率范围的应税服务退（免）税，应审核以下内容：

（一）申报的增值税零税率应税服务应符合适用增值税零税率应税服务规定。

（二）增值税零税率应税服务合同签订的对方应为境外单位。

（三）增值税零税率应税服务收入的支付方应为与之签订增值税零税率应税服务合同的境外单位。对跨国公司的成员公司申报退（免）税时提供的收款凭证是银行出具给跨国公司资金集中运营（收付）公司的，应要求企业补充提供中国人民银行或国家外汇管理局的批准文件，且企业提供的收款凭证应符合本公告的规定。

（四）申报的增值税零税率应税服务收入应小于或等于从与之签订增值税零税率应税服务合同的境外单位取得的收款金额；大于收款金额的，应要求企业补充提供书面说明材料及相应的证明材料。

（五）外贸企业外购应税服务出口的，除应符合上述规定外，其申报退税的进项税额还应与增值税零税率应税服务对应。

八、本公告未明确的其他增值税零税率应税服务退（免）税管理事项，按现行规定执行。

九、本公告自2015年12月1日起施行，以增值税零税率应税服务提供者提供增值税零税率应税服务并在财务作销售收入的日期为准。《适用增值税零税率应税服务退（免）税管理办法》第十二条第二款、第十三条第（五）项第3目、第十四条、第十五条第（二）项同时废止。

特此公告。

附件：1. 离岸服务外包业务（编者略）

2. 增值税零税率应税服务免抵退税申报明细表（编者略）

3. 提供增值税零税率应税服务收讫营业款明细清单（编者略）

4. 外贸企业外购应税服务出口明细申报表（编者略）

8. 工程项目在境外的建筑、工程类服务免征增值税

【适用主体】

为地点在境外的工程项目提供境外建筑、工程类服务的企业。

【政策规定】

（1）工程项目在境外的建筑服务免征增值税。

（2）工程项目在境外的工程监理服务免征增值税。

（3）工程、矿产资源在境外的工程勘察勘探服务免征增值税。

【适用条件】

（1）工程总承包方和工程分包方为施工地点在境外的工程项目提供的建筑服务，均属于工程项目在境外的建筑服务。

（2）施工地点在境外的工程项目，工程分包方应提供工程项目在境外的证明、与发包方签订的建筑合同原件及复印件等资料，作为跨境销售服务书面合同。境内的单位和个人为施工地点在境外的工程项目提供建筑服务，按照《国家税务总局关于发布〈营业税改征增值税跨境应税行为增值税免税管理办法（试行）〉的公告》（国家税务总局公告 2016 年第 29 号）第八条规定办理免税备案手续时，凡与发包方签订的建筑合同注明施工地点在境外的，可不再提供工程项目在境外的其他证明材料。

（3）纳税人发生政策规定所列跨境应税行为，按照《国家税务总局关于发布〈营业税改征增值税跨境应税行为增值税免税管理办法（试行）〉的公告》（国家税务总局公告 2016 年第 29 号）的规定办理免税备案手续后发生的相同跨境应税行为，不再办理备案手续。纳税人应当完整保存相关免税证明材料备查。纳税人在税务机关后续管理中不能提供上述材料的，不得享受相关免税政策，对已享受的减免税款应予补缴，并依照《中华人民共和国税收征收管理法》的有关规定处理。

【情景问答】

问：我们是一家境内建筑公司，近期想在境外开展一些工程项目，请问增值税方面能有些什么样的税收政策？

答：共有三类与境外工程有关的服务适用免征增值税政策：一是工程项目在境外的建筑服务；二是工程项目在境外的工程监理服务；三是工程、矿产资源在境外的工程勘察勘探服务。如果你公司在境外从事上述工程类服务，可享受跨境服务免征增值税政策。

【政策依据】

（1）《财政部 国家税务总局关于全面推开营业税改征增值税试点的通知》（财税〔2016〕36号）附件四《跨境应税行为适用增值税零税率和免税政策的规定》第二条

（2）《国家税务总局关于发布〈营业税改征增值税跨境应税行为增值税免税管理办法（试行）〉的公告》（国家税务总局公告2016年第29号）第二条至第十九条

（3）《国家税务总局关于在境外提供建筑服务等有关问题的公告》（国家税务总局公告2016年第69号）第一条

（4）《国家税务总局关于跨境应税行为免税备案等增值税问题的公告》（国家税务总局公告2017年第30号）第一条

政策链接

8－1 《财政部 国家税务总局关于全面推开营业税改征增值税试点的通知》附件四《跨境应税行为适用增值税零税率和免税政策的规定》第二条

2016年3月23日 财税〔2016〕36号

二、境内的单位和个人销售的下列服务和无形资产免征增值税，但财政部和国家税务总局规定适用增值税零税率的除外：

（一）下列服务：

1. 工程项目在境外的建筑服务。
2. 工程项目在境外的工程监理服务。
3. 工程、矿产资源在境外的工程勘察勘探服务。
4. 会议展览地点在境外的会议展览服务。

5. 存储地点在境外的仓储服务。

6. 标的物在境外使用的有形动产租赁服务。

7. 在境外提供的广播影视节目（作品）的播映服务。

8. 在境外提供的文化体育服务、教育医疗服务、旅游服务。

（二）为出口货物提供的邮政服务、收派服务、保险服务。

为出口货物提供的保险服务，包括出口货物保险和出口信用保险。

（三）向境外单位提供的完全在境外消费的下列服务和无形资产：

1. 电信服务。

2. 知识产权服务。

3. 物流辅助服务（仓储服务、收派服务除外）。

4. 鉴证咨询服务。

5. 专业技术服务。

6. 商务辅助服务。

7. 广告投放地在境外的广告服务。

8. 无形资产。

（四）以无运输工具承运方式提供的国际运输服务。

（五）为境外单位之间的货币资金融通及其他金融业务提供的直接收费金融服务，且该服务与境内的货物、无形资产和不动产无关。

（六）财政部和国家税务总局规定的其他服务。

8－2 《国家税务总局关于发布〈营业税改征增值税跨境应税行为增值税免税管理办法（试行）〉的公告》第二条至第十九条

2016年5月6日　国家税务总局公告2016年第29号

第二条　下列跨境应税行为免征增值税：

（一）工程项目在境外的建筑服务。

工程总承包方和工程分包方为施工地点在境外的工程项目提供的建筑服务，均属于工程项目在境外的建筑服务。

（二）工程项目在境外的工程监理服务。

（三）工程、矿产资源在境外的工程勘察勘探服务。

（四）会议展览地点在境外的会议展览服务。

为客户参加在境外举办的会议、展览而提供的组织安排服务，属于会议展览地点在境外的会议展览服务。

（五）存储地点在境外的仓储服务。

（六）标的物在境外使用的有形动产租赁服务。

（七）在境外提供的广播影视节目（作品）的播映服务。

在境外提供的广播影视节目（作品）播映服务，是指在境外的影院、剧院、录像厅及其他场所播映广播影视节目（作品）。

通过境内的电台、电视台、卫星通信、互联网、有线电视等无线或者有线装置向境外播映广播影视节目（作品），不属于在境外提供的广播影视节目（作品）播映服务。

（八）在境外提供的文化体育服务、教育医疗服务、旅游服务。

在境外提供的文化体育服务和教育医疗服务，是指纳税人在境外现场提供的文化体育服务和教育医疗服务。

为参加在境外举办的科技活动、文化活动、文化演出、文化比赛、体育比赛、体育表演、体育活动而提供的组织安排服务，属于在境外提供的文化体育服务。

通过境内的电台、电视台、卫星通信、互联网、有线电视等媒体向境外单位或个人提供的文化体育服务或教育医疗服务，不属于在境外提供的文化体育服务、教育医疗服务。

（九）为出口货物提供的邮政服务、收派服务、保险服务。

1. 为出口货物提供的邮政服务，是指：

（1）寄递函件、包裹等邮件出境。

（2）向境外发行邮票。

（3）出口邮册等邮品。

2. 为出口货物提供的收派服务，是指为出境的函件、包裹提供的收件、分拣、派送服务。

纳税人为出口货物提供收派服务，免税销售额为其向寄件人收取的全部价款和价外费用。

3. 为出口货物提供的保险服务，包括出口货物保险和出口信用保险。

（十）向境外单位销售的完全在境外消费的电信服务。

纳税人向境外单位或者个人提供的电信服务，通过境外电信单位结算费用的，服务接受方为境外电信单位，属于完全在境外消费的电信服务。

（十一）向境外单位销售的完全在境外消费的知识产权服务。

服务实际接受方为境内单位或者个人的知识产权服务，不属于完全在境外消费的知识产权服务。

（十二）向境外单位销售的完全在境外消费的物流辅助服务（仓储服务、收派服务除外）。

境外单位从事国际运输和港澳台运输业务经停我国机场、码头、车站、领空、内河、海域时，纳税人向其提供的航空地面服务、港口码头服务、货运客运站场服务、打捞救助服务、装卸搬运服务，属于完全在境外消费的物流辅助服务。

（十三）向境外单位销售的完全在境外消费的鉴证咨询服务。

下列情形不属于完全在境外消费的鉴证咨询服务：

1. 服务的实际接受方为境内单位或者个人。

2. 对境内的货物或不动产进行的认证服务、鉴证服务和咨询服务。

（十四）向境外单位销售的完全在境外消费的专业技术服务。

下列情形不属于完全在境外消费的专业技术服务：

1. 服务的实际接受方为境内单位或者个人。

2. 对境内的天气情况、地震情况、海洋情况、环境和生态情况进行的气象服务、地震服务、海洋服务、环境和生态监测服务。

3. 为境内的地形地貌、地质构造、水文、矿藏等进行的测绘服务。

4. 为境内的城、乡、镇提供的城市规划服务。

（十五）向境外单位销售的完全在境外消费的商务辅助服务。

1. 纳税人向境外单位提供的代理报关服务和货物运输代理服务，属于完全在境外消费的代理报关服务和货物运输代理服务。

2. 纳税人向境外单位提供的外派海员服务，属于完全在境外消费的人力资源服务。外派海员服务，是指境内单位派出属于本单位员工的海员，为境外单位在境外提供的船舶驾驶和船舶管理等服务。

3. 纳税人以对外劳务合作方式，向境外单位提供的完全在境外发生的人力资源服务，属于完全在境外消费的人力资源服务。对外劳务合作，是指境内单位与境外单位签订劳务合作合同，按照合同约定组织和协助中国公民赴境外工作的活动。

4. 下列情形不属于完全在境外消费的商务辅助服务：

（1）服务的实际接受方为境内单位或者个人。

（2）对境内不动产的投资与资产管理服务、物业管理服务、房地产中介服务。

（3）拍卖境内货物或不动产过程中提供的经纪代理服务。

（4）为境内货物或不动产的物权纠纷提供的法律代理服务。

（5）为境内货物或不动产提供的安全保护服务。

（十六）向境外单位销售的广告投放地在境外的广告服务。

广告投放地在境外的广告服务，是指为在境外发布的广告提供的广告服务。

（十七）向境外单位销售的完全在境外消费的无形资产（技术除外）。

下列情形不属于向境外单位销售的完全在境外消费的无形资产：

1. 无形资产未完全在境外使用。

2. 所转让的自然资源使用权与境内自然资源相关。

3. 所转让的基础设施资产经营权、公共事业特许权与境内货物或不动产相关。

4. 向境外单位转让在境内销售货物、应税劳务、服务、无形资产或不动产的配额、经营权、经销权、分销权、代理权。

（十八）为境外单位之间的货币资金融通及其他金融业务提供的直接收费金融服务，且该服务与境内的货物、无形资产和不动产无关。

为境外单位之间、境外单位和个人之间的外币、人民币资金往来提供的资金清算、资金结算、金融支付、账户管理服务，属于为境外单位之间的货币资金融通及其他金融业务提供的直接收费金融服务。

（十九）属于以下情形的国际运输服务：

1. 以无运输工具承运方式提供的国际运输服务。

2. 以水路运输方式提供国际运输服务但未取得《国际船舶运输经营许可证》的。

3. 以公路运输方式提供国际运输服务但未取得《道路运输经营许可证》或者《国际汽车运输行车许可证》，或者《道路运输经营许可证》的经营范围未包括“国际运输”的。

4. 以航空运输方式提供国际运输服务但未取得《公共航空运输企业经营许可证》，或者其经营范围未包括“国际航空客货邮运输业务”的。

5. 以航空运输方式提供国际运输服务但未持有《通用航空经营许可证》，或者其经营范围未包括“公务飞行”的。

（二十）符合零税率政策但适用简易计税方法或声明放弃适用零税率选择免税的下列应税行为：

1. 国际运输服务。

2. 航天运输服务。

3. 向境外单位提供的完全在境外消费的下列服务：

（1）研发服务；

（2）合同能源管理服务；

（3）设计服务；

（4）广播影视节目（作品）的制作和发行服务；

（5）软件服务；

（6）电路设计及测试服务；

（7）信息系统服务；

（8）业务流程管理服务；

（9）离岸服务外包业务。

4. 向境外单位转让完全在境外消费的技术。

第三条 纳税人向国内海关特殊监管区域内的单位或者个人销售服务、无形资产，不属于跨境应税行为，应照章征收增值税。

第四条 2016 年 4 月 30 日前签订的合同，符合《财政部 国家税务总局关于将铁路运输和邮政业纳入营业税改征增值税试点的通知》（财税〔2013〕106 号）附件 4 和《财政部 国家税务总局关于影视等出口服务适用增值税零税率政策的通知》（财税〔2015〕118 号）规定的免税政策条件的，在合同到期前可以继续享受免税政策。

第五条 纳税人发生本办法第二条所列跨境应税行为，除第（九）项、第（二十）项外，必须签订跨境销售服务或无形资产书面合同。否则，不予免征增值税。

纳税人向外国航空运输企业提供空中飞行管理服务，以中国民用航空局下发的航班计划或者中国民用航空局清算中心临时来华飞行记录，为跨境销售服务书面合同。

纳税人向外国航空运输企业提供物流辅助服务（除空中飞行管理服务外），与经中国民用航空局批准设立的外国航空运输企业常驻代表机构签订的书面合同，属于与服务接受方签订跨境销售服务书面合同。外国航空运输企业临时来华飞行，未签订跨境服务书面合同的，以中国民用航空局清算中心临时来华飞行记录为跨境销售服务书面合同。

施工地点在境外的工程项目，工程分包方应提供工程项目在境外的证明、与发包方签订的建筑合同原件及复印件等资料，作为跨境销售服务书面合同。

第六条 纳税人向境外单位销售服务或无形资产，按本办法规定免征增值税的，该项销售服务或无形资产的全部收入应从境外取得，否则，不予免征增值税。

下列情形视同从境外取得收入：

（一）纳税人向外国航空运输企业提供物流辅助服务，从中国民用航空局清算中心、中国航空结算有限责任公司或者经中国民用航空局批准设立的外国航空运输企业常驻代表机构取得的收入。

（二）纳税人与境外关联单位发生跨境应税行为，从境内第三方结算公司取得的收入。上述所称第三方结算公司，是指承担跨国企业集团内部成员单位资金集中运营管理职能的资金结算公司，包括财务公司、资金池、资金结算中心等。

（三）纳税人向外国船舶运输企业提供物流辅助服务，通过外国船舶运输企业指定的境内代理公司结算取得的收入。

（四）国家税务总局规定的其他情形。

第七条 纳税人发生跨境应税行为免征增值税的，应单独核算跨境应税行为的销售额，准确计算不得抵扣的进项税额，其免税收入不得开具增值税专用发票。

纳税人为出口货物提供收派服务，按照下列公式计算不得抵扣的进项税额：

不得抵扣的进项税额 = 当期无法划分的全部进项税额 ×（当期简易计税方法计税项目销售额 + 免征增值税项目销售额 − 为出口货物提供收派服务支付给境外合作方的费用）÷ 当期全部销售额

第八条 纳税人发生免征增值税跨境应税行为，除提供第二条第（二十）项所列服务外，应在首次享受免税的纳税申报期内或在各省、自治区、直辖市和计划单列市国家税务局规定的申报征期后的其他期限内，到主管税务机关办理跨境应税行为免税备案手续，同时提交以下备案材料：

（一）《跨境应税行为免税备案表》（附件1）；

（二）本办法第五条规定的跨境销售服务或无形资产的合同原件及复印件；

（三）提供本办法第二条第（一）项至第（八）项和第（十六）项服务，应提交服务地点在境外的证明材料原件及复印件；

（四）提供本办法第二条规定的国际运输服务，应提交实际发生相关业务的证明材料；

（五）向境外单位销售服务或无形资产，应提交服务或无形资产购买方的机构所在地在境外的证明材料；

（六）国家税务总局规定的其他资料。

第九条 纳税人发生第二条第（二十）项所列应税行为的，应在首次享受免税的纳税申报期内或在各省、自治区、直辖市和计划单列市国家税务局规定的申报征期后的其他期限内，到主管税务机关办理跨境应税行为免税备案手续，同时提交以下备案材料：

（一）已向办理增值税免抵退税或免退税的主管税务机关备案的《放弃适用增值税零税率声明》（附件2）；

（二）该项应税行为享受零税率到主管税务机关办理增值税免抵退税或免退税申报时需报送的材料和原始凭证。

第十条 按照本办法第八条规定提交备案的跨境销售服务或无形资产合同原件为外文的，应提供中文翻译件并由法定代表人（负责人）签字或者单位盖章。

纳税人无法提供本办法第八条规定的境外资料原件的，可只提供复印件，注明“复印件与原件一致”字样，并由法定代表人（负责人）签字或者单位盖章；境外资料原件为外文的，应提供中文翻译件并由法定代表人（负责人）签字或者单位盖章。

主管税务机关对提交的境外证明材料有明显疑义的，可以要求纳税人提供境外公证部门出具的证明材料。

第十一条 纳税人办理跨境应税行为免税备案手续时，主管税务机关应当根据以下情况分别做出处理：

（一）备案材料存在错误的，应当告知并允许纳税人更正。

（二）备案材料不齐全或者不符合规定形式的，应当场一次性告知纳税人补正。

（三）备案材料齐全、符合规定形式的，或者纳税人按照税务机关的要求提交全部补正备案材料的，应当受理纳税人的备案，并将有关资料原件退还纳税人。

（四）按照税务机关的要求补正后的备案材料仍不符合本办法第八、九、十条规定的，应当对纳税人的本次跨境应税行为免税备案不予受理，并将所有报送材料退还纳税人。

第十二条 主管税务机关受理或者不予受理纳税人跨境应税行为免税备案，应当出具加盖本机关专用印章和注明日期的书面凭证。

第十三条 原签订的跨境销售服务或无形资产合同发生变更，或者跨境销售服务或无形资产的有关情况发生变化，变化后仍属于本办法第二条规定的免税范围的，纳税人应向主管税务机关重新办理跨境应税行为免税备案手续。

第十四条 纳税人应当完整保存本办法第八、九、十条要求的各项材料。纳税人在税务机关后续管理中不能提供上述材料的，不得享受本办法规定的免税政策，对已享受的减免税款应予补缴，并依照《中华人民共和国税收征收管理法》的有关规定处理。

第十五条 纳税人发生跨境应税行为享受免税的，应当按规定进行纳税申报。纳税人享受免税到期或实际经营情况不再符合本办法规定的免税条件的，应当停止享受免税，并按照规定申报纳税。

第十六条 纳税人发生实际经营情况不符合本办法规定的免税条件、采用欺骗手段获取免税、或者享受减免税条件发生变化未及时向税务机关报告，以及未按照本办法规定履行相关程序自行减免税的，税务机关依照《中华人民共和国税收征收管理法》有关规定予以处理。

第十七条 税务机关应高度重视跨境应税行为增值税免税管理工作，针对纳税人的备案材料，采取案头分析、日常检查、重点稽查等方式，加强对纳税人业务真实性的核实，发现问题的，按照现行有关规定处理。

第十八条 纳税人发生的与香港、澳门、台湾有关的应税行为，参照本办法执行。

第十九条 本办法自2016年5月1日起施行。此前，纳税人发生符合本办法第四条规定的免税跨境应税行为，已办理免税备案手续的，不再重新办理免税备案手续。纳税人发生符合本办法第二条和第四条规定的免税跨境应税行为，未办理免税备案手续但已进行免税申报的，按照本办法规定补办备案手续；未进行免税申报的，按照本办法规定办理跨境服务备案手续后，可以申请退还已缴税款或者抵减以后的应纳税额；已开具增值税专用发票的，应将全部联次追回后方可办理跨境应税行为免税备案手续。

8-3 《国家税务总局关于在境外提供建筑服务等有关问题的公告》第一条

2016年11月4日 国家税务总局公告2016年第69号

一、境内的单位和个人为施工地点在境外的工程项目提供建筑服务，按照《国家税务总局关于发布〈营业税改征增值税跨境应税行为增值税免税管理办法（试行）〉的公告》（国家税务总局公告2016年第29号）第八条规定办理免税备案手续时，凡与发包方签订的建筑合同注明施工地点在境外的，可不再提供工程项目在境外的其他证明材料。

8-4 《国家税务总局关于跨境应税行为免税备案等增值税问题的公告》第一条

2017年8月14日 国家税务总局公告2017年第30号

一、纳税人发生跨境应税行为，按照《国家税务总局关于发布〈营业税改征增值税跨境应税行为增值税免税管理办法（试行）〉的公告》（国家税务总局公告2016年第29号）的规定办理免税备案手续后发生的相同跨境应税行为，不再办理备案手续。纳税人应当完整保存相关免税证明材料备查。纳税人在税务机关后续管理中不能提供上述材料的，不得享受相关免税政策，对已享受的减免税款应予补缴，并依照《中华人民共和国税收征收管理法》的有关规定处理。

9. 提供跨境文化类服务免征增值税

【适用主体】

提供跨境文化类服务的企业。

【政策规定】

（1）会议展览地点在境外的会议展览服务免征增值税。

（2）在境外提供的广播影视节目（作品）的播映服务免征增值税。

（3）在境外提供的文化体育服务、教育医疗服务、旅游服务免征增值税。

（4）向境外单位提供的完全在境外消费且广告投放地在境外的广告服务免征增值税。

【适用条件】

（1）为客户参加在境外举办的会议、展览而提供的组织安排服务，属于会议展览地点在境外的会议展览服务。

（2）在境外提供的广播影视节目（作品）播映服务，是指在境外的影院、剧院、录像厅及其他场所播映广播影视节目（作品）。

通过境内的电台、电视台、卫星通信、互联网、有线电视等无线或者有线装置向境外播映广播影视节目（作品），不属于在境外提供的广播影视节目（作品）播映服务。

（3）在境外提供的文化体育服务和教育医疗服务，是指纳税人在境外现场提供的文化体育服务和教育医疗服务。

为参加在境外举办的科技活动、文化活动、文化演出、文化比赛、体育比赛、体育表演、体育活动而提供的组织安排服务，属于在境外提供的文化体育服务。

通过境内的电台、电视台、卫星通信、互联网、有线电视等媒体向境外单位或个人提供的文化体育服务或教育医疗服务，不属于在境外提供的文化体育服务、教育医疗服务。

（4）向境外单位销售的广告投放地在境外的广告服务，是指为在境外发布的广告提供的广告服务。

（5）纳税人发生政策规定所列跨境应税行为，按照《国家税务总局关于发布〈营业税改征增值税跨境应税行为增值税免税管理办法（试行）〉的公告》（国家税务总局公告2016年第29号）的规定办理免税备案手续后发生的相同跨境应税行为，不再办理备案手续。纳税人应当完整保存相关免税证明材料备查。纳税人在税务机关后续管理中不能提供上述材料的，不得享受相关免税政策，对已享受的减免税款应予补缴，并依照《中华人民共和国税收征收管理法》的有关规定处理。

【情景问答】

问：我们是一家广告公司，准备在欧洲为境外公司投放广告，请问增值税有什么政策？

答：相关政策规定，向境外单位销售的、广告投放地在境外的广告服务，可享受增值税免税优惠。

【政策依据】

（1）《财政部　国家税务总局关于全面推开营业税改征增值税试点的通知》（财税〔2016〕36号）附件四《跨境应税行为适用增值税零税率和免税政策的规定》第二条（略，见文件8－1）

（2）《国家税务总局关于发布〈营业税改征增值税跨境应税行为增值税免税管理办法（试行）〉的公告》（国家税务总局公告2016年第29号）第二条至第十九条（略，见文件8－2）

（3）《国家税务总局关于跨境应税行为免税备案等增值税问题的公告》（国家税务总局公告2017年第30号）第一条（略，见文件8－4）

10. 提供跨境物流辅助、邮政等服务免征增值税

【适用主体】

提供跨境物流辅助、邮政等服务的企业。

【政策规定】

（1）存储地点在境外的仓储服务免征增值税。

（2）为出口货物提供的邮政服务、收派服务免征增值税。

（3）向境外单位销售的完全在境外消费的物流辅助服务（仓储服务、收

派服务除外）免征增值税。

【适用条件】

（1）为出口货物提供的邮政服务，是指：

①寄递函件、包裹等邮件出境。

②向境外发行邮票。

③出口邮册等邮品。

（2）为出口货物提供的收派服务，是指为出境的函件、包裹提供的收件、分拣、派送服务。

纳税人为出口货物提供收派服务，免税销售额为其向寄件人收取的全部价款和价外费用。

（3）境外单位从事国际运输和港澳台运输业务经停我国机场、码头、车站、领空、内河、海域时，纳税人向其提供的航空地面服务、港口码头服务、货运客运站场服务、打捞救助服务、装卸搬运服务，属于完全在境外消费的物流辅助服务。

（4）纳税人发生上述跨境应税行为，按照《国家税务总局关于发布〈营业税改征增值税跨境应税行为增值税免税管理办法（试行）〉的公告》（国家税务总局公告2016年第29号）的规定办理免税备案手续后发生的相同跨境应税行为，不再办理备案手续。纳税人应当完整保存相关免税证明材料备查。纳税人在税务机关后续管理中不能提供上述材料的，不得享受相关免税政策，对已享受的减免税款应予补缴，并依照《中华人民共和国税收征收管理法》的有关规定处理。

【政策依据】

（1）《财政部　国家税务总局关于全面推开营业税改征增值税试点的通知》（财税〔2016〕36号）附件四《跨境应税行为适用增值税零税率和免税政策的规定》第二条（略，见文件8－1）

（2）《国家税务总局关于发布〈营业税改征增值税跨境应税行为增值税免税管理办法（试行）〉的公告》（国家税务总局公告2016年第29号）第二条至第十九条（略，见文件8－2）

（3）《国家税务总局关于跨境应税行为免税备案等增值税问题的公告》（国家税务总局公告2017年第30号）第一条（略，见文件8－4）

11. 提供跨境技术类服务免征增值税

【适用主体】

提供跨境技术类服务的企业。

【政策规定】

（1）向境外单位提供的完全在境外消费的知识产权服务免征增值税。

（2）向境外单位提供的完全在境外消费的鉴证咨询服务免征增值税。

（3）向境外单位提供的完全在境外消费的专业技术服务免征增值税。

（4）向境外单位提供的完全在境外消费的无形资产（技术除外）免征增值税。

【适用条件】

（1）服务实际接受方为境内单位或者个人的知识产权服务，不属于完全在境外消费的知识产权服务。

（2）下列情形不属于完全在境外消费的鉴证咨询服务：

①服务的实际接受方为境内单位或者个人。

②对境内的货物或不动产进行的认证服务、鉴证服务和咨询服务。

（3）下列情形不属于完全在境外消费的专业技术服务：

①服务的实际接受方为境内单位或者个人。

②对境内的天气情况、地震情况、海洋情况、环境和生态情况进行的气象服务、地震服务、海洋服务、环境和生态监测服务。

③为境内的地形地貌、地质构造、水文、矿藏等进行的测绘服务。

④为境内的城、乡、镇提供的城市规划服务。

（4）下列情形不属于向境外单位销售的完全在境外消费的无形资产：

①无形资产未完全在境外使用。

②所转让的自然资源使用权与境内自然资源相关。

③所转让的基础设施资产经营权、公共事业特许权与境内货物或不动产相关。

④向境外单位转让在境内销售货物、应税劳务、服务、无形资产或不动产的配额、经营权、经销权、分销权、代理权。

（5）纳税人发生政策规定所列跨境应税行为，按照《国家税务总局关于发布〈营业税改征增值税跨境应税行为增值税免税管理办法（试行）〉的公告》（国家税务总局公告2016年第29号）的规定办理免税备案手续后发生的相同跨境应税行为，不再办理备案手续。纳税人应当完整保存相关免税证明材料备查。纳税人在税务机关后续管理中不能提供上述材料的，不得享受相关免税政策，对已享受的减免税款应予补缴，并依照《中华人民共和国税收征收管理法》的有关规定处理。

【情景问答】

问：我们是一家中国公司，现为越南一家公司仅在其境内使用的专利提供评估服务。请问在增值税方面有什么优惠政策？

答：相关政策规定，向境外单位提供的完全在境外消费的知识产权服务免征增值税。

【政策依据】

（1）《财政部　国家税务总局关于全面推开营业税改征增值税试点的通知》（财税〔2016〕36号）附件四《跨境应税行为适用增值税零税率和免税政策的规定》第二条（略，见文件8－1）

（2）《国家税务总局关于发布〈营业税改征增值税跨境应税行为增值税免税管理办法（试行）〉的公告》（国家税务总局公告2016年第29号）第二条至第十九条（略，见文件8－2）

（3）《国家税务总局关于跨境应税行为免税备案等增值税问题的公告》（国家税务总局公告2017年第30号）第一条（略，见文件8－4）

12. 提供跨境金融服务免征增值税

【适用主体】

提供特定类型跨境金融服务的企业。

【政策规定】

（1）为境外单位之间的货币资金融通及其他金融业务提供的直接收费金融服务，且该服务与境内的货物、无形资产和不动产无关，免征增值税。

（2）境内保险公司向境外保险公司提供的完全在境外消费的再保险服务，免征增值税。

（3）为出口货物提供的保险服务免征增值税。

【适用条件】

（1）为境外单位之间、境外单位和个人之间的外币、人民币资金往来提供的资金清算、资金结算、金融支付、账户管理服务，属于为境外单位之间的货币资金融通及其他金融业务提供的直接收费金融服务。

（2）为出口货物提供的保险服务，包括出口货物保险和出口信用保险。

（3）纳税人发生政策规定所列跨境应税行为，按照《国家税务总局关于发布〈营业税改征增值税跨境应税行为增值税免税管理办法（试行）〉的公告》（国家税务总局公告 2016 年第 29 号）的规定办理免税备案手续后发生的相同跨境应税行为，不再办理备案手续。纳税人应当完整保存相关免税证明材料备查。纳税人在税务机关后续管理中不能提供上述材料的，不得享受相关免税政策，对已享受的减免税款应予补缴，并依照《中华人民共和国税收征收管理法》的有关规定处理。

【情景问答】

问：我们是一家中国金融公司，现在非洲为两家境外企业提供美元和人民币结算服务，请问增值税有什么政策？

答：依据相关政策规定，你公司为境外单位之间的外币、人民币资金往来提供的资金结算服务，属于为境外单位之间的货币资金融通及其他金融业务提供的直接收费金融服务，可享受增值税免税政策。

【政策依据】

（1）《财政部　国家税务总局关于全面推开营业税改征增值税试点的通知》（财税〔2016〕36 号）附件四《跨境应税行为适用增值税零税率和免税政策的规定》第二条（略，见文件 8 - 1）

（2）《国家税务总局关于发布〈营业税改征增值税跨境应税行为增值税免税管理办法（试行）〉的公告》（国家税务总局公告 2016 年第 29 号）第二条至第十九条（略，见文件 8 - 2）

（3）《财政部　国家税务总局关于进一步明确全面推开营改增试点有关再保险、不动产租赁和非学历教育等政策的通知》（财税〔2016〕68 号）第一条

（4）《国家税务总局关于跨境应税行为免税备案等增值税问题的公告》（国家税务总局公告 2017 年第 30 号）第一条（略，见文件 8 - 4）

政策链接

12－1 《财政部　国家税务总局关于进一步明确全面推开营改增试点有关再保险、不动产租赁和非学历教育等政策的通知》第一条
2016年6月18日　财税〔2016〕68号

一、再保险服务

（一）境内保险公司向境外保险公司提供的完全在境外消费的再保险服务，免征增值税。

（二）试点纳税人提供再保险服务（境内保险公司向境外保险公司提供的再保险服务除外），实行与原保险服务一致的增值税政策。再保险合同对应多个原保险合同的，所有原保险合同均适用免征增值税政策时，该再保险合同适用免征增值税政策。否则，该再保险合同应按规定缴纳增值税。

原保险服务，是指保险分出方与投保人之间直接签订保险合同而建立保险关系的业务活动。

13. 特定情况下国际运输服务免征增值税

【适用主体】

提供特定类型的国际运输服务的企业。

【政策规定】

提供以下情形的国际运输服务，免征增值税：

（1）以无运输工具承运方式提供的国际运输服务。

（2）以水路运输方式提供国际运输服务但未取得《国际船舶运输经营许可证》的。

（3）以公路运输方式提供国际运输服务但未取得《道路运输经营许可证》或者《国际汽车运输行车许可证》，或者《道路运输经营许可证》的经营范围未包括“国际运输”的。

（4）以航空运输方式提供国际运输服务但未取得《公共航空运输企业经营许可证》，或者其经营范围未包括“国际航空客货邮运输业务”的。

（5）以航空运输方式提供国际运输服务但未持有《通用航空经营许可证》，或者其经营范围未包括“公务飞行”的。

（6）符合零税率政策但适用简易计税方法或声明放弃适用零税率选择免

税的。

【适用条件】

（1）符合条件的国际运输服务享受增值税零税率政策，而上述六项只能适用免税政策。

（2）纳税人发生政策规定所列跨境应税行为，按照《国家税务总局关于发布〈营业税改征增值税跨境应税行为增值税免税管理办法（试行）〉的公告》（国家税务总局公告 2016 年第 29 号）的规定办理免税备案手续后发生的相同跨境应税行为，不再办理备案手续。纳税人应当完整保存相关免税证明材料备查。纳税人在税务机关后续管理中不能提供上述材料的，不得享受相关免税政策，对已享受的减免税款应予补缴，并依照《中华人民共和国税收征收管理法》的有关规定处理。

【情景问答】

问：我们是一家中国海洋运输公司，以水路运输方式提供国际运输服务但未取得《国际船舶运输经营许可证》的。请问增值税有什么政策？

答：相关政策规定，以水路运输方式提供国际运输服务但未取得《国际船舶运输经营许可证》的，可享受增值税免税政策。

【政策依据】

（1）《财政部　国家税务总局关于全面推开营业税改征增值税试点的通知》（财税〔2016〕36 号）附件四《跨境应税行为适用增值税零税率和免税政策的规定》第三条

（2）《国家税务总局关于发布〈营业税改征增值税跨境应税行为增值税免税管理办法（试行）〉的公告》（国家税务总局公告 2016 年第 29 号）第二条至第十九条（略，见文件 8－2）

（3）《国家税务总局关于跨境应税行为免税备案等增值税问题的公告》（国家税务总局公告 2017 年第 30 号）第一条（略，见文件 8－4）

政策链接

13－1 《财政部 国家税务总局关于全面推开营业税改征增值税试点的通知》附件四《跨境应税行为适用增值税零税率和免税政策的规定》第三条

2016年3月23日 财税〔2016〕36号

三、按照国家有关规定应取得相关资质的国际运输服务项目，纳税人取得相关资质的，适用增值税零税率政策，未取得的，适用增值税免税政策。

境内的单位或个人提供程租服务，如果租赁的交通工具用于国际运输服务和港澳台运输服务，由出租方按规定申请适用增值税零税率。

境内的单位和个人向境内单位或个人提供期租、湿租服务，如果承租方利用租赁的交通工具向其他单位或个人提供国际运输服务和港澳台运输服务，由承租方适用增值税零税率。境内的单位或个人向境外单位或个人提供期租、湿租服务，由出租方适用增值税零税率。

境内单位和个人以无运输工具承运方式提供的国际运输服务，由境内实际承运人适用增值税零税率；无运输工具承运业务的经营者适用增值税免税政策。

14. 提供跨境电信服务免征增值税

【适用主体】

向境外单位提供的完全在境外消费的电信服务的企业。

【政策规定】

境内的单位向境外单位提供的完全在境外消费的电信服务免征增值税。

【适用条件】

（1）纳税人向境外单位或者个人提供的电信服务，通过境外电信单位结算费用的，服务接受方为境外电信单位，属于完全在境外消费的电信服务。

（2）纳税人发生政策规定所列跨境应税行为，按照《国家税务总局关于发布〈营业税改征增值税跨境应税行为增值税免税管理办法（试行）〉的公告》（国家税务总局公告2016年第29号）的规定办理免税备案手续后发生的相同跨境应税行为，不再办理备案手续。纳税人应当完整保存相关免税证明材料备查。纳税人在税务机关后续管理中不能提供上述材料的，不得享受相关免税政策，对已享受的减免税款应予补缴，并依照《中华人民共和国税收征收管理法》的有关规定处理。

【情景问答】

问：我们是一家中国公司，为美国当地一家公司提供电信服务，按照目前政策是否可以享受跨境电信服务免征增值税政策呢?

答：如该项业务通过境外电信单位结算费用的，服务接受方为境外电信单位，属于完全在境外消费的电信服务，可以享受跨境电信服务免征增值税政策。

【政策依据】

（1）《财政部　国家税务总局关于全面推开营业税改征增值税试点的通知》（财税〔2016〕36 号）附件四《跨境应税行为适用增值税零税率和免税政策的规定》第二条（略，见文件 8－1）

（2）《国家税务总局关于发布〈营业税改征增值税跨境应税行为增值税免税管理办法（试行）〉的公告》（国家税务总局公告 2016 年第 29 号）第二条至第十九条（略，见文件 8－2）

（3）《国家税务总局关于跨境应税行为免税备案等增值税问题的公告》（国家税务总局公告 2017 年第 30 号）第一条（略，见文件 8－4）

15. 提供其他跨境服务免征增值税

【适用主体】

提供其他符合政策规定跨境服务的企业。

【政策规定】

（1）向境外单位提供的完全在境外消费的商务辅助服务免征增值税。

（2）标的物在境外使用的有形动产租赁服务免征增值税。

（3）纳税人发生上述跨境应税行为，按照《国家税务总局关于发布〈营业税改征增值税跨境应税行为增值税免税管理办法（试行）〉的公告》（国家税务总局公告 2016 年第 29 号）的规定办理免税备案手续后发生的相同跨境应税行为，不再办理备案手续。纳税人应当完整保存相关免税证明材料备查。纳税人在税务机关后续管理中不能提供上述材料的，不得享受相关免税政策，对已享受的减免税款应予补缴，并依照《中华人民共和国税收征收管理法》的有关规定处理。

【适用条件】

向境外单位销售的完全在境外消费的商务辅助服务包括：

（1）纳税人向境外单位提供的代理报关服务和货物运输代理服务，属于完全在境外消费的代理报关服务和货物运输代理服务。

（2）纳税人向境外单位提供的外派海员服务，属于完全在境外消费的人力资源服务。外派海员服务，是指境内单位派出属于本单位员工的海员，为境外单位在境外提供的船舶驾驶和船舶管理等服务。

（3）纳税人以对外劳务合作方式，向境外单位提供的完全在境外发生的人力资源服务，属于完全在境外消费的人力资源服务。对外劳务合作，是指境内单位与境外单位签订劳务合作合同，按照合同约定组织和协助中国公民赴境外工作的活动。

（4）下列情形不属于完全在境外消费的商务辅助服务：

①服务的实际接受方为境内单位或者个人。

②对境内不动产的投资与资产管理服务、物业管理服务、房地产中介服务。

③拍卖境内货物或不动产过程中提供的经纪代理服务。

④为境内货物或不动产的物权纠纷提供的法律代理服务。

⑤为境内货物或不动产提供的安全保护服务。

【情景问答】

问：我们是一家中国公司，在德国购买了一台设备，因故未能运回国内，要在德国出租。请问增值税有什么政策？

答：相关政策规定，标的物在境外使用的有形动产租赁服务免征增值税。

【政策依据】

（1）《财政部　国家税务总局关于全面推开营业税改征增值税试点的通知》（财税〔2016〕36号）附件四《跨境应税行为适用增值税零税率和免税政策的规定》第二条（略，见文件8－1）

（2）《国家税务总局关于发布〈营业税改征增值税跨境应税行为增值税免税管理办法（试行）〉的公告》（国家税务总局公告2016年第29号）第二条至第十九条（略，见文件8－2）

（3）《国家税务总局关于跨境应税行为免税备案等增值税问题的公告》（国家税务总局公告2017年第30号）第一条（略，见文件8-4）

（三）居民企业境外所得涉及税收政策

“走出去”企业应当就其来源于中国境内、境外的所得缴纳企业所得税。企业在境外销售货物、提供劳务、转让财产取得的所得，以及来源于境外的股息红利等权益性投资所得、利息所得、租金所得、特许权使用费所得、接受捐赠所得和其他所得，扣除按规定计算的各项合理支出后的余额，即其境外应纳税所得额。

对于企业在境外投资设立不具有独立纳税地位的分支机构（根据企业设立地法律不具有独立法人地位或者按照税收协定规定不认定为对方国家（地区）的税收居民），其取得的各项境外所得，无论是否汇回中国境内，均应计入该企业所属纳税年度的境外应纳税所得额。

对于企业在境外缴纳的所得税性质的税款，我国实行税收抵免政策，即允许企业用境外已缴税款抵免其境内外所得应纳税总额。税收抵免的类型包括直接抵免、间接抵免和饶让抵免，特殊情形下企业还可适用简易办法计算抵免。需要注意的是，我国税法对石油企业适用的税收抵免政策给予特殊安排。

16. 境外所得的确认

【适用主体】

居民企业。

【政策规定】

（1）所得来源地

①销售货物所得，按照交易活动发生地确定；

②提供劳务所得，按照劳务发生地确定；

③转让财产所得，不动产转让所得按照不动产所在地确定，动产转让所得按照转让动产的企业或者机构、场所所在地确定，权益性投资资产转让所得按照被投资企业所在地确定；

④股息、红利等权益性投资所得，按照分配所得的企业所在地确定；

⑤利息所得、租金所得、特许权使用费所得，按照负担、支付所得的企业或者机构、场所所在地确定；

⑥其他所得，由国务院财政、税务主管部门确定。

（2）所得实现年度

①企业来源于境外的股息、红利等权益性投资收益所得，若实际收到所得的日期与境外被投资方作出利润分配决定的日期不在同一纳税年度的，应按被投资方作出利润分配日所在的纳税年度确认境外所得。

企业来源于境外的利息、租金、特许权使用费、转让财产等收入，若未能在合同约定的付款日期当年收到上述所得，仍应按合同约定付款日期所属的纳税年度确认境外所得。

②属于企业所得税法第四十五条以及实施条例第一百一十七条和第一百一十八条规定情形的，应按照有关法律法规的规定确定境外所得的实现年度。

（3）所得的计算

①在计算适用境外税额直接抵免的应纳税所得额时，境外所得应为将该项境外所得直接缴纳的境外所得税额还原计算后的境外税前所得。

②上述直接缴纳税额还原后的所得中属于股息、红利所得的，在计算适用境外税额间接抵免的境外所得时，应再将该项境外所得间接负担的税额还原计算，即该境外股息、红利所得应为境外股息、红利税后净所得与就该项所得直接缴纳和间接负担的税额之和。

【政策依据】

（1）《中华人民共和国企业所得税法》（中华人民共和国主席令第 64 号）第三条、第二十三条、第二十四条、第四十五条

（2）《中华人民共和国企业所得税法实施条例》（中华人民共和国国务院令第 512 号）第六条、第七条、第七十七条至第七十九条、第一百一十七条、第一百一十八条

（3）《财政部　国家税务总局关于企业境外所得税收抵免有关问题的通知》（财税〔2009〕125 号）第一条、第三条、第五条、第八条、第九条、第十一条至第十三条

（4）《国家税务总局关于发布〈企业境外所得税收抵免操作指南〉的公告》（国家税务总局公告 2010 年第 1 号）第一条至第三条

政策链接

16－1 《中华人民共和国企业所得税法》第三条、第二十三条、第二十四条、第四十五条

2007年3月16日 中华人民共和国主席令第64号

第三条 居民企业应当就其来源于中国境内、境外的所得缴纳企业所得税。

非居民企业在中国境内设立机构、场所的，应当就其所设机构、场所取得的来源于中国境内的所得，以及发生在中国境外但与其所设机构、场所有实际联系的所得，缴纳企业所得税。

非居民企业在中国境内未设立机构、场所的，或者虽设立机构、场所但取得的所得与其所设机构、场所没有实际联系的，应当就其来源于中国境内的所得缴纳企业所得税。

……

第二十三条 企业取得的下列所得已在境外缴纳的所得税税额，可以从其当期应纳税额中抵免，抵免限额为该项所得依照本法规定计算的应纳税额；超过抵免限额的部分，可以在以后五个年度内，用每年度抵免限额抵免当年应抵税额后的余额进行抵补：

（一）居民企业来源于中国境外的应税所得；

（二）非居民企业在中国境内设立机构、场所，取得发生在中国境外但与该机构、场所有实际联系的应税所得。

第二十四条 居民企业从其直接或者间接控制的外国企业分得的来源于中国境外的股息、红利等权益性投资收益，外国企业在境外实际缴纳的所得税税额中属于该项所得负担的部分，可以作为该居民企业的可抵免境外所得税税额，在本法第二十三条规定的抵免限额内抵免。

……

第四十五条 由居民企业，或者由居民企业和中国居民控制的设立在实际税负明显低于本法第四条第一款规定税率水平的国家（地区）的企业，并非由于合理的经营需要而对利润不作分配或者减少分配的，上述利润中应归属于该居民企业的部分，应当计入该居民企业的当期收入。

16－2 《中华人民共和国企业所得税法实施条例》第六条、第七条、第七十七条至第七十九条、第一百一十七条、第一百一十八条 2007年12月6日 中华人民共和国国务院令第512号

第六条 企业所得税法第三条所称所得，包括销售货物所得、提供劳务所得、转让财产所得、股息红利等权益性投资所得、利息所得、租金所得、特许权使用费所得、接受捐赠所得和其他所得。

第七条 企业所得税法第三条所称来源于中国境内、境外的所得，按照以下原则确定：

（一）销售货物所得，按照交易活动发生地确定；

（二）提供劳务所得，按照劳务发生地确定；

（三）转让财产所得，不动产转让所得按照不动产所在地确定，动产转让所得按照转让动产的企业或者机构、场所所在地确定，权益性投资资产转让所得按照被投资企业所在地确定；

（四）股息、红利等权益性投资所得，按照分配所得的企业所在地确定；

（五）利息所得、租金所得、特许权使用费所得，按照负担、支付所得的企业或者机构、场所所在地确定，或者按照负担、支付所得的个人的住所地确定；

（六）其他所得，由国务院财政、税务主管部门确定。

……

第七十七条 企业所得税法第二十三条所称已在境外缴纳的所得税税额，是指企业来源于中国境外的所得依照中国境外税收法律以及相关规定应当缴纳并已经实际缴纳的企业所得税性质的税款。

第七十八条 企业所得税法第二十三条所称抵免限额，是指企业来源于中国境外的所得，依照企业所得税法和本条例的规定计算的应纳税额。除国务院财政、税务主管部门另有规定外，该抵免限额应当分国（地区）不分项计算，计算公式如下：

抵免限额＝中国境内、境外所得依照企业所得税法和本条例的规定计算的应纳税总额×来源于某国（地区）的应纳税所得额÷中国境内、境外应纳税所得总额

第七十九条 企业所得税法第二十三条所称5个年度，是指从企业取得的来源于中国境外的所得，已经在中国境外缴纳的企业所得税性质的税额超过抵免限额的当年的次年起连续5个纳税年度。

……

第一百一十七条 企业所得税法第四十五条所称控制，包括：

（一）居民企业或者中国居民直接或者间接单一持有外国企业10%以上有表决权股份，且由其共同持有该外国企业50%以上股份；

（二）居民企业，或者居民企业和中国居民持股比例没有达到第（一）项规定的标准，但在股份、资金、经营、购销等方面对该外国企业构成实质控制。

第一百一十八条 企业所得税法第四十五条所称实际税负明显低于企业所得税法第四条第一款规定税率水平，是指低于企业所得税法第四条第一款规定税率的50%。

16-3 《财政部 国家税务总局关于企业境外所得税收抵免有关问题的通知》第一条、第三条、第五条、第八条、第九条、第十一条至第十三条

2009年12月25日 财税〔2009〕125号

一、居民企业以及非居民企业在中国境内设立的机构、场所（以下统称企业）依照企业所得税法第二十三条、第二十四条的有关规定，应在其应纳税额中抵免在境外缴纳的所得税额的，适用本通知。

……

三、企业应就其按照实施条例第七条规定确定的中国境外所得（境外税前所得），按以下规定计算实施条例第七十八条规定的境外应纳税所得额：

（一）居民企业在境外投资设立不具有独立纳税地位的分支机构，其来源于境外的所得，以境外收入总额扣除与取得境外收入有关的各项合理支出后的余额为应纳税所得额。各项收入、支出按企业所得税法及实施条例的有关规定确定。

居民企业在境外设立不具有独立纳税地位的分支机构取得的各项境外所得，无论是否汇回中国境内，均应计入该企业所属纳税年度的境外应纳税所得额。

（二）居民企业应就其来源于境外的股息、红利等权益性投资收益，以及利息、租金、特许权使用费、转让财产等收入，扣除按照企业所得税法及实施条例等规定计算的与取得该项收入有关的各项合理支出后的余额为应纳税所得额。来源于境外的股息、红利等权益性投资收益，应按被投资方作出利润分配决定的日期确认收入实现；来源于境外的利息、租金、特许权使用费、转让财产等收入，应按有关合同约定应付交易对价款的日期确认收入实现。

（三）非居民企业在境内设立机构、场所的，应就其发生在境外但与境内所设机构、场所有实际联系的各项应税所得，比照上述第（二）项的规定计算相应的应纳税所得额。

（四）在计算境外应纳税所得额时，企业为取得境内、外所得而在境内、境外发生的共同支出，与取得境外应税所得有关的、合理的部分，应在境内、境外（分国（地区）别，下同）应税所得之间，按照合理比例进行分摊后扣除。

（五）在汇总计算境外应纳税所得额时，企业在境外同一国家（地区）设立不具有独立纳税地位的分支机构，按照企业所得税法及实施条例的有关规定计算的亏损，不得抵减其境内或他国（地区）的应纳税所得额，但可以用同一国家（地区）其他项目或以后年度的所得按规定弥补。

……

五、居民企业在按照企业所得税法第二十四条规定用境外所得间接负担的税额进行税收抵免时，其取得的境外投资收益实际间接负担的税额，是指根据直接或者间接持股方式合计持股20%以上（含20%，下同）的规定层级的外国企业股份，由此应分得的股息、红利等权益性投资收益中，从最低一层外国企业起逐层计算的属于由上一层企业负担的税额，其计算公式如下：

本层企业所纳税额属于由一家上一层企业负担的税额＝（本层企业就利润和投资收益所实际缴纳的税额＋符合本通知规定的由本层企业间接负担的税额）×本层企业向一家上一层企业分配的股息（红利）÷本层企业所得税后利润额。

……

八、企业应按照企业所得税法及其实施条例和本通知的有关规定分国（地区）别计算境外税额的抵免限额。

某国（地区）所得税抵免限额＝中国境内、境外所得依照企业所得税法及实施条例的规定计算的应纳税总额×来源于某国（地区）的应纳税所得额÷中国境内、境外应纳税所得总额

据以计算上述公式中“中国境内、境外所得依照企业所得税法及实施条例的规定计算的应纳税总额”的税率，除国务院财政、税务主管部门另有规定外，应为企业所得税法第四条第一款规定的税率。

企业按照企业所得税法及其实施条例和本通知的有关规定计算的当期境内、境外应纳税所得总额小于零的，应以零计算当期境内、境外应纳税所得总额，其当期境外所得税的抵免限额也为零。

九、在计算实际应抵免的境外已缴纳和间接负担的所得税税额时，企业在境外一国（地区）当年缴纳和间接负担的符合规定的所得税税额低于所计算的该国（地区）抵免限额的，应以该项税额作为境外所得税抵免额从企业应纳税总额中据实抵免；超过抵免限额的，当年应以抵免限额作为境外所得税抵免额进行抵免，超过抵免限额的余额允许从次年起在连续五个纳税年度内，用

每年度抵免限额抵免当年应抵税额后的余额进行抵补。

……

十一、企业在境外投资设立不具有独立纳税地位的分支机构，其计算生产、经营所得的纳税年度与我国规定的纳税年度不一致的，与我国纳税年度当年度相对应的境外纳税年度，应为在我国有关纳税年度中任何一日结束的境外纳税年度。

企业取得上款以外的境外所得实际缴纳或间接负担的境外所得税，应在该项境外所得实现日所在的我国对应纳税年度的应纳税额中计算抵免。

十二、企业抵免境外所得税额后实际应纳所得税额的计算公式为：

企业实际应纳所得税额 = 企业境内外所得应纳税总额 - 企业所得税减免、抵免优惠税额 - 境外所得税抵免额

十三、本通知所称不具有独立纳税地位，是指根据企业设立地法律不具有独立法人地位或者按照税收协定规定不认定为对方国家（地区）的税收居民。

16 -4 《国家税务总局关于发布〈企业境外所得税收抵免操作指南〉的公告》第一条至第三条

2010 年 7 月 2 日　国家税务总局公告 2010 年第 1 号

第一条　关于适用范围

居民企业以及非居民企业在中国境内设立的机构、场所（以下统称企业）依照企业所得税法第二十三条、第二十四条的有关规定，应在其应纳税额中抵免在境外缴纳的所得税额的，适用本通知。

第二条　关于境外所得税额抵免计算的基本项目

企业应按照企业所得税法及其实施条例、税收协定以及通知的规定，准确计算下列当期与抵免境外所得税有关的项目后，确定当期实际可抵免分国（地区）别的境外所得税税额和抵免限额：

（一）境内所得的应纳税所得额（以下称境内应纳税所得额）和分国（地区）别的境外所得的应纳税所得额（以下称境外应纳税所得额）；

（二）分国（地区）别的可抵免境外所得税税额；

（三）分国（地区）别的境外所得税的抵免限额。

企业不能准确计算上述项目实际可抵免分国（地区）别的境外所得税税额的，在相应国家（地区）缴纳的税收均不得在该企业当期应纳税额中抵免，也不得结转以后年度抵免。

第三条　关于境外应纳税所得额的计算

企业应就其按照实施条例第七条规定确定的中国境外所得（境外税前所得），按以下规定计算实施条例第七十八条规定的境外应纳税所得额。

（一）居民企业在境外投资设立不具有独立纳税地位的分支机构，其来源于境外的所得，以境外收入总额扣除与取得境外收入有关的各项合理支出后的余额为应纳税所得额。各项收入、支出按企业所得税法及其实施条例的有关规定确定。

居民企业在境外设立不具有独立纳税地位的分支机构取得的各项境外所得，无论是否汇回中国境内，均应计入该企业所属纳税年度的境外应纳税所得额。

（二）居民企业应就其来源于境外的股息、红利等权益性投资收益，以及利息、租金、特许权使用费、转让财产等收入，扣除按照企业所得税法及其实施条例等规定计算的与取得该项收入有关的各项合理支出后的余额为应纳税所得额。来源于境外的股息、红利等权益性投资收益，应按被投资方作出利润分配决定的日期确认收入实现；来源于境外的利息、租金、特许权使用费、转让财产等收入，应按有关合同约定应付交易对价款的日期确认收入实现。

（三）非居民企业在境内设立机构、场所的，应就其发生在境外但与境内所设机构、场所有实际联系的各项应税所得，比照上述第（二）项的规定计算相应的应纳税所得额。

（四）在计算境外应纳税所得额时，企业为取得境内、外所得而在境内、境外发生的共同支出，与取得境外应税所得有关的、合理的部分，应在境内、境外（分国（地区）别，下同）应税所得之间，按照合理比例进行分摊后扣除。

（五）在汇总计算境外应纳税所得额时，企业在境外同一国家（地区）设立不具有独立纳税地位的分支机构，按照企业所得税法及其实施条例的有关规定计算的亏损，不得抵减其境内或他国（地区）的应纳税所得额，但可以用同一国家（地区）其他项目或以后年度的所得按规定弥补。

17. 居民企业境外应纳税所得额的计算

【适用主体】

居民企业。

【政策规定】

（1）在计算境外应纳税所得额时，企业为取得境内、外所得而在境内、境外发生的共同支出，与取得境外应税所得有关的、合理的部分，应在境内、境外（分国（地区）别，下同）应税所得之间，按照合理比例进行分摊后扣除。

共同支出，是指与取得境外所得有关但未直接计入境外所得应纳税所得额的成本费用支出，通常包括未直接计入境外所得的营业费用、管理费用和财务费用等支出。

企业应对在计算总所得额时已统一归集并扣除的共同费用，按境外每一国（地区）别数额占企业全部数额的下列一种比例或几种比例的综合比例，在每一国别的境外所得中对应调整扣除，计算来自每一国别的应纳税所得额。

①资产比例；

②收入比例；

③员工工资支出比例；

④其他合理比例。

上述分摊比例确定后应报送主管税务机关备案，无合理原因不得改变。

（2）在计算应对应调整扣除的有关成本费用时，应对如下成本费用（但不限于）予以特别注意：

①股息、红利，应对应调整扣除与境外投资业务有关的项目研究、融资成本和管理费用；

②利息，应对应调整扣除为取得该项利息而发生的相应的融资成本和相关费用；

③租金，属于融资租赁业务的，应对应调整扣除其融资成本；属于经营租赁业务的，应对应调整扣除租赁物相应的折旧或折耗；

④特许权使用费，应对应调整扣除提供特许使用的资产的研发、摊销等费用；

⑤财产转让，应对应调整扣除被转让财产的成本净值和相关费用。

【政策依据】

（1）《中华人民共和国企业所得税法》（中华人民共和国主席令第 64 号）第十七条、第十八条

（2）《财政部　国家税务总局关于企业境外所得税收抵免有关问题的通知》（财税〔2009〕125 号）第三条、第八条、第九条、第十一条、第十三条

（3）《国家税务总局关于发布〈企业境外所得税收抵免操作指南〉的公告》（国家税务总局公告 2010 年第 1 号）第一条至第三条（略，见文件 16－4）

政策链接

17－1 《中华人民共和国企业所得税法》第十七条、第十八条
2007年3月16日 中华人民共和国主席令第64号

第十七条 企业在汇总计算缴纳企业所得税时，其境外营业机构的亏损不得抵减境内营业机构的盈利。

第十八条 企业纳税年度发生的亏损，准予向以后年度结转，用以后年度的所得弥补，但结转年限最长不得超过五年。

17－2 《财政部 国家税务总局关于企业境外所得税收抵免有关问题的通知》第三条、第八条、第九条、第十一条、第十三条
2009年12月25日 财税〔2009〕125号

三、企业应就其按照实施条例第七条规定确定的中国境外所得（境外税前所得），按以下规定计算实施条例第七十八条规定的境外应纳税所得额：

（一）居民企业在境外投资设立不具有独立纳税地位的分支机构，其来源于境外的所得，以境外收入总额扣除与取得境外收入有关的各项合理支出后的余额为应纳税所得额。各项收入、支出按企业所得税法及实施条例的有关规定确定。

居民企业在境外设立不具有独立纳税地位的分支机构取得的各项境外所得，无论是否汇回中国境内，均应计入该企业所属纳税年度的境外应纳税所得额。

（二）居民企业应就其来源于境外的股息、红利等权益性投资收益，以及利息、租金、特许权使用费、转让财产等收入，扣除按照企业所得税法及实施条例等规定计算的与取得该项收入有关的各项合理支出后的余额为应纳税所得额。来源于境外的股息、红利等权益性投资收益，应按被投资方作出利润分配决定的日期确认收入实现；来源于境外的利息、租金、特许权使用费、转让财产等收入，应按有关合同约定应付交易对价款的日期确认收入实现。

（三）非居民企业在境内设立机构、场所的，应就其发生在境外但与境内所设机构、场所有实际联系的各项应税所得，比照上述第（二）项的规定计算相应的应纳税所得额。

（四）在计算境外应纳税所得额时，企业为取得境内、外所得而在境内、境外发生的共同支出，与取得境外应税所得有关的、合理的部分，应在境内、境外（分国（地区）别，下同）应税所得之间，按照合理比例进行分摊后

扣除。

（五）在汇总计算境外应纳税所得额时，企业在境外同一国家（地区）设立不具有独立纳税地位的分支机构，按照企业所得税法及实施条例的有关规定计算的亏损，不得抵减其境内或他国（地区）的应纳税所得额，但可以用同一国家（地区）其他项目或以后年度的所得按规定弥补。

……

八、企业应按照企业所得税法及其实施条例和本通知的有关规定分国（地区）别计算境外税额的抵免限额。

某国（地区）所得税抵免限额 = 中国境内、境外所得依照企业所得税法及实施条例的规定计算的应纳税总额 × 来源于某国（地区）的应纳税所得额 ÷ 中国境内、境外应纳税所得总额

据以计算上述公式中“中国境内、境外所得依照企业所得税法及实施条例的规定计算的应纳税总额”的税率，除国务院财政、税务主管部门另有规定外，应为企业所得税法第四条第一款规定的税率。

企业按照企业所得税法及其实施条例和本通知的有关规定计算的当期境内、境外应纳税所得总额小于零的，应以零计算当期境内、境外应纳税所得总额，其当期境外所得税的抵免限额也为零。

九、在计算实际应抵免的境外已缴纳和间接负担的所得税税额时，企业在境外一国（地区）当年缴纳和间接负担的符合规定的所得税税额低于所计算的该国（地区）抵免限额的，应以该项税额作为境外所得税抵免额从企业应纳税总额中据实抵免；超过抵免限额的，当年应以抵免限额作为境外所得税抵免额进行抵免，超过抵免限额的余额允许从次年起在连续五个纳税年度内，用每年度抵免限额抵免当年应抵税额后的余额进行抵补。

……

十一、企业在境外投资设立不具有独立纳税地位的分支机构，其计算生产、经营所得的纳税年度与我国规定的纳税年度不一致的，与我国纳税年度当年度相对应的境外纳税年度，应为在我国有关纳税年度中任何一日结束的境外纳税年度。

企业取得上款以外的境外所得实际缴纳或间接负担的境外所得税，应在该项境外所得实现日所在的我国对应纳税年度的应纳税额中计算抵免。

……

十三、本通知所称不具有独立纳税地位，是指根据企业设立地法律不具有独立法人地位或者按照税收协定规定不认定为对方国家（地区）的税收居民。

18. 境外分支机构应纳税所得额的计算

【适用主体】

居民企业在境外投资设立不具有独立纳税地位的分支机构。

【政策规定】

（1）各项收入、支出按企业所得税法及其实施条例的有关规定确定。

（2）确定与取得境外收入有关的合理的支出，应主要考察发生支出的确认和分摊方法是否符合一般经营常规和我国税收法律规定的基本原则。企业已在计算应纳税所得总额时扣除的，但属于应由各分支机构合理分摊的总部管理费等有关成本费用应做出合理的对应调整分摊。

境外分支机构合理支出范围通常包括境外分支机构发生的人员工资、资产折旧、利息、相关税费和应分摊的总机构用于管理分支机构的管理费用等。

（3）在汇总计算境外应纳税所得额时，企业在境外同一国家（地区）设立不具有独立纳税地位的分支机构，按照企业所得税法及实施条例的有关规定计算的亏损，不得抵减其境内或他国（地区）的应纳税所得额，但可以用同一国家（地区）其他项目或以后年度的所得按规定弥补。

企业在同一纳税年度的境内外所得加总为正数的，其境外分支机构发生的亏损，由于上述结转弥补的限制而发生的未予弥补的部分（以下称为非实际亏损额），今后在该分支机构的结转弥补期限不受5年期限制。即：

①如果企业当期境内外所得盈利额与亏损额加总后和为零或正数，则其当年度境外分支机构的非实际亏损额可无限期向后结转弥补；

②如果企业当期境内外所得盈利额与亏损额加总后和为负数，则以境外分支机构的亏损额超过企业盈利额部分的实际亏损额，按企业所得税法第十八条规定的期限进行亏损弥补，未超过企业盈利额部分的非实际亏损额仍可无限期向后结转弥补。

【政策依据】

（1）《中华人民共和国企业所得税法》（中华人民共和国主席令第64号）第十七条、第十八条（略，见文件17－1）

（2）《财政部　国家税务总局关于企业境外所得税收抵免有关问题的通知》（财税〔2009〕125号）第三条、第八条、第九条、第十一条、第十三条（略，见文件17－2）

（3）《国家税务总局关于发布〈企业境外所得税收抵免操作指南〉的公告》（国家税务总局公告 2010 年第 1 号）第一条至第三条（略，见文件 16－4）

19. 境外所得税收直接抵免

【适用主体】

取得特定类型境外所得，并已在境外实际缴纳企业所得税性质税款的居民企业。

【政策规定】

企业已在境外缴纳的所得税税额，未超过按我国税法规定计算的抵免限额的部分，可以从当期应纳税额中抵免；超过抵免限额的部分，可以在以后五个年度内，用每年度抵免限额抵免当年应抵税额后的余额进行抵补。抵免限额分国（地区）不分项计算，计算公式如下：

抵免限额＝中国境内、境外所得依照企业所得税法和企业所得税法实施条例的规定计算的应纳税总额×来源于某国（地区）的应纳税所得额÷中国境内、境外应纳税所得总额。

【适用条件】

（1）直接抵免法规定的可抵免境外所得税税额，是指企业依照中国境外税收法律以及相关规定应当缴纳并已实际缴纳的企业所得税性质的税款，主要适用于企业就来源于境外的营业利润所得在境外所缴纳的企业所得税，以及就来源于或发生于境外的股息、红利等权益性投资所得、利息、租金、特许权使用费、财产转让等所得在境外被源泉扣缴的预提所得税。不包括按规定不应作为可抵免境外所得税税额的税款。

（2）企业应准确计算下列当期与抵免境外所得税有关的项目后，确定当期实际可抵免分国（地区）别的境外所得税税额和抵免限额：

①境内所得的应纳税所得额和分国（地区）别的境外所得的应纳税所得额；

②分国（地区）别的可抵免境外所得税税额；

③分国（地区）别的境外所得税的抵免限额。

企业不能准确计算上述项目实际可抵免分国（地区）别的境外所得税税额的，在相应国家（地区）缴纳的税收均不得在该企业当期应纳税额中抵免，也不得结转以后年度抵免。

（3）企业抵免企业所得税税额时，应当提供中国境外税务机关出具的税款所属年度的有关纳税凭证，收到的某一纳税年度的境外所得已纳税凭证凡是迟于次年5月31日汇算清缴终止日的，可以对该所得境外税额抵免追溯计算。

【情景问答】

（1）问：我公司取得的境外所得能否享受抵免，是不是要看取得所得的所在国是不是跟中国签订了税收协定呢？

答：不是的。企业可以抵免的境外所得税并不限于在已与我国签订避免双重征税协定的国家（地区）已缴纳的所得税。因此，境外投资企业在还没有与我国政府签订避免双重征税协定的国家（地区）已缴纳的所得税，仍然可以按照有关国内法规定在计算中国应纳税额中抵免。但是需要注意的是，涉及饶让抵免的时候，必须在税收协定中有明确的规定才可以适用。

（2）问：如在境外国家缴纳税款的税种名称与我国不同，企业如何确定境外缴纳税款是否属于可抵免的境外所得税？

答：符合以下条件的税款，均可确定为可抵免的境外所得税税额：

①企业来源于中国境外的所得，依照中国境外税收法律及相关规定计算而缴纳的税额。

②缴纳的属于企业所得税性质的税额，而不拘泥于名称。

不同国家对企业所得税的称呼可能存在不同的表述，如法人所得税、利得税、公司所得税等。判定是否属于企业所得税性质的税额，主要看其是否是针对企业净所得征收的税额。

③限于企业应当缴纳且已实际缴纳的税额。

税收抵免旨在解决重复征税问题，仅限于企业应当缴纳且已实际缴纳的税额（除另有饶让抵免或其他规定外）。

④可抵免的企业所得税税额，如果是税收协定非适用所得税项目，或来自非协定国家的所得，无法判定是否属于对企业征收的所得税税额的，应层报国家税务总局裁定。

（3）问：企业在别国缴纳的所得税都能回国进行申报抵免吗？

答：有些特殊情况是不能回国申报抵免的，主要有以下情形：

①按照境外所得税法律及相关规定属于错缴或错征的境外所得税税款；

②按照税收协定规定不应征收的境外所得税税款；

③因少缴或迟缴境外所得税而追加的利息、滞纳金或罚款；

④境外所得税纳税人或者其利害关系人从境外征税主体得到实际返还或补偿的境外所得税税款；

⑤按照我国企业所得税法及其实施条例规定，已经免征我国企业所得税的境外所得负担的境外所得税税款；

⑥按照国务院财政、税务主管部门有关规定已经从企业境外应纳税所得额中扣除的境外所得税税款。

（4）问：我公司2010年在A国投资成立了一家企业，今年将该企业的部分股权转让给了A国B公司，取得了一笔收入并被该国扣缴了预提所得税，请问这笔税款可以在国内抵免吗？如何进行抵免？

答：该笔税款可以在境内进行抵免。此类来源于或发生于境外的权益性投资所得（如股息、红利等）、利息、租金、特许权使用费、财产转让所得，如在境外被源泉扣缴预提所得税，可适用直接抵免，按规定计算抵免限额，未超过限额的部分直接从境内当期应纳税额中抵免；超过限额的部分，可在以后五个年度内，用每年度抵免限额抵免当年应抵税额后的余额进行抵补。

（5）问：我公司取得的境外所得在A国以该国币种缴纳税款，请问在境内进行税收抵免时，如何进行汇率折算？

答：你公司记账本位币如为人民币，应按该境外所得入账时使用的人民币汇率进行折算；如记账本位币为其他币种，应按实现该境外所得对应的我国纳税年度最后一日的人民币汇率中间价进行折算。

（6）问：我公司从A国取得的所得按照A国税法规定缴纳了税款，但是根据我国与该国签订的税收协定规定，该所得不属于A国应税所得，请问该项税款可在境内进行税收抵免吗？

答：该笔税款不能在境内进行税收抵免。你公司应按照税收协定的规定向A国申请退还不应征收的税款。

需要注意的是，企业境外所得在来源国纳税时适用税率高于税收协定限定税率所多缴纳的所得税税额，也属于上述申请退还的范围。

【政策依据】

（1）《中华人民共和国企业所得税法》（中华人民共和国主席令第64号）第三条、第四条、第十七条、第二十三条、第二十四条

（2）《中华人民共和国企业所得税法实施条例》（中华人民共和国国务院令第512号）第六条、第七条、第七十七条至第七十九条、第八十一条

（3）《财政部　国家税务总局关于企业境外所得税收抵免有关问题的通知》（财税〔2009〕125号）第一条至第四条、第十二条

（4）《国家税务总局关于发布〈企业境外所得税收抵免操作指南〉的公告》（国家税务总局公告2010年第1号）第一条至第四条、第八条

（5）《国家税务总局关于企业境外所得适用简易征收和饶让抵免的核准事项取消后有关后续管理问题的公告》（国家税务总局公告2015年第70号）

政策链接

19－1 《中华人民共和国企业所得税法》第三条、第四条、第十七条、第二十三条、第二十四条

2007年3月16日 中华人民共和国主席令第64号

第三条 居民企业应当就其来源于中国境内、境外的所得缴纳企业所得税。

非居民企业在中国境内设立机构、场所的，应当就其所设机构、场所取得的来源于中国境内的所得，以及发生在中国境外但与其所设机构、场所有实际联系的所得，缴纳企业所得税。

非居民企业在中国境内未设立机构、场所的，或者虽设立机构、场所但取得的所得与其所设机构、场所没有实际联系的，应当就其来源于中国境内的所得缴纳企业所得税。

第四条 企业所得税的税率为25%。

非居民企业取得本法第三条第三款规定的所得，适用税率为20%。

……

第十七条 企业在汇总计算缴纳企业所得税时，其境外营业机构的亏损不得抵减境内营业机构的盈利。

……

第二十三条 企业取得的下列所得已在境外缴纳的所得税税额，可以从其当期应纳税额中抵免，抵免限额为该项所得依照本法规定计算的应纳税额；超过抵免限额的部分，可以在以后五个年度内，用每年度抵免限额抵免当年应抵税额后的余额进行抵补：

（一）居民企业来源于中国境外的应税所得；

（二）非居民企业在中国境内设立机构、场所，取得发生在中国境外但与该机构、场所有实际联系的应税所得。

第二十四条 居民企业从其直接或者间接控制的外国企业分得的来源于中国境外的股息、红利等权益性投资收益，外国企业在境外实际缴纳的所得税税额中属于该项所得负担的部分，可以作为该居民企业的可抵免境外所得税税额，在本法第二十三条规定的抵免限额内抵免。

19－2 《中华人民共和国企业所得税法实施条例》第六条、第七条、第七十七条至第七十九条、第八十一条

2007年12月6日 中华人民共和国国务院令第512号

第六条 企业所得税法第三条所称所得，包括销售货物所得、提供劳务所得、转让财产所得、股息红利等权益性投资所得、利息所得、租金所得、特许权使用费所得、接受捐赠所得和其他所得。

第七条 企业所得税法第三条所称来源于中国境内、境外的所得，按照以下原则确定：

（一）销售货物所得，按照交易活动发生地确定；

（二）提供劳务所得，按照劳务发生地确定；

（三）转让财产所得，不动产转让所得按照不动产所在地确定，动产转让所得按照转让动产的企业或者机构、场所所在地确定，权益性投资资产转让所得按照被投资企业所在地确定；

（四）股息、红利等权益性投资所得，按照分配所得的企业所在地确定；

（五）利息所得、租金所得、特许权使用费所得，按照负担、支付所得的企业或者机构、场所所在地确定，或者按照负担、支付所得的个人的住所地确定；

（六）其他所得，由国务院财政、税务主管部门确定。

……

第七十七条 企业所得税法第二十三条所称已在境外缴纳的所得税税额，是指企业来源于中国境外的所得依照中国境外税收法律以及相关规定应当缴纳并已经实际缴纳的企业所得税性质的税款。

第七十八条 企业所得税法第二十三条所称抵免限额，是指企业来源于中国境外的所得，依照企业所得税法和本条例的规定计算的应纳税额。除国务院财政、税务主管部门另有规定外，该抵免限额应当分国（地区）不分项计算，计算公式如下：

抵免限额＝中国境内、境外所得依照企业所得税法和本条例的规定计算的应纳税总额×来源于某国（地区）的应纳税所得额÷中国境内、境外应纳税所得总额

第七十九条 企业所得税法第二十三条所称5个年度，是指从企业取得的来源于中国境外的所得，已经在中国境外缴纳的企业所得税性质的税额超过抵免限额的当年的次年起连续5个纳税年度。

……

第八十一条 企业依照企业所得税法第二十三条、第二十四条的规定抵免企业所得税税额时，应当提供中国境外税务机关出具的税款所属年度的有关纳税凭证。

19－3 《财政部 国家税务总局关于企业境外所得税收抵免有关问题的通知》第一条至第四条、第十二条

2009 年 12 月 25 日 财税〔2009〕125 号

一、居民企业以及非居民企业在中国境内设立的机构、场所（以下统称企业）依照企业所得税法第二十三条、第二十四条的有关规定，应在其应纳税额中抵免在境外缴纳的所得税额的，适用本通知。

二、企业应按照企业所得税法及其实施条例、税收协定以及本通知的规定，准确计算下列当期与抵免境外所得税有关的项目后，确定当期实际可抵免分国（地区）别的境外所得税税额和抵免限额：

（一）境内所得的应纳税所得额（以下称境内应纳税所得额）和分国（地区）别的境外所得的应纳税所得额（以下称境外应纳税所得额）；

（二）分国（地区）别的可抵免境外所得税税额；

（三）分国（地区）别的境外所得税的抵免限额。

企业不能准确计算上述项目实际可抵免分国（地区）别的境外所得税税额的，在相应国家（地区）缴纳的税收均不得在该企业当期应纳税额中抵免，也不得结转以后年度抵免。

三、企业应就其按照实施条例第七条规定确定的中国境外所得（境外税前所得），按以下规定计算实施条例第七十八条规定的境外应纳税所得额：

（一）居民企业在境外投资设立不具有独立纳税地位的分支机构，其来源于境外的所得，以境外收入总额扣除与取得境外收入有关的各项合理支出后的余额为应纳税所得额。各项收入、支出按企业所得税法及实施条例的有关规定确定。

居民企业在境外设立不具有独立纳税地位的分支机构取得的各项境外所得，无论是否汇回中国境内，均应计入该企业所属纳税年度的境外应纳税所得额。

（二）居民企业应就其来源于境外的股息、红利等权益性投资收益，以及利息、租金、特许权使用费、转让财产等收入，扣除按照企业所得税法及实施条例等规定计算的与取得该项收入有关的各项合理支出后的余额为应纳税所得额。来源于境外的股息、红利等权益性投资收益，应按被投资方作出利润分配决定的日期确认收入实现；来源于境外的利息、租金、特许权使用费、转让财产等收入，应按有关合同约定应付交易对价款的日期确认收入实现。

（三）非居民企业在境内设立机构、场所的，应就其发生在境外但与境内所设机构、场所有实际联系的各项应税所得，比照上述第（二）项的规定计算相应的应纳税所得额。

（四）在计算境外应纳税所得额时，企业为取得境内、外所得而在境内、境外发生的共同支出，与取得境外应税所得有关的、合理的部分，应在境内、境外（分国（地区）别，下同）应税所得之间，按照合理比例进行分摊后扣除。

（五）在汇总计算境外应纳税所得额时，企业在境外同一国家（地区）设立不具有独立纳税地位的分支机构，按照企业所得税法及实施条例的有关规定计算的亏损，不得抵减其境内或他国（地区）的应纳税所得额，但可以用同一国家（地区）其他项目或以后年度的所得按规定弥补。

四、可抵免境外所得税税额，是指企业来源于中国境外的所得依照中国境外税收法律以及相关规定应当缴纳并已实际缴纳的企业所得税性质的税款。但不包括：

（一）按照境外所得税法律及相关规定属于错缴或错征的境外所得税税款；

（二）按照税收协定规定不应征收的境外所得税税款；

（三）因少缴或迟缴境外所得税而追加的利息、滞纳金或罚款；

（四）境外所得税纳税人或者其利害关系人从境外征税主体得到实际返还或补偿的境外所得税税款；

（五）按照我国企业所得税法及其实施条例规定，已经免征我国企业所得税的境外所得负担的境外所得税税款；

（六）按照国务院财政、税务主管部门有关规定已经从企业境外应纳税所得额中扣除的境外所得税税款。

……

十二、企业抵免境外所得税额后实际应纳所得税额的计算公式为：

企业实际应纳所得税额 = 企业境内外所得应纳税总额 - 企业所得税减免、抵免优惠税额 - 境外所得税抵免额

19－4 《国家税务总局关于发布〈企业境外所得税收抵免操作指南〉的公告》第一条至第四条、第八条

2010年7月2日　国家税务总局公告2010年第1号

第一条 关于适用范围

居民企业以及非居民企业在中国境内设立的机构、场所（以下统称企业）

依照企业所得税法第二十三条、第二十四条的有关规定，应在其应纳税额中抵免在境外缴纳的所得税额的，适用本通知。

第二条 关于境外所得税额抵免计算的基本项目

企业应按照企业所得税法及其实施条例、税收协定以及通知的规定，准确计算下列当期与抵免境外所得税有关的项目后，确定当期实际可抵免分国（地区）别的境外所得税税额和抵免限额：

（一）境内所得的应纳税所得额（以下称境内应纳税所得额）和分国（地区）别的境外所得的应纳税所得额（以下称境外应纳税所得额）；

（二）分国（地区）别的可抵免境外所得税税额；

（三）分国（地区）别的境外所得税的抵免限额。

企业不能准确计算上述项目实际可抵免分国（地区）别的境外所得税税额的，在相应国家（地区）缴纳的税收均不得在该企业当期应纳税额中抵免，也不得结转以后年度抵免。

第三条 关于境外应纳税所得额的计算

企业应就其按照实施条例第七条规定确定的中国境外所得（境外税前所得），按以下规定计算实施条例第七十八条规定的境外应纳税所得额。

（一）居民企业在境外投资设立不具有独立纳税地位的分支机构，其来源于境外的所得，以境外收入总额扣除与取得境外收入有关的各项合理支出后的余额为应纳税所得额。各项收入、支出按企业所得税法及其实施条例的有关规定确定。

居民企业在境外设立不具有独立纳税地位的分支机构取得的各项境外所得，无论是否汇回中国境内，均应计入该企业所属纳税年度的境外应纳税所得额。

（二）居民企业应就其来源于境外的股息、红利等权益性投资收益，以及利息、租金、特许权使用费、转让财产等收入，扣除按照企业所得税法及其实施条例等规定计算的与取得该项收入有关的各项合理支出后的余额为应纳税所得额。来源于境外的股息、红利等权益性投资收益，应按被投资方作出利润分配决定的日期确认收入实现；来源于境外的利息、租金、特许权使用费、转让财产等收入，应按有关合同约定应付交易对价款的日期确认收入实现。

（三）非居民企业在境内设立机构、场所的，应就其发生在境外但与境内所设机构、场所有实际联系的各项应税所得，比照上述第（二）项的规定计算相应的应纳税所得额。

（四）在计算境外应纳税所得额时，企业为取得境内、外所得而在境内、境外发生的共同支出，与取得境外应税所得有关的、合理的部分，应在境内、境外（分国（地区）别，下同）应税所得之间，按照合理比例进行分摊后扣除。

（五）在汇总计算境外应纳税所得额时，企业在境外同一国家（地区）设立不具有独立纳税地位的分支机构，按照企业所得税法及其实施条例的有关规定计算的亏损，不得抵减其境内或他国（地区）的应纳税所得额，但可以用同一国家（地区）其他项目或以后年度的所得按规定弥补。

第四条 关于可予抵免境外所得税额的确认

可抵免境外所得税税额，是指企业来源于中国境外的所得依照中国境外税收法律以及相关规定应当缴纳并已实际缴纳的企业所得税性质的税款。但不包括：

（一）按照境外所得税法律及相关规定属于错缴或错征的境外所得税税款；

（二）按照税收协定规定不应征收的境外所得税税款；

（三）因少缴或迟缴境外所得税而追加的利息、滞纳金或罚款；

（四）境外所得税纳税人或者其利害关系人从境外征税主体得到实际返还或补偿的境外所得税税款；

（五）按照我国企业所得税法及其实施条例规定，已经免征我国企业所得税的境外所得负担的境外所得税税款；

（六）按照国务院财政、税务主管部门有关规定已经从企业境外应纳税所得额中扣除的境外所得税税款。

……

第八条 关于抵免限额的计算

企业应按照企业所得税法及其实施条例和本通知的有关规定分国（地区）别计算境外税额的抵免限额。

某国（地区）所得税抵免限额 = 中国境内、境外所得依照企业所得税法及其实施条例的规定计算的应纳税总额 × 来源于某国（地区）的应纳税所得额 ÷ 中国境内、境外应纳税所得总额。

据以计算上述公式中“中国境内、境外所得依照企业所得税法及其实施条例的规定计算的应纳税总额”的税率，除国务院财政、税务主管部门另有规定外，应为企业所得税法第四条第一款规定的税率。

企业按照企业所得税法及其实施条例和本通知的有关规定计算的当期境内、境外应纳税所得总额小于零的，应以零计算当期境内、境外应纳税所得总额，其当期境外所得税的抵免限额也为零。

19-5 国家税务总局关于企业境外所得适用简易征收和饶让抵免的核准事项取消后有关后续管理问题的公告

2015年10月10日 国家税务总局公告2015年第70号

根据《国家税务总局关于公布已取消的22项税务非行政许可审批事项的公告》（国家税务总局公告2015年第58号），为加强后续管理，经商财政部同意，现就“企业境外所得适用简易征收和饶让抵免的核准”审批事项取消后有关管理问题公告如下：

一、企业境外所得符合《财政部 国家税务总局关于企业境外所得税收抵免有关问题的通知》（财税〔2009〕125号）第十条第（一）项和第（二）项规定情形的，可以采取简易办法对境外所得已纳税额计算抵免。企业在年度汇算清缴期内，应向主管税务机关报送备案资料，备案资料的具体内容按照《国家税务总局关于发布〈企业境外所得税收抵免操作指南〉的公告》（国家税务总局公告2010年第1号）第30条的规定执行。

二、本公告自公布之日起施行。《财政部 国家税务总局关于企业境外所得税收抵免有关问题的通知》（财税〔2009〕125号）第十条中“经企业申请，主管税务机关核准”的规定同时废止。

特此公告。

20. 石油企业境外所得税收直接抵免

【适用主体】

取得境外油（气）项目投资、工程技术服务和工程建设的油（气）资源开采活动所得的石油企业。

【政策规定】

（1）石油企业可以选择按国（地区）别分别计算（即“分国（地区）不分项”），或者不按国（地区）别汇总计算（即“不分国（地区）不分项”），并按照25%的税率，分别计算其可抵免境外所得税税额和抵免限额。

（2）石油企业境外所得税收直接抵免的其他事项，按照前述直接抵免有关规定执行。

【适用条件】

（1）享受直接抵免优惠政策的石油企业境外所得是来源于境外油（气）

项目投资、工程技术服务和工程建设的油（气）资源开采活动的应税所得，且已在境外实际缴纳企业所得税性质的税款。

（2）石油企业直接抵免计算方式一经选择，5年内不得改变。石油企业选择采用不同于以前年度的方式计算可抵免境外所得税税额和抵免限额时，对该企业以前年度按照规定没有抵免完的余额，可在税法规定结转的剩余年限内，按新方式计算的抵免限额中继续结转抵免。

【情景问答】

问：我公司是一家大型石油开采企业，在A国和B国分别设立分公司从事油气资源开发，2016年度企业所得税汇缴计算抵免境外税额时，将两个国家所得分开计算抵免限额，请问2017年度抵免限额的计算可以调整为汇总计算吗?

答：石油企业计算来源于境外油（气）项目投资、工程技术服务和工程建设的油（气）资源开采活动的应纳税所得额时，可以选择按国别（地区）分别计算（即“分国（地区）不分项”），或者不按国别（地区）汇总计算（即“不分国（地区）不分项”），并按照25%的税率，分别计算其可抵免境外所得税税额和抵免限额。但是，上述方式一经选定，5年内不得改变。

需要注意的是，石油企业选择采用不同于以前年度的方式计算可抵免境外所得税税额和抵免限额时，对以前年度按照规定未抵免完的余额，可在税法规定结转的剩余年限内，按新方式计算的抵免限额中继续结转抵免。

【政策依据】

（1）《中华人民共和国企业所得税法》（中华人民共和国主席令第64号）第四条

（2）《财政部　国家税务总局关于企业境外所得税收抵免有关问题的通知》（财税〔2009〕125号）第八条

（3）《财政部　国家税务总局关于我国石油企业在境外从事油（气）资源开采所得税收抵免有关问题的通知》（财税〔2011〕23号）第一条、第三条

政策链接

20－1 《中华人民共和国企业所得税法》第四条

2007年3月16日　中华人民共和国主席令第64号

第四条　企业所得税的税率为25%。

非居民企业取得本法第三条第三款规定的所得，适用税率为20%。

20－2《财政部 国家税务总局关于企业境外所得税收抵免有关问题的通知》第八条

2009年12月25日 财税〔2009〕125号

八、企业应按照企业所得税法及其实施条例和本通知的有关规定分国（地区）别计算境外税额的抵免限额。

某国（地区）所得税抵免限额＝中国境内、境外所得依照企业所得税法及实施条例的规定计算的应纳税总额×来源于某国（地区）的应纳税所得额÷中国境内、境外应纳税所得总额

据以计算上述公式中“中国境内、境外所得依照企业所得税法及实施条例的规定计算的应纳税总额”的税率，除国务院财政、税务主管部门另有规定外，应为企业所得税法第四条第一款规定的税率。

企业按照企业所得税法及其实施条例和本通知的有关规定计算的当期境内、境外应纳税所得总额小于零的，应以零计算当期境内、境外应纳税所得总额，其当期境外所得税的抵免限额也为零。

20－3《财政部 国家税务总局关于我国石油企业在境外从事油（气）资源开采所得税收抵免有关问题的通知》第一条、第三条

2011年5月26日 财税〔2011〕23号

一、石油企业可以选择按国（地区）别分别计算（即“分国（地区）不分项”），或者不按国（地区）别汇总计算（即“不分国（地区）不分项”）其来源于境外油（气）项目投资、工程技术服务和工程建设的油（气）资源开采活动的应纳税所得额，并按照财税〔2009〕125号文件第八条规定的税率，分别计算其可抵免境外所得税税额和抵免限额。上述方式一经选择，5年内不得改变。

石油企业选择采用不同于以前年度的方式（以下简称新方式）计算可抵免境外所得税税额和抵免限额时，对该企业以前年度按照财税〔2009〕125号文件规定没有抵免完的余额，可在税法规定结转的剩余年限内，按新方式计算的抵免限额中继续结转抵免。

……

三、石油企业境外所得税收抵免的其他事项，按照财税〔2009〕125号文件的有关规定执行。

21. 境外所得税收间接抵免

【适用主体】

取得境外股息、红利等权益性投资收益且满足相关要求的居民企业。

【政策规定】

（1）居民企业从其直接或者间接控制的外国企业分得的来源于中国境外的股息、红利等权益性投资收益，外国企业在境外实际缴纳的所得税税额中属于该项所得负担的部分，可以作为该居民企业的可抵免境外所得税税额，在抵免限额内抵免。

（2）居民企业取得的境外投资收益实际间接负担的税额，是指持有符合规定持股条件及层级的外国企业股份，由此应分得的股息、红利等权益性投资收益中，从最低一层外国企业起逐层计算的属于由上一层企业负担的税额，其计算公式如下：

本层企业所纳税额属于由一家上一层企业负担的税额 =（本层企业就利润和投资收益所实际缴纳的税额 + 由本层企业间接负担的税额）× 本层企业向一家上一层企业分配的股息（红利）÷ 本层企业所得税后利润额。

本层企业是指实际分配股息（红利）的境外被投资企业；本层企业就利润和投资收益所实际缴纳的税额是指，本层企业按所在国税法就利润缴纳的企业所得税和在被投资方所在国就分得的股息等权益性投资收益被源泉扣缴的预提所得税。

【适用条件】

（1）符合规定的“持股条件”是指，各层企业直接持股、间接持股以及为计算居民企业间接持股总和比例的每一个单一持股，均应达到 20% 的持股比例。

（2）除国务院财政、税务主管部门另有规定外，居民企业直接或者间接持有 20% 以上股份的外国企业，限于符合以下持股方式的三层外国企业：

第一层：单一居民企业直接持有 20% 以上股份的外国企业；

第二层、第三层：单一上一层外国企业直接持有 20% 以上股份，且由单一居民企业直接持有或通过一个或多个符合规定持股条件的外国企业间接持有总和达到 20% 以上股份的外国企业。

境外第二层及以下层级企业归属不同国家的，在计算居民企业负担境外税额时，均以境外第一层企业所在国（地区）为国别划分进行归集计算，而不论该第一层企业的下层企业归属何国（地区）。

【情景问答】

（1）问：我公司在X国设立全资子公司A，A公司在X国设立全资子公司B，B公司在Y国设立全资子公司C，C公司在Y国设立全资子公司D，D公司在Z国设立全资子公司E，请问我公司从A公司取得的股息适用间接抵免时，可以计算到哪家公司？

答：你公司境外所得间接负担的税额，可以计算到C公司对应所得所负担的境外所得税额，即间接抵免限于符合持股条件的三层外国企业。

（2）问：我公司在欧洲设立了一家全资子公司，从这家子公司取得的股息来源于它以前年度的累计未分配利润，回国申请税收抵免时怎么对应我国的纳税年度呢？

答：企业取得境外股息所得实现日为被投资方做出利润分配决定的日期，不论该利润分配是否包括以前年度未分配利润，均应作为该股息所得实现日所在的我国纳税年度所得计算抵免。如某居民企业的境外子公司于2014年5月1日股东会决定，将分别属于2011年、2012年的未分配利润共计2000万元分配。该2000万元均属于该居民企业2014年取得的股息，就该股息被扣缴的预提所得税适用直接抵免，该股息间接负担的由境外子公司就其2012年、2013年度利润缴纳的境外所得税适用间接抵免，可在该居民企业2014年度应纳我国企业所得税中计算抵免。

【政策依据】

（1）《中华人民共和国企业所得税法》（中华人民共和国主席令第64号）第二十三条、第二十四条

（2）《中华人民共和国企业所得税法实施条例》（中华人民共和国国务院令第512号）第八十条

（3）《财政部　国家税务总局关于企业境外所得税收抵免有关问题的通知》（财税〔2009〕125号）第一条、第五条、第六条

（4）《国家税务总局关于发布〈企业境外所得税收抵免操作指南〉的公告》（国家税务总局公告2010年第1号）第一条、第五条、第六条

政策链接

21－1 《中华人民共和国企业所得税法》第二十三条、第二十四条

2007年3月16日　中华人民共和国主席令第64号

第二十三条　企业取得的下列所得已在境外缴纳的所得税税额，可以从其当期应纳税额中抵免，抵免限额为该项所得依照本法规定计算的应纳税额；超过抵免限额的部分，可以在以后五个年度内，用每年度抵免限额抵免当年应抵税额后的余额进行抵补：

（一）居民企业来源于中国境外的应税所得；

（二）非居民企业在中国境内设立机构、场所，取得发生在中国境外但与该机构、场所有实际联系的应税所得。

第二十四条　居民企业从其直接或者间接控制的外国企业分得的来源于中国境外的股息、红利等权益性投资收益，外国企业在境外实际缴纳的所得税税额中属于该项所得负担的部分，可以作为该居民企业的可抵免境外所得税税额，在本法第二十三条规定的抵免限额内抵免。

21－2 《中华人民共和国企业所得税法实施条例》第八十条

2007年12月6日　中华人民共和国国务院令第512号

第八十条　企业所得税法第二十四条所称直接控制，是指居民企业直接持有外国企业20%以上股份。

企业所得税法第二十四条所称间接控制，是指居民企业以间接持股方式持有外国企业20%以上股份，具体认定办法由国务院财政、税务主管部门另行制定。

21－3 《财政部　国家税务总局关于企业境外所得税收抵免有关问题的通知》第一条、第五条、第六条

2009年12月25日　财税〔2009〕125号

一、居民企业以及非居民企业在中国境内设立的机构、场所（以下统称企业）依照企业所得税法第二十三条、第二十四条的有关规定，应在其应纳税额中抵免在境外缴纳的所得税额的，适用本通知。

……

五、居民企业在按照企业所得税法第二十四条规定用境外所得间接负担的

税额进行税收抵免时，其取得的境外投资收益实际间接负担的税额，是指根据直接或者间接持股方式合计持股20%以上（含20%，下同）的规定层级的外国企业股份，由此应分得的股息、红利等权益性投资收益中，从最低一层外国企业起逐层计算的属于由上一层企业负担的税额，其计算公式如下：

本层企业所纳税额属于由一家上一层企业负担的税额=（本层企业就利润和投资收益所实际缴纳的税额+符合本通知规定的由本层企业间接负担的税额）×本层企业向一家上一层企业分配的股息（红利）÷本层企业所得税后利润额。

六、除国务院财政、税务主管部门另有规定外，按照实施条例第八十条规定由居民企业直接或者间接持有20%以上股份的外国企业，限于符合以下持股方式的三层外国企业：

第一层：单一居民企业直接持有20%以上股份的外国企业；

第二层：单一第一层外国企业直接持有20%以上股份，且由单一居民企业直接持有或通过一个或多个符合本条规定持股条件的外国企业间接持有总和达到20%以上股份的外国企业；

第三层：单一第二层外国企业直接持有20%以上股份，且由单一居民企业直接持有或通过一个或多个符合本条规定持股条件的外国企业间接持有总和达到20%以上股份的外国企业。

21-4 《国家税务总局关于发布〈企业境外所得税收抵免操作指南〉的公告》第一条、第五条、第六条

2010年7月2日　国家税务总局公告2010年第1号

第一条　关于适用范围

居民企业以及非居民企业在中国境内设立的机构、场所（以下统称企业）依照企业所得税法第二十三条、第二十四条的有关规定，应在其应纳税额中抵免在境外缴纳的所得税额的，适用本通知。

……

第五条　关于境外所得间接负担税额的计算

居民企业在按照企业所得税法第二十四条规定用境外所得间接负担的税额进行税收抵免时，其取得的境外投资收益实际间接负担的税额，是指根据直接或者间接持股方式合计持股20%以上（含20%，下同）的规定层级的外国企业股份，由此应分得的股息、红利等权益性投资收益中，从最低一层外国企业起逐层计算的属于由上一层企业负担的税额，其计算公式如下：

本层企业所纳税额属于由一家上一层企业负担的税额＝（本层企业就利润和投资收益所实际缴纳的税额＋符合本通知规定的由本层企业间接负担的税额）×本层企业向一家上一层企业分配的股息（红利）÷本层企业所得税后利润额。

第六条 关于适用间接抵免的外国企业持股比例的计算

除国务院财政、税务主管部门另有规定外，按照实施条例第八十条规定由居民企业直接或者间接持有20%以上股份的外国企业，限于符合以下持股方式的三层外国企业：

第一层：单一居民企业直接持有20%以上股份的外国企业；

第二层：单一第一层外国企业直接持有20%以上股份，且由单一居民企业直接持有或通过一个或多个符合本条规定持股条件的外国企业间接持有总和达到20%以上股份的外国企业；

第三层：单一第二层外国企业直接持有20%以上股份，且由单一居民企业直接持有或通过一个或多个符合本条规定持股条件的外国企业间接持有总和达到20%以上股份的外国企业。

22. 石油企业境外所得税收间接抵免

【适用主体】

取得境外股息、红利且满足特定要求的石油企业。

【政策规定】

（1）石油企业从其直接或者间接持有股份的外国企业分得的来源于中国境外的股息所得，外国企业在境外实际缴纳的所得税税额中属于该项所得负担的部分，可以作为该石油企业的可抵免境外所得税税额，在规定的抵免限额内抵免。

石油企业取得的境外股息所得实际间接负担的税额，是指持有符合规定的持股条件和层级的外国企业股份，由此应分得的股息、红利等权益性投资收益中，从最低一层外国企业起逐层计算的属于由上一层企业负担的税额，其计算公式如下：

本层企业所纳税额属于由一家上一层企业负担的税额＝（本层企业就利润和投资收益所实际缴纳的税额＋由本层企业间接负担的税额）×本层企业向一家上一层企业分配的股息（红利）÷本层企业所得税后利润额。

（2）石油企业在计算境外股息所得的可抵免所得税额和抵免限额时，规定层级拓展至符合持股条件的五层外国企业。

（3）石油企业境外所得税收间接抵免的其他事项，按照前述间接抵免有关规定执行。

【适用条件】

（1）石油企业在境外从事油（气）项目投资、工程技术服务和工程建设的油（气）资源开采活动，从其直接或者间接持有股份的外国企业分得的来源于中国境外的股息、红利等权益性投资收益，方可享受间接抵免。

（2）符合规定的“持股条件”具体是指：

第一层：石油企业直接持有20%以上股份的外国企业；

第二层~第五层：单一上一层外国企业直接持有20%以上股份，且由该石油企业直接持有或通过一个或多个符合财税〔2009〕125号文第六条规定的持股条件的外国企业间接持有总和达到20%以上股份的外国企业。

【情景问答】

问：我公司在亚太地区有2家境外控股子公司，从事油气资源开发，子公司在当地参股了油气资源开发企业，请问这些子公司、孙公司分配的股息在境外缴纳的所得税，可以在境内进行抵免吗？如何进行抵免？

答：石油企业从其直接或者间接持有20%以上股份的外国企业分得的来源于境外的股息所得，外国企业在境外实际缴纳的所得税税额中属于该项所得负担的部分，可作为该石油企业的可抵免境外所得税税额，在规定的抵免限额内抵免。因此，如你公司直接或者间接持有境外子公司当地投资公司的股份达到20%以上时，子公司与孙公司境外缴纳税款中属于股息所负担的部分，可在境内进行抵免。

需要注意的是，按规定计算石油企业境外股息所得的可抵免所得税额和抵免限额时，仅限于符合以上持股方式的五层外国企业。

【政策依据】

（1）《财政部　国家税务总局关于企业境外所得税收抵免有关问题的通知》（财税〔2009〕125号）第五条

（2）《财政部　国家税务总局关于我国石油企业在境外从事油（气）资源开采所得税收抵免有关问题的通知》（财税〔2011〕23号）第二条、第三条

政策链接

22－1 《财政部　国家税务总局关于企业境外所得税收抵免有关问题的通知》第五条

2009年12月25日　财税〔2009〕125号

五、居民企业在按照企业所得税法第二十四条规定用境外所得间接负担的税额进行税收抵免时，其取得的境外投资收益实际间接负担的税额，是指根据直接或者间接持股方式合计持股20%以上（含20%，下同）的规定层级的外国企业股份，由此应分得的股息、红利等权益性投资收益中，从最低一层外国企业起逐层计算的属于由上一层企业负担的税额，其计算公式如下：

本层企业所纳税额属于由一家上一层企业负担的税额＝（本层企业就利润和投资收益所实际缴纳的税额＋符合本通知规定的由本层企业间接负担的税额）×本层企业向一家上一层企业分配的股息（红利）÷本层企业所得税后利润额。

22－2 《财政部　国家税务总局关于我国石油企业在境外从事油（气）资源开采所得税收抵免有关问题的通知》第二条、第三条

2011年5月26日　财税〔2011〕23号

二、石油企业在境外从事油（气）项目投资、工程技术服务和工程建设的油（气）资源开采活动取得股息所得，在按规定计算该石油企业境外股息所得的可抵免所得税额和抵免限额时，由该企业直接或者间接持有20%以上股份的外国企业，限于按照财税〔2009〕125号文件第六条规定的持股方式确定的五层外国企业，即：

第一层：石油企业直接持有20%以上股份的外国企业；

第二层至第五层：单一上一层外国企业直接持有20%以上股份，且由该石油企业直接持有或通过一个或多个符合财税〔2009〕125号文件第六条规定持股方式的外国企业间接持有总和达到20%以上股份的外国企业。

三、石油企业境外所得税收抵免的其他事项，按照财税〔2009〕125号文件的有关规定执行。

23. 境外所得税收饶让抵免

【适用主体】

取得境外所得且符合特定条件的居民企业。

【政策规定】

（1）居民企业取得境外所得，按照所得来源国（地区）税收法律享受了免税或减税待遇，该免税或减税数额可作为企业实际缴纳的境外所得税额用于办理税收饶让抵免。

（2）税收饶让抵免应区别下列情况进行计算：

①税收协定规定定率饶让抵免的，饶让抵免税额为按该定率计算的应纳境外所得税额超过实际缴纳的境外所得税额的数额；

②税收协定规定列举一国税收优惠额给予饶让抵免的，饶让抵免税额为按所得来源国家（地区）税收法律规定税率计算的应纳所得税额超过实际缴纳税额的数额，即实际税收优惠额。

【适用条件】

（1）享受饶让抵免的境外所得来源国（地区）必须是与我国政府订立税收协定（或安排）且有饶让抵免条款的国家（地区）。

（2）享受饶让抵免的境外所得必须是按照所得来源国（地区）税收法律享受了免税或减税待遇，且该免税或减税的数额按照税收协定规定应视同已缴税额，且经企业主管税务机关确认，方可在其申报境外所得税额时视为已缴税额。

（3）企业取得的境外所得根据来源国税收法律法规不判定为所在国应税所得，而按中国税收法律法规规定属于应税所得的，不属于税收饶让抵免范畴，应全额按中国税收法律法规规定缴纳企业所得税。

（4）境外所得采用简易办法计算抵免额的，不适用饶让抵免。

【情景问答】

问：我公司在A国投资设立了全资子公司B，该国企业所得税法定税率是20%，并有鼓励境外投资的税收减免优惠，如B公司第一个获利年度的所得免征企业所得税，请问该利润（2000万元）次年分配给我公司时可以在境内进行税收抵免吗？可以抵免多少税额？

答：居民企业从我国税收协定（或安排）的缔约国家（地区）取得的所得，按照该国（地区）税法享受了免税或减税待遇，且按照税收协定（或安排）规定该减免税应视同已缴税额在我国应纳税额中抵免的，该减免税数额可作为企业实际缴纳的境外所得税额进行税收抵免。

因此，如果我国与A国税收协定中含有上述饶让抵免条款，你公司上述股息在A国负担并得以免征的税额，可以视同已在境外缴纳计算抵免税额。你公司可抵免的境外所得税额为400万元（2000 * 20%）。

【政策依据】

（1）《财政部　国家税务总局关于企业境外所得税收抵免有关问题的通知》（财税〔2009〕125号）第七条

（2）《国家税务总局关于发布〈企业境外所得税收抵免操作指南〉的公告》（国家税务总局公告2010年第1号）第七条

政策链接

23－1 《财政部　国家税务总局关于企业境外所得税收抵免有关问题的通知》第七条

2009年12月25日　财税〔2009〕125号

七、居民企业从与我国政府订立税收协定（或安排）的国家（地区）取得的所得，按照该国（地区）税收法律享受了免税或减税待遇，且该免税或减税的数额按照税收协定规定应视同已缴税额在中国的应纳税额中抵免的，该免税或减税数额可作为企业实际缴纳的境外所得税额用于办理税收抵免。

23－2 《国家税务总局关于发布〈企业境外所得税收抵免操作指南〉的公告》第七条

2010年7月2日　国家税务总局公告2010年第1号

第七条　关于税收饶让抵免的应纳税额的确定

居民企业从与我国政府订立税收协定（或安排）的国家（地区）取得的所得，按照该国（地区）税收法律享受了免税或减税待遇，且该免税或减税的数额按照税收协定规定应视同已缴税额在中国的应纳税额中抵免的，该免税或减税数额可作为企业实际缴纳的境外所得税额用于办理税收抵免。

24. 境外税收抵免简易办法（定率计算）

【适用主体】

取得符合条件的境外所得且有所得来源国（地区）政府机关核发的纳税凭证，但因客观原因无法真实、准确地确认已缴境外所得税税额的居民企业。

【政策规定】

企业从境外取得营业利润所得及符合境外税额间接抵免条件的股息所得，虽有所得来源国（地区）政府机关核发的具有纳税性质的凭证或证明，但因客观原因无法真实、准确地确认应当缴纳并已经实际缴纳的境外所得税税额的，该所得直接缴纳及间接负担的税额在所得来源国（地区）的实际有效税率低于12.5%的，按照实际有效税率计算抵免限额；除此以外，按照12.5%计算抵免限额（下文“白名单”国家除外）。

【适用条件】

居民企业从境外未达到直接持股20%条件的境外子公司取得的股息所得，以及取得利息、租金、特许权使用费、转让财产等所得，向所得来源国直接缴纳的预提所得税额，应按直接抵免有关规定正常计算抵免，不适用简易办法计算抵免。

【政策依据】

(1)《财政部 国家税务总局关于企业境外所得税收抵免有关问题的通知》(财税〔2009〕125号）第十条

(2)《国家税务总局关于发布〈企业境外所得税收抵免操作指南〉的公告》(国家税务总局公告2010年第1号）第十条

政策链接

24－1 《财政部 国家税务总局关于企业境外所得税收抵免有关问题的通知》第十条

2009年12月25日 财税〔2009〕125号

十、属于下列情形的，经企业申请，主管税务机关核准，[1] 可以采取简易办法对境外所得已纳税额计算抵免：

（一）企业从境外取得营业利润所得以及符合境外税额间接抵免条件的股息所得，虽有所得来源国（地区）政府机关核发的具有纳税性质的凭证或证明，但因客观原因无法真实、准确地确认应当缴纳并已经实际缴纳的境外所得税税额的，除就该所得直接缴纳及间接负担的税额在所得来源国（地区）的实际有效税率低于我国企业所得税法第四条第一款规定税率50%以上的外，可按境外应纳税所得额的12.5%作为抵免限额，企业按该国（地区）税务机关或政府机关核发具有纳税性质凭证或证明的金额，其不超过抵免限额的部分，准予抵免；超过的部分不得抵免。

属于本款规定以外的股息、利息、租金、特许权使用费、转让财产等投资性所得，均应按本通知的其他规定计算境外税额抵免。

（二）企业从境外取得营业利润所得以及符合境外税额间接抵免条件的股息所得，凡就该所得缴纳及间接负担的税额在所得来源国（地区）的法定税率且其实际有效税率明显高于我国的，可直接以按本通知规定计算的境外应纳税所得额和我国企业所得税法规定的税率计算的抵免限额作为可抵免的已在境外实际缴纳的企业所得税税额。具体国家（地区）名单见附件。财政部、国家税务总局可根据实际情况适时对名单进行调整。

属于本款规定以外的股息、利息、租金、特许权使用费、转让财产等投资性所得，均应按本通知的其他规定计算境外税额抵免。

---

① 条款废止。第十条中“经企业申请，主管税务机关核准”的规定废止。参见：《国家税务总局关于企业境外所得适用简易征收和饶让抵免的核准事项取消后有关后续管理问题的公告》，国家税务总局公告2015年第70号。

24－2 《国家税务总局关于发布〈企业境外所得税收抵免操作指南〉的公告》第十条

2010年7月2日 国家税务总局公告2010年第1号

第十条 关于简易办法计算抵免

（一）企业从境外取得营业利润所得以及符合境外税额间接抵免条件的股息所得，虽有所得来源国（地区）政府机关核发的具有纳税性质的凭证或证明，但因客观原因无法真实、准确地确认应当缴纳并已经实际缴纳的境外所得税税额的，除就该所得直接缴纳及间接负担的税额在所得来源国（地区）的实际有效税率低于我国企业所得税法第四条第一款规定税率50%以上的外，可按境外应纳税所得额的12.5%作为抵免限额，企业按该国（地区）税务机关或政府机关核发具有纳税性质凭证或证明的金额，其不超过抵免限额的部分，准予抵免；超过的部分不得抵免。

属于本款规定以外的股息、利息、租金、特许权使用费、转让财产等投资性所得，均应按本通知的其他规定计算境外税额抵免。

（二）企业从境外取得营业利润所得以及符合境外税额间接抵免条件的股息所得，凡就该所得缴纳及间接负担的税额在所得来源国（地区）的法定税率且其实际有效税率明显高于我国的，可直接以按本通知规定计算的境外应纳税所得额和我国企业所得税法规定的税率计算的抵免限额作为可抵免的已在境外实际缴纳的企业所得税税额。具体国家（地区）名单见附件。财政部、国家税务总局可根据实际情况适时对名单进行调整。

属于本款规定以外的股息、利息、租金、特许权使用费、转让财产等投资性所得，均应按本通知的其他规定计算境外税额抵免。

25. 境外税收抵免简易办法（“白名单”）

【适用主体】

从财政部和国家税务总局列名单（即“白名单”）公布的国家取得符合条件的境外所得的居民企业。

【政策规定】

（1）企业从境外取得营业利润所得以及符合境外税额间接抵免条件的股息所得，凡是所得来源国（地区）的法定税率且其实际有效税率明显高于

25%的，可直接按照25%计算抵免限额。

（2）法定税率且实际有效税率明显高于我国（税率）的国家（即“白名单”国家），目前包括美国、阿根廷、布隆迪、喀麦隆、古巴、法国、日本、摩洛哥、巴基斯坦、赞比亚、科威特、孟加拉国、叙利亚、约旦、老挝。

【适用条件】

（1）“白名单”由财政部和国家税务总局公布。

（2）居民企业从境外未达到直接持股20%条件的境外子公司取得的股息所得，以及取得利息、租金、特许权使用费、转让财产等所得，向所得来源国直接缴纳的预提所得税额，应按直接抵免有关规定正常计算抵免，不适用简易办法计算抵免。

【情景问答】

问：我公司申报2016年境外所得时，采用了简易方法计算抵免税额，请问这种情形下是否还能够适用饶让抵免？

答：你公司该所得不能适用饶让抵免。《国家税务总局关于发布企业境外所得税收抵免操作指南的公告》（国家税务总局公告2010年第1号）规定，境外所得采用简易办法计算抵免额的，不适用饶让抵免。

【政策依据】

（1）《财政部　国家税务总局关于企业境外所得税收抵免有关问题的通知》（财税〔2009〕125号）第十条（略，见文件24－1）

（2）《国家税务总局关于发布〈企业境外所得税收抵免操作指南〉的公告》（国家税务总局公告2010年第1号）第十条（略，见文件24－2）

（四）所得税优惠政策

26. 高新技术企业境外所得享受15%优惠税率

为支持科技创新，鼓励国内高新技术企业走出去，公平税负，增强高新技术企业的国际竞争力，自2010年1月1日起，符合规定的高新技术企业取得的境外所得可以按照15%的优惠税率缴纳企业所得税。

【适用主体】

取得境外所得的高新技术企业。

【政策规定】

高新技术企业境外所得可以享受高新技术企业所得税优惠政策，按照15%的优惠税率缴纳企业所得税，在计算境外抵免限额时，可按照15%的优惠税率计算境内外应纳税总额。

【适用条件】

（1）高新技术企业是指在《国家重点支持的高新技术领域》内，持续进行研究开发与技术成果转化，形成企业核心自主知识产权，并以此为基础开展经营活动，在中国境内（不包括港、澳、台地区）注册的居民企业。

（2）以境内、境外全部生产经营活动有关的研究开发费用总额、总收入、销售收入总额、高新技术产品（服务）收入等指标申请并经认定为高新技术企业。

【情景问答】

问：我公司2016年经认定已取得高新技术企业证书并享受企业所得税15%税率优惠。2016年，在境外某国的分公司实现税前所得为1000万元，并已在该国缴纳100万元的所得税，请问在2016年度的汇算清缴中该境外分公司所得需如何计算缴纳企业所得税？

答：以境内、境外全部生产经营活动有关的研究开发费用总额、总收入、销售收入总额、高新技术产品（服务）收入等指标申请并经认定的高新技术企业，其来源于境外的所得可以享受高新技术企业所得税优惠政策，即对其来源于境外的所得可以按照15%的优惠税率缴纳企业所得税，在计算境外抵免限额时，可按照15%的优惠税率计算境内外应纳税总额。

因此，你公司境内、外均可以按照15%的优惠税率在境内缴纳企业所得税，假设该笔境外所得不需要按照国内法进行纳税调整，则应纳税所得额为1000×15%＝150万元，可抵免境外所得税税额为100万元，小于抵免限额，可据实抵扣。因此就境外某国分公司所得部分实际应纳所得税额为150－100＝50万元。

【政策依据】

（1）《中华人民共和国企业所得税法》（中华人民共和国主席令第64号）

第二十三条、第二十八条

（2）《中华人民共和国企业所得税法实施条例》（中华人民共和国国务院令第 512 号）第七十七条至第七十九条、第九十三条

（3）《财政部 国家税务总局关于高新技术企业境外所得适用税率及税收抵免问题的通知》（财税〔2011〕47 号）

（4）《科技部 财政部 国家税务总局关于修订印发〈高新技术企业认定管理办法〉的通知》（国科发火〔2016〕32 号）

（5）《科技部 财政部 国家税务总局关于修订印发〈高新技术企业认定管理工作指引〉的通知》（国科发火〔2016〕195 号）

政策链接

26 -1 《中华人民共和国企业所得税法》第二十三条、第二十八条

2007 年 3 月 16 日 中华人民共和国主席令第 64 号

第二十三条 企业取得的下列所得已在境外缴纳的所得税税额，可以从其当期应纳税额中抵免，抵免限额为该项所得依照本法规定计算的应纳税额；超过抵免限额的部分，可以在以后五个年度内，用每年度抵免限额抵免当年应抵税额后的余额进行抵补：

（一）居民企业来源于中国境外的应税所得；

（二）非居民企业在中国境内设立机构、场所，取得发生在中国境外但与该机构、场所有实际联系的应税所得。

……

第二十八条 符合条件的小型微利企业，减按 20% 的税率征收企业所得税。

国家需要重点扶持的高新技术企业，减按 15% 的税率征收企业所得税。

26 -2 《中华人民共和国企业所得税法实施条例》第七十七条至第七十九条、第九十三条

2007 年 12 月 6 日 中华人民共和国国务院令第 512 号

第七十七条 企业所得税法第二十三条所称已在境外缴纳的所得税税额，是指企业来源于中国境外的所得依照中国境外税收法律以及相关规定应当缴纳并已经实际缴纳的企业所得税性质的税款。

第七十八条 企业所得税法第二十三条所称抵免限额，是指企业来源于中国境外的所得，依照企业所得税法和本条例的规定计算的应纳税额。除国务院

财政、税务主管部门另有规定外，该抵免限额应当分国（地区）不分项计算，计算公式如下：

抵免限额 = 中国境内、境外所得依照企业所得税法和本条例的规定计算的应纳税总额 × 来源于某国（地区）的应纳税所得额 ÷ 中国境内、境外应纳税所得总额

第七十九条 企业所得税法第二十三条所称5个年度，是指从企业取得的来源于中国境外的所得，已经在中国境外缴纳的企业所得税性质的税额超过抵免限额的当年的次年起连续5个纳税年度。

……

第九十三条 企业所得税法第二十八条第二款所称国家需要重点扶持的高新技术企业，是指拥有核心自主知识产权，并同时符合下列条件的企业：

（一）产品（服务）属于《国家重点支持的高新技术领域》规定的范围；

（二）研究开发费用占销售收入的比例不低于规定比例；

（三）高新技术产品（服务）收入占企业总收入的比例不低于规定比例；

（四）科技人员占企业职工总数的比例不低于规定比例；

（五）高新技术企业认定管理办法规定的其他条件。

《国家重点支持的高新技术领域》和高新技术企业认定管理办法由国务院科技、财政、税务主管部门商国务院有关部门制定，报国务院批准后公布施行。

26－3 财政部 国家税务总局关于高新技术企业境外所得适用税率及税收抵免问题的通知

2011年5月31日 财税〔2011〕47号

各省、自治区、直辖市、计划单列市财政厅（局）、国家税务局、地方税务局，新疆生产建设兵团财务局：

根据《中华人民共和国企业所得税法》及其实施条例，以及《财政部、国家税务总局关于企业境外所得税收抵免有关问题的通知》（财税〔2009〕125号）的有关规定，现就高新技术企业境外所得适用税率及税收抵免有关问题补充明确如下：

一、以境内、境外全部生产经营活动有关的研究开发费用总额、总收入、销售收入总额、高新技术产品（服务）收入等指标申请并经认定的高新技术企业，其来源于境外的所得可以享受高新技术企业所得税优惠政策，即对其来源于境外所得可以按照15%的优惠税率缴纳企业所得税，在计算境外抵免限额时，可按照15%的优惠税率计算境内外应纳税总额。

二、上述高新技术企业境外所得税收抵免的其他事项，仍按照财税〔2009〕125号文件的有关规定执行。

三、本通知所称高新技术企业，是指依照《中华人民共和国企业所得税法》及其实施条例规定，经认定机构按照《高新技术企业认定管理办法》（国科发火〔2008〕172号）和《高新技术企业认定管理工作指引》（国科发火〔2008〕362号）认定取得高新技术企业证书并正在享受企业所得税15%税率优惠的企业。

四、本通知自2010年1月1日起执行。

26－4 科技部 财政部 国家税务总局关于修订印发《高新技术企业认定管理办法》的通知

2016年1月29日 国科发火〔2016〕32号

各省、自治区、直辖市及计划单列市科技厅（委、局）、财政厅（局）、国家税务局、地方税务局：

根据《中华人民共和国企业所得税法》及其实施条例有关规定，为加大对科技型企业特别是中小企业的政策扶持，有力推动大众创业、万众创新，培育创造新技术、新业态和提供新供给的生力军，促进经济升级发展，科技部、财政部、国家税务总局对《高新技术企业认定管理办法》进行了修订完善。经国务院批准，现将新修订的《高新技术企业认定管理办法》印发给你们，请遵照执行。

高新技术企业认定管理办法

第一章 总 则

第一条 为扶持和鼓励高新技术企业发展，根据《中华人民共和国企业所得税法》（以下称《企业所得税法》）、《中华人民共和国企业所得税法实施条例》（以下称《实施条例》）有关规定，特制定本办法。

第二条 本办法所称的高新技术企业是指：在《国家重点支持的高新技术领域》内，持续进行研究开发与技术成果转化，形成企业核心自主知识产权，并以此为基础开展经营活动，在中国境内（不包括港、澳、台地区）注册的居民企业。

第三条 高新技术企业认定管理工作应遵循突出企业主体、鼓励技术创新、实施动态管理、坚持公平公正的原则。

第四条 依据本办法认定的高新技术企业，可依照《企业所得税法》及其《实施条例》《中华人民共和国税收征收管理法》（以下称《税收征管法》）及《中华人民共和国税收征收管理法实施细则》（以下称《实施细则》）等有关规定，申报享受税收优惠政策。

第五条 科技部、财政部、税务总局负责全国高新技术企业认定工作的指导、管理和监督。

第二章 组织与实施

第六条 科技部、财政部、税务总局组成全国高新技术企业认定管理工作领导小组（以下称“领导小组”），其主要职责为：

（一）确定全国高新技术企业认定管理工作方向，审议高新技术企业认定管理工作报告；

（二）协调、解决认定管理及相关政策落实中的重大问题；

（三）裁决高新技术企业认定管理事项中的重大争议，监督、检查各地区认定管理工作，对发现的问题指导整改。

第七条 领导小组下设办公室，由科技部、财政部、税务总局相关人员组成，办公室设在科技部，其主要职责为：

（一）提交高新技术企业认定管理工作报告，研究提出政策完善建议；

（二）指导各地区高新技术企业认定管理工作，组织开展对高新技术企业认定管理工作的监督检查，对发现的问题提出整改处理建议；

（三）负责各地区高新技术企业认定工作的备案管理，公布认定的高新技术企业名单，核发高新技术企业证书编号；

（四）建设并管理“高新技术企业认定管理工作网”；

（五）完成领导小组交办的其他工作。

第八条 各省、自治区、直辖市、计划单列市科技行政管理部门同本级财政、税务部门组成本地区高新技术企业认定管理机构（以下称“认定机构”）。认定机构下设办公室，由省级、计划单列市科技、财政、税务部门相关人员组成，办公室设在省级、计划单列市科技行政主管部门。认定机构主要职责为：

（一）负责本行政区域内的高新技术企业认定工作，每年向领导小组办公室提交本地区高新技术企业认定管理工作报告；

（二）负责将认定后的高新技术企业按要求报领导小组办公室备案，对通过备案的企业颁发高新技术企业证书；

（三）负责遴选参与认定工作的评审专家（包括技术专家和财务专家），并加强监督管理；

（四）负责对已认定企业进行监督检查，受理、核实并处理复核申请及有关举报等事项，落实领导小组及其办公室提出的整改建议；

（五）完成领导小组办公室交办的其他工作。

第九条 通过认定的高新技术企业，其资格自颁发证书之日起有效期为三年。

第十条 企业获得高新技术企业资格后，自高新技术企业证书颁发之日所在年度起享受税收优惠，可依照本办法第四条的规定到主管税务机关办理税收优惠手续。

第三章 认定条件与程序

第十一条 认定为高新技术企业须同时满足以下条件：

（一）企业申请认定时须注册成立一年以上；

（二）企业通过自主研发、受让、受赠、并购等方式，获得对其主要产品（服务）在技术上发挥核心支持作用的知识产权的所有权；

（三）对企业主要产品（服务）发挥核心支持作用的技术属于《国家重点支持的高新技术领域》规定的范围；

（四）企业从事研发和相关技术创新活动的科技人员占企业当年职工总数的比例不低于10%；

（五）企业近三个会计年度（实际经营期不满三年的按实际经营时间计算，下同）的研究开发费用总额占同期销售收入总额的比例符合如下要求：

1. 最近一年销售收入小于5000万元（含）的企业，比例不低于5%；

2. 最近一年销售收入在5000万~2亿元（含）的企业，比例不低于4%；

3. 最近一年销售收入在2亿元以上的企业，比例不低于3%。

其中，企业在中国境内发生的研究开发费用总额占全部研究开发费用总额的比例不低于60%；

（六）近一年高新技术产品（服务）收入占企业同期总收入的比例不低于60%；

（七）企业创新能力评价应达到相应要求；

（八）企业申请认定前一年内未发生重大安全、重大质量事故或严重环境违法行为。

第十二条 高新技术企业认定程序如下：

（一）企业申请

企业对照本办法进行自我评价。认为符合认定条件的在“高新技术企业认定管理工作网”注册登记，向认定机构提出认定申请。申请时提交下列材料：

1. 高新技术企业认定申请书；

2. 证明企业依法成立的相关注册登记证件；

3. 知识产权相关材料、科研项目立项证明、科技成果转化、研究开发的组织管理等相关材料；

4. 企业高新技术产品（服务）的关键技术和技术指标、生产批文、认证认可和相关资质证书、产品质量检验报告等相关材料；

5. 企业职工和科技人员情况说明材料；

6. 经具有资质的中介机构出具的企业近三个会计年度研究开发费用和近一个会计年度高新技术产品（服务）收入专项审计或鉴证报告，并附研究开发活动说明材料；

7. 经具有资质的中介机构鉴证的企业近三个会计年度的财务会计报告（包括会计报表、会计报表附注和财务情况说明书）；

8. 近三个会计年度企业所得税年度纳税申报表。

（二）专家评审

认定机构应在符合评审要求的专家中，随机抽取组成专家组。专家组对企业申报材料进行评审，提出评审意见。

（三）审查认定

认定机构结合专家组评审意见，对申请企业进行综合审查，提出认定意见并报领导小组办公室。认定企业由领导小组办公室在“高新技术企业认定管理工作网”公示10个工作日，无异议的，予以备案，并在“高新技术企业认定管理工作网”公告，由认定机构向企业颁发统一印制的“高新技术企业证书”；有异议的，由认定机构进行核实处理。

第十三条 企业获得高新技术企业资格后，应每年5月底前在“高新技术企业认定管理工作网”填报上一年度知识产权、科技人员、研发费用、经营收入等年度发展情况报表。

第十四条 对于涉密企业，按照国家有关保密工作规定，在确保涉密信息安全的前提下，按认定工作程序组织认定。

第四章 监督管理

第十五条 科技部、财政部、税务总局建立随机抽查和重点检查机制，加强对各地高新技术企业认定管理工作的监督检查。对存在问题的认定机构提出整改意见并限期改正，问题严重的给予通报批评，逾期不改的暂停其认定管理工作。

第十六条 对已认定的高新技术企业，有关部门在日常管理过程中发现其不符合认定条件的，应提请认定机构复核。复核后确认不符合认定条件的，由认定机构取消其高新技术企业资格，并通知税务机关追缴其不符合认定条件年度起已享受的税收优惠。

第十七条 高新技术企业发生更名或与认定条件有关的重大变化（如分立、合并、重组以及经营业务发生变化等）应在三个月内向认定机构报告。经认定机构审核符合认定条件的，其高新技术企业资格不变，对于企业更名的，重新核发认定证书，编号与有效期不变；不符合认定条件的，自更名或条件变化年度起取消其高新技术企业资格。

第十八条 跨认定机构管理区域整体迁移的高新技术企业，在其高新技术企业资格有效期内完成迁移的，其资格继续有效；跨认定机构管理区域部分搬迁的，由迁入地认定机构按照本办法重新认定。

第十九条 已认定的高新技术企业有下列行为之一的，由认定机构取消其高新技术企业资格：

（一）在申请认定过程中存在严重弄虚作假行为的；

（二）发生重大安全、重大质量事故或有严重环境违法行为的；

（三）未按期报告与认定条件有关重大变化情况，或累计两年未填报年度发展情况报表的。

对被取消高新技术企业资格的企业，由认定机构通知税务机关按《税收征管法》及有关规定，追缴其自发生上述行为之日所属年度起已享受的高新技术企业税收优惠。

第二十条 参与高新技术企业认定工作的各类机构和人员对所承担的有关工作负有诚信、合规、保密义务。违反高新技术企业认定工作相关要求和纪律的，给予相应处理。

第五章 附 则

第二十一条 科技部、财政部、税务总局根据本办法另行制定《高新技术企业认定管理工作指引》。

第二十二条 本办法由科技部、财政部、税务总局负责解释。

第二十三条 本办法自 2016 年 1 月 1 日起实施。原《高新技术企业认定管理办法》（国科发火〔2008〕172 号）同时废止。

附件：国家重点支持的高新技术领域（编者略）

26 -5 科技部 财政部 国家税务总局关于修订印发《高新技术企业认定管理工作指引》的通知

2016 年 6 月 22 日 国科发火〔2016〕195 号

各省、自治区、直辖市及计划单列市科技厅（委、局）、财政厅（局）、国家税务局、地方税务局：

根据《高新技术企业认定管理办法》（国科发火〔2016〕32 号，以下称《认定办法》）第二十一条的规定，现将《高新技术企业认定管理工作指引》（以下称《工作指引》）印发给你们，并就有关事项通知如下：

一、2016 年 1 月 1 日前已按《高新技术企业认定管理办法》（国科发火〔2008〕172 号，以下称 2008 版《认定办法》）认定的仍在有效期内的高新技术企业，其资格依然有效，可依照《企业所得税法》及其实施条例等有关规定享受企业所得税优惠政策。

二、按 2008 版《认定办法》认定的高新技术企业，在 2015 年 12 月 31 日前发生 2008 版《认定办法》第十五条规定情况，且有关部门在 2015 年 12 月 31 日前已经做出处罚决定的，仍按 2008 版《认定办法》相关规定进行处理，认定机构 5 年内不再受理企业认定申请的处罚执行至 2015 年 12 月 31 日止。

三、本指引自 2016 年 1 月 1 日起实施。原《高新技术企业认定管理工作指引》（国科发火〔2008〕362 号）、《关于高新技术企业更名和复审等有关事项的通知》（国科火字〔2011〕123 号）同时废止。

高新技术企业认定管理工作指引（编者略）

27. 来源于境外注册中资控股居民企业的股息红利免税

中国居民投资者从境外取得的股息、红利等权益性投资收益中，来源于境外注册中资控股居民企业（以下简称“非境内注册居民企业”）的所得可以享受免税政策。非境内注册居民企业是指因实际管理机构在中国境内而被认定为中国居民企业的境外中资企业。

【适用主体】

非境内注册居民企业的投资者。

【政策规定】

（1）如果一家境外中资企业符合一定条件，可通过企业自行判定提请税务机关认定和税务机关调查发现予以认定两种形式，认定为非境内注册居民企业，条件（要求同时符合）包括：

①企业负责实施日常生产经营管理运作的高层管理人员及其高层管理部门履行职责的场所主要位于中国境内；

②企业的财务决策（如借款、放款、融资、财务风险管理等）和人事决策（如任命、解聘和薪酬等），由位于中国境内的机构或人员决定，或需要得到位于中国境内的机构或人员批准；

③企业的主要财产、会计账簿、公司印章、董事会和股东会议纪要档案等位于或存放于中国境内；

④企业至少1/2有投票权的董事或高层管理人员经常居住在中国境内。

（2）非境内注册居民企业的投资者从该企业取得的符合条件的股息、红利等权益性投资收益，可作为投资者的免税收入。

【适用条件】

符合条件的股息、红利等权益性投资收益，是指居民企业直接投资于非境内注册居民企业取得的投资收益，但不包括连续持有该非境内注册居民企业公开发行并上市流通的股票不足12个月取得的投资收益。

【情景问答】

问：我公司是一家内地企业，从中国移动（香港）公司取得的股息，是免税的吗？

答：该股息不一定免税。中国移动（香港）公司属于国家税务总局认定过的非境内注册居民企业[①]，从中国移动（香港）公司分得的股息红利等权益性投资收益，属于来源于中国境内的所得，应当缴纳企业所得税；该权益性投资收益中符合企业所得税法第二十六条和实施条例第八十三条规定的部分，可作为免税收入，即你公司直接投资于中国移动（香港）公司取得的投资收益，但不包括连续持有中国移动（香港）公司公开发行并上市流通的股票不足12个月取得的投资收益。

---

① 本书所称境外中资企业是指由中国内地企业或者企业集团作为主要控股投资者，在中国内地以外国家或地区（含香港、澳门、台湾）注册成立的企业。本书所称非境内注册居民企业，指因实际管理机构在中国境内而被认定为中国居民企业的境外中资企业。参见：《国家税务总局关于印发〈境外注册中资控股居民企业所得税管理办法（试行）〉的公告》，国家税务总局公告2011年第45号。——编者注。

【政策依据】

(1)《中华人民共和国企业所得税法》(中华人民共和国主席令第 64 号)第二条、第二十六条

(2)《中华人民共和国企业所得税法实施条例》(中华人民共和国国务院令第 512 号)第八十三条

(3)《国家税务总局关于境外注册中资控股企业依据实际管理机构标准认定为居民企业有关问题的通知》(国税发〔2009〕82 号)第四条

(4)《国家税务总局关于印发〈境外注册中资控股居民企业所得税管理办法(试行)〉的公告》(国家税务总局公告 2011 年第 45 号)

政策链接

27 -1 《中华人民共和国企业所得税法》第二条、第二十六条

2007 年 3 月 16 日　中华人民共和国主席令第 64 号

第二条　企业分为居民企业和非居民企业。

本法所称居民企业,是指依法在中国境内成立,或者依照外国(地区)法律成立但实际管理机构在中国境内的企业。

本法所称非居民企业,是指依照外国(地区)法律成立且实际管理机构不在中国境内,但在中国境内设立机构、场所的,或者在中国境内未设立机构、场所,但有来源于中国境内所得的企业。

……

第二十六条　企业的下列收入为免税收入:

(一)国债利息收入;

(二)符合条件的居民企业之间的股息、红利等权益性投资收益;

(三)在中国境内设立机构、场所的非居民企业从居民企业取得与该机构、场所有实际联系的股息、红利等权益性投资收益;

(四)符合条件的非营利组织的收入。

27 -2 《中华人民共和国企业所得税法实施条例》第八十三条

2007 年 12 月 6 日　中华人民共和国国务院令第 512 号

第八十三条　企业所得税法第二十六条第(二)项所称符合条件的居民企业之间的股息、红利等权益性投资收益,是指居民企业直接投资于其他居民企业取得的投资收益。企业所得税法第二十六条第(二)项和第(三)项所

称股息、红利等权益性投资收益，不包括连续持有居民企业公开发行并上市流通的股票不足12个月取得的投资收益。

27－3 《国家税务总局关于境外注册中资控股企业依据实际管理机构标准认定为居民企业有关问题的通知》第四条

2009年4月22日 国税发〔2009〕82号

四、非境内注册居民企业从中国境内其他居民企业取得的股息、红利等权益性投资收益，按照企业所得税法第二十六条和实施条例第八十三条的规定，作为其免税收入。非境内注册居民企业的投资者从该居民企业分得的股息红利等权益性投资收益，根据实施条例第七条第（四）款的规定，属于来源于中国境内的所得，应当征收企业所得税；该权益性投资收益中符合企业所得税法第二十六条和实施条例第八十三条规定的部分，可作为收益人的免税收入。

27－4 国家税务总局关于印发《境外注册中资控股居民企业所得税管理办法（试行）》的公告

2011年7月27日 国家税务总局公告2011年第45号

为规范和加强对依据实际管理机构标准被认定为居民企业的境外注册中资控股企业的所得税管理，国家税务总局制定了《境外注册中资控股居民企业所得税管理办法（试行）》，现予以发布，自2011年9月1日起施行。

特此公告。

附件：1. 境外注册中资控股企业居民身份认定书（编者略）

2. 境外注册中资控股居民企业所得税管理情况汇总表（编者略）

境外注册中资控股居民企业所得税管理办法（试行）

第一章 总 则

第一条 为规范和加强境外注册中资控股居民企业的所得税税收管理，根据《中华人民共和国企业所得税法》（以下简称企业所得税法）及其实施条例、《中华人民共和国税收征收管理法》（以下简称税收征管法）及其实施细则、中国政府对外签署的避免双重征税协定（含与香港、澳门特别行政区签署的税收安排，以下简称税收协定）、《国家税务总局关于境外注册中资控股企业依据实际管理机构标准认定为居民企业有关问题的通知》（国税发

〔2009〕82 号，以下简称《通知》）和其他有关规定，制定本办法。

第二条 本办法所称境外注册中资控股企业（以下简称境外中资企业）是指由中国内地企业或者企业集团作为主要控股投资者，在中国内地以外国家或地区（含香港、澳门、台湾）注册成立的企业。

第三条 本办法所称境外注册中资控股居民企业（以下简称非境内注册居民企业）是指因实际管理机构在中国境内而被认定为中国居民企业的境外注册中资控股企业。

第四条 非境内注册居民企业应当按照企业所得税法及其实施条例和相关管理规定的要求，履行居民企业所得税纳税义务，并在向非居民企业支付企业所得税法第三条第三款规定的款项时，依法代扣代缴企业所得税。

第五条 本办法所称主管税务机关包括：①

（一）非境内注册居民企业的实际管理机构所在地与境内主要控股投资者所在地一致的，为境内主要控股投资者的企业所得税主管税务机关。

（二）非境内注册居民企业的实际管理机构所在地与境内主要控股投资者所在地不一致的，为实际管理机构所在地的国税局主管机关；经共同的上级税务机关批准，企业也可以选择境内主要控股投资者的企业所得税主管税务机关为其主管税务机关。

（三）非境内注册居民企业存在多个实际管理机构所在地的，由相关税务机关报共同的上级税务机关确定。

主管税务机关确定后，不得随意变更；确需变更的，应当层报税务总局批准。

第二章 居民身份认定管理

第六条 境外中资企业居民身份的认定，采用企业自行判定提请税务机关认定和税务机关调查发现予以认定两种形式。

第七条 境外中资企业应当根据生产经营和管理的实际情况，自行判定实际管理机构是否设立在中国境内。如其判定符合《通知》第二条规定的居民企业条件，应当向其主管税务机关书面提出居民身份认定申请，同时提供以下资料：

（一）企业法律身份证明文件；

（二）企业集团组织结构说明及生产经营概况；

---

① 条款修改。自 2015 年 6 月 1 日起施行。第五条修改为：“本办法所称主管税务机关是指境外注册中资控股居民企业中国境内主要投资者登记注册地主管税务机关。”参见：《国家税务总局关于修改〈非居民企业所得税核定征收管理办法〉等文件的公告》，国家税务总局公告 2015 年第 22 号。

（三）企业上一个纳税年度的公证会计师审计报告；

（四）负责企业生产经营等事项的高层管理机构履行职责场所的地址证明；

（五）企业上一年度及当年度董事及高层管理人员在中国境内居住的记录；

（六）企业上一年度及当年度重大事项的董事会决议及会议记录；

（七）主管税务机关要求提供的其他资料。

第八条 主管税务机关发现境外中资企业符合《通知》第二条规定但未申请成为中国居民企业的，可以对该境外中资企业的实际管理机构所在地情况进行调查，并要求境外中资企业提供本办法第七条规定的资料。调查过程中，主管税务机关有权要求该企业的境内投资者提供相关资料。

第九条 主管税务机关依法对企业提供的相关资料进行审核，提出初步认定意见，将据以做出初步认定的相关事实（资料）、认定理由和结果层报税务总局确认。

税务总局认定境外中资企业居民身份的，应当将相关认定结果同时书面告知境内投资者、境内被投资者的主管税务机关。

第十条 非境内注册居民企业的主管税务机关收到税务总局关于境外中资企业居民身份的认定结果后，应当在10日内向该企业下达《境外注册中资控股企业居民身份认定书》（见附件1），通知其从企业居民身份确认年度开始按照我国居民企业所得税管理规定及本办法规定办理有关税收事项。

第十一条 非境内注册居民企业发生下列重大变化情形之一的，应当自变化之日起15日内报告主管税务机关，主管税务机关应当按照本办法规定层报税务总局确定是否取消其居民身份。

（一）企业实际管理机构所在地变更为中国境外的；

（二）中方控股投资者转让企业股权，导致中资控股地位发生变化的。

第十二条 税务总局认定终止非境内注册居民企业居民身份的，应当将相关认定结果同时书面告知境内投资者、境内被投资者的主管税务机关。企业应当自主管税务机关书面告知之日起停止履行中国居民企业的所得税纳税义务与扣缴义务，同时停止享受中国居民企业税收待遇。上述主管税务机关应当依法做好减免税款追缴等后续管理工作。

第三章 税务登记管理

第十三条 非境内注册居民企业应当自收到居民身份认定书之日起30日内向主管税务机关提供以下资料申报办理税务登记，主管税务机关核发临时税务登记证及副本：

（一）居民身份认定书；

（二）境外注册登记证件；

（三）税务机关要求提供的其他资料。

第十四条 非境内注册居民企业经税务总局确认终止居民身份的，应当自收到主管税务机关书面通知之日起15日内向主管税务机关申报办理注销税务登记。

第十五条 发生本办法第四条扣缴义务的非境内注册居民企业应当自扣缴义务发生之日起30日内，向主管税务机关申报办理扣缴税款登记。

第四章 账簿凭证管理

第十六条 非境内注册居民企业应当按照中国有关法律、法规和国务院财政、税务主管部门的规定，编制财务、会计报表，并在领取税务登记证件之日起15日内将企业的财务、会计制度或者财务会计、处理办法及有关资料报送主管税务机关备案。

第十七条 非境内注册居民企业存放在中国境内的会计账簿和境内税务机关要求提供的报表等资料，应当使用中文。

第十八条 发生扣缴义务的非境内注册居民企业应当设立代扣代缴税款账簿和合同资料档案，准确记录扣缴企业所得税情况。

第十九条 非境内注册居民企业与境内单位或者个人发生交易的，应当按照发票管理办法规定使用发票，发票存根应当保存在中国境内，以备税务机关查验。

第五章 申报征收管理

第二十条 非境内注册居民企业按照分季预缴、年度汇算清缴方法申报缴纳所得税。

第二十一条 非境内注册居民企业发生终止生产经营或者居民身份变化情形的，应当自停止生产经营之日或者税务总局取消其居民企业之日起60日内，向其主管税务机关办理当期企业所得税汇算清缴。

非境内注册居民企业需要申报办理注销税务登记的，应在注销税务登记前，就其清算所得向主管税务机关申报缴纳企业所得税。

第二十二条 非境内注册居民企业应当以人民币计算缴纳企业所得税；所得以人民币以外的货币计算的，应当按照企业所得税法及其实施条例有关规定折合成人民币计算并缴纳企业所得税。

第二十三条 对非境内注册居民企业未依法履行居民企业所得税纳税义务的，主管税务机关应依据税收征管法及其实施细则的有关规定追缴税款、加收滞纳金，并处罚款。

主管税务机关应当在非境内注册居民企业年度申报和汇算清缴结束后两个月内，判定其构成居民身份的条件是否发生实质性变化。对实际管理机构转移至境外或者企业中资控股地位发生变化的，主管税务机关应层报税务总局终止其居民身份。

对于境外中资企业频繁转换企业身份，又无正当理由的，主管税务机关应层报国家税务总局核准后追回其已按居民企业享受的股息免税待遇。

第二十四条 主管税务机关应按季度核查非境内注册居民企业向非居民企业支付股息、利息、租金、特许权使用费、转让财产收入及其他收入依法扣缴企业所得税的情况，发现该企业未依法履行相关扣缴义务的，应按照税收征管法及其实施细则和企业所得税法及其实施条例等有关规定对其进行处罚，并向非居民企业追缴税款。

第六章 特定事项管理

第二十五条 非境内注册居民企业取得来源于中国境内的股息、红利等权益性投资收益和利息、租金、特许权使用费所得、转让财产所得以及其他所得，应当向相关支付方出具本企业的《境外注册中资控股企业居民身份认定书》复印件。

相关支付方凭上述复印件不予履行该所得的税款扣缴义务，并在对外支付上述外汇资金时凭该复印件向主管税务机关申请开具相关税务证明。其中涉及个人所得税、营业税等其他税种纳税事项的，仍按对外支付税务证明开具的有关规定办理。

第二十六条 非居民企业转让非境内注册居民企业股权所得，属于来源于中国境内所得，被转让的非境内注册居民企业应当自股权转让协议签订之日起30日内，向其主管税务机关报告并提供股权转让合同及相关资料。

第二十七条 非境内注册居民企业应当按照企业所得税法及其实施条例以及《特别纳税调整实施办法（试行）》（国税发〔2009〕2号）的相关规定，履行关联申报及同期资料准备等义务。

第二十八条[①] 非境内注册居民企业同时被我国与其注册所在国家（地

---

① 条款废止。第二十八条废止。自2016年10月1日起废止。参见：《国家税务总局关于开具〈中国税收居民身份证明〉有关事项的公告》，国家税务总局公告2016年第40号。

区）税务当局确认为税收居民的，应当按照双方签订的税收协定的有关规定确定其居民身份；如经确认为我国税收居民，可适用我国与其他国家（地区）签订的税收协定，并按照有关规定办理享受税收协定优惠待遇手续；需要证明其中国税收居民身份的，可向其主管税务机关申请开具《中国税收居民身份证明》，主管税务机关应在受理申请之日起10个工作日内办结。

第二十九条 境外税务当局拒绝给予非境内注册居民企业税收协定待遇，或者将其认定为所在国家（地区）税收居民的，该企业可按有关规定书面申请启动税务相互协商程序。

主管税务机关受理企业提请协商的申请后，应当及时将申请及有关资料层报税务总局，由税务总局与有关国家（地区）税务当局进行协商。

第七章 附 则

第三十条 主管税务机关应当做好非境内注册居民企业所得税管理情况汇总统计工作，于每年8月15日前向税务总局层报《境外注册中资控股居民企业所得税管理情况汇总表》（见附件2）。税务总局不定期对各地相关管理工作进行检查，并将检查情况通报各地。

第三十一条 本办法由税务总局负责解释。各省、自治区、直辖市和计划单列市国家税务局、地方税务局可根据本办法制定具体操作规程。

第三十二条 本办法自2011年9月1日起施行。此前根据《通知》规定已经被认定为非境内注册居民企业的，适用本办法相关规定处理。

28. 跨境资产重组特殊性税务处理

为鼓励企业境外上市融资及跨境并购重组，居民企业向境外企业进行投资所产生的股权转让所得，可适用特殊性税务处理，实行递延纳税。

【适用主体】

发生涉及中国境内与境外之间（包括港澳台地区）的股权和资产收购交易的居民企业。

【政策规定】

居民企业以其拥有的资产或股权向其100%直接控股的境外（包括港澳台地区）企业进行投资，其资产或股权转让收益如选择特殊性税务处理，可以在10个纳税年度内均匀计入各年度应纳税所得额。

【适用条件】

企业发生涉及中国境内与境外之间（包括港澳台地区）的股权和资产收购交易适用特殊性税务处理规定，必须同时符合下列条件：

（1）具有合理的商业目的，且不以减少、免除或者推迟缴纳税款为主要目的。

（2）被收购、合并或分立部分的资产或股权比例符合规定的比例。

（3）企业重组后的连续 12 个月内不改变重组资产原来的实质性经营活动。

（4）重组交易对价中涉及股权支付金额符合规定比例。

（5）企业重组中取得股权支付的原主要股东，在重组后连续 12 个月内，不得转让所取得的股权。

（6）以其拥有的资产或股权向其 100% 直接控股的非居民企业进行投资。

【情景问答】

问：我公司计划将持有的账面价值为 800 万元、公允价值为 1000 万元的境外 A 公司的股权，投资于境外 100% 控股的子公司 B，请问该股权转让收益是否适用特殊性税务处理？如果适用，应如何进行税务处理？

答：企业重组同时符合下列条件的，适用特殊性税务处理规定：

（1）具有合理的商业目的，且不以减少、免除或者推迟缴纳税款为主要目的。

（2）被收购、合并或分立部分的资产或股权比例符合规定的比例。

（3）企业重组后的连续 12 个月内不改变重组资产原来的实质性经营活动。

（4）重组交易对价中涉及股权支付金额符合规定比例。

（5）企业重组中取得股权支付的原主要股东，在重组后连续 12 个月内，不得转让所取得的股权。

居民企业发生涉及中国境内与境外之间（包括港、澳、台地区）的股权和资产收购交易，还必须同时符合一个条件：即以其拥有的资产或股权向其 100% 直接控股的非居民企业进行投资。

如你公司符合上述规定，该项收益可选择特殊性税务处理，在 10 个纳税年度内均匀计入各年度应纳税所得额。

【政策依据】

（1）《中华人民共和国企业所得税法》（中华人民共和国主席令第 64 号）

第二十条

（2）《中华人民共和国企业所得税法实施条例》（中华人民共和国国务院令第512号）第七十五条

（3）《财政部　国家税务总局关于企业重组业务企业所得税处理若干问题的通知》（财税〔2009〕59号）第五条、第七条

（4）《国家税务总局关于发布〈企业重组业务企业所得税管理办法〉的公告》（国家税务总局公告2010年第4号）第四章

（5）《国家税务总局关于企业重组业务企业所得税征收管理若干问题的公告》（国家税务总局公告2015年第48号）第九条、第十条

政策链接

28－1 《中华人民共和国企业所得税法》第二十条

2007年3月16日　中华人民共和国主席令第64号

第二十条　本章规定的收入、扣除的具体范围、标准和资产的税务处理的具体办法，由国务院财政、税务主管部门规定。

28－2 《中华人民共和国企业所得税法实施条例》第七十五条

2007年12月6日　中华人民共和国国务院令第512号

第七十五条　除国务院财政、税务主管部门另有规定外，企业在重组过程中，应当在交易发生时确认有关资产的转让所得或者损失，相关资产应当按照交易价格重新确定计税基础。

28－3 《财政部　国家税务总局关于企业重组业务企业所得税处理若干问题的通知》第五条、第七条

2009年4月30日　财税〔2009〕59号

五、企业重组同时符合下列条件的，适用特殊性税务处理规定：

（一）具有合理的商业目的，且不以减少、免除或者推迟缴纳税款为主要目的。

（二）被收购、合并或分立部分的资产或股权比例符合本通知规定的比例。

（三）企业重组后的连续12个月内不改变重组资产原来的实质性经营活动。

（四）重组交易对价中涉及股权支付金额符合本通知规定比例。

（五）企业重组中取得股权支付的原主要股东，在重组后连续12个月内，不得转让所取得的股权。

……

七、企业发生涉及中国境内与境外之间（包括港澳台地区）的股权和资产收购交易，除应符合本通知第五条规定的条件外，还应同时符合下列条件，才可选择适用特殊性税务处理规定：

（一）非居民企业向其100%直接控股的另一非居民企业转让其拥有的居民企业股权，没有因此造成以后该项股权转让所得预提税负担变化，且转让方非居民企业向主管税务机关书面承诺在3年（含3年）内不转让其拥有受让方非居民企业的股权；

（二）非居民企业向与其具有100%直接控股关系的居民企业转让其拥有的另一居民企业股权；

（三）居民企业以其拥有的资产或股权向其100%直接控股的非居民企业进行投资；

（四）财政部、国家税务总局核准的其他情形。

28－4 《国家税务总局关于发布〈企业重组业务企业所得税管理办法〉的公告》第四章

2010年7月26日　国家税务总局公告2010年第4号

第四章　跨境重组税收管理

第三十五条　发生《通知》第七条规定的重组，凡适用特殊性税务处理规定的，应按照本办法第三章相关规定执行。

第三十六条　发生《通知》第七条第（一）、（二）项规定的重组，适用特殊税务处理的，应按照《国家税务总局关于印发〈非居民企业所得税源泉扣缴管理暂行办法〉的通知》（国税发〔2009〕3号）和《国家税务总局关于加强非居民企业股权转让所得企业所得税管理的通知》（国税函〔2009〕698号）要求，准备资料。①

第三十七条　发生《通知》第七条第（三）项规定的重组，居民企业应向其所在地主管税务机关报送以下资料：

① 条款废止。第三十六条废止。自2017年12月1日起废止。参见：《国家税务总局关于非居民企业所得税源泉扣缴有关问题的公告》，国家税务总局公告2017年第37号。

1. 当事方的重组情况说明，申请文件中应说明股权转让的商业目的；

2. 双方所签订的股权转让协议；

3. 双方控股情况说明；

4. 由评估机构出具的资产或股权评估报告。报告中应分别列示涉及的各单项被转让资产和负债的公允价值；

5. 证明重组符合特殊性税务处理条件的资料，包括股权或资产转让比例，支付对价情况，以及12个月内不改变资产原来的实质性经营活动、不转让所取得股权的承诺书等；

6. 税务机关要求的其他材料。

28－5 《国家税务总局关于企业重组业务企业所得税征收管理若干问题的公告》第九条、第十条

2015年6月24日 国家税务总局公告2015年第48号

九、企业发生财税〔2009〕59号文件第七条第（三）项规定的重组，居民企业应准确记录应予确认的资产或股权转让收益总额，并在相应年度的企业所得税汇算清缴时对当年确认额及分年结转额的情况做出说明。

主管税务机关应建立台账，对居民企业取得股权的计税基础和每年确认的资产或股权转让收益进行比对分析，加强后续管理。

十、适用特殊性税务处理的企业，在以后年度转让或处置重组资产（股权）时，应在年度纳税申报时对资产（股权）转让所得或损失情况进行专项说明，包括特殊性税务处理时确定的重组资产（股权）计税基础与转让或处置时的计税基础的比对情况，以及递延所得税负债的处理情况等。

适用特殊性税务处理的企业，在以后年度转让或处置重组资产（股权）时，主管税务机关应加强评估和检查，将企业特殊性税务处理时确定的重组资产（股权）计税基础与转让或处置时的计税基础及相关的年度纳税申报表比对，发现问题的，应依法进行调整。

29. H股股息红利所得免税

为鼓励境内企业通过沪港通或深港通投资H股，内地居民企业持有H股取得的股息红利所得，可免征企业所得税。

【适用主体】

通过沪港通或深港通投资香港联交所上市股票并取得股息红利所得的内地

企业。

【政策规定】

内地企业投资者通过沪港通或深港通投资香港联交所上市股票取得的股息红利所得，可免征企业所得税。

【适用条件】

对内地企业投资者通过沪港通、深港通投资香港联交所上市股票取得的股息红利所得，计入其收入总额，依法计征企业所得税。其中，内地居民企业连续持有 H 股满 12 个月取得的股息红利所得，依法免征企业所得税。

【情景问答】

问：2016 年 4 月 28 日，我公司通过沪港通购买香港联交所上市的 A 公司股票 10 万股并持续持有。2017 年 5 月 1 日，我们公司取得 A 公司派发的股息收入 15 万元。请问 A 公司的股息红利如何确认应税收入？

答：对内地企业投资者通过沪港通投资香港联交所上市股票取得的股息红利所得，计入其收入总额，依法计征企业所得税。其中，内地居民企业连续持有 H 股满 12 个月取得的股息红利所得，依法免征企业所得税。

A 公司派发红利时，你公司已连续持有 A 公司股票满 12 个月。因此你公司从 A 公司取得的这笔 15 万元的股息所得免征企业所得税。

【政策依据】

（1）《中华人民共和国企业所得税法》（中华人民共和国主席令第 64 号）第二十六条

（2）《中华人民共和国企业所得税法实施条例》（中华人民共和国国务院令第 512 号）第八十三条

（3）《财政部　国家税务总局　证监会关于沪港股票市场交易互联互通机制试点有关税收政策的通知》（财税〔2014〕81 号）第一条

（4）《财政部　国家税务总局　证监会关于深港股票市场交易互联互通机制试点有关税收政策的通知》（财税〔2016〕127 号）第一条

政策链接

29-1 《中华人民共和国企业所得税法》第二十六条
2007年3月16日 中华人民共和国主席令第64号

第二十六条 企业的下列收入为免税收入：

（一）国债利息收入；

（二）符合条件的居民企业之间的股息、红利等权益性投资收益；

（三）在中国境内设立机构、场所的非居民企业从居民企业取得与该机构、场所有实际联系的股息、红利等权益性投资收益；

（四）符合条件的非营利组织的收入。

29-2 《中华人民共和国企业所得税法实施条例》第八十三条
2007年12月6日 中华人民共和国国务院令第512号

第八十三条 企业所得税法第二十六条第（二）项所称符合条件的居民企业之间的股息、红利等权益性投资收益，是指居民企业直接投资于其他居民企业取得的投资收益。企业所得税法第二十六条第（二）项和第（三）项所称股息、红利等权益性投资收益，不包括连续持有居民企业公开发行并上市流通的股票不足12个月取得的投资收益。

29-3 《财政部 国家税务总局 证监会关于沪港股票市场交易互联互通机制试点有关税收政策的通知》第一条
2014年10月31日 财税〔2014〕81号

一、关于内地投资者通过沪港通投资香港联合交易所有限公司（以下简称香港联交所）上市股票的所得税问题

（一）内地个人投资者通过沪港通投资香港联交所上市股票的转让差价所得税。

对内地个人投资者通过沪港通投资香港联交所上市股票取得的转让差价所得，自2014年11月17日起至2017年11月16日止，暂免征收个人所得税。

（二）内地企业投资者通过沪港通投资香港联交所上市股票的转让差价所得税。

对内地企业投资者通过沪港通投资香港联交所上市股票取得的转让差价所得，计入其收入总额，依法征收企业所得税。

（三）内地个人投资者通过沪港通投资香港联交所上市股票的股息红利所得税。

对内地个人投资者通过沪港通投资香港联交所上市H股取得的股息红利，H股公司应向中国证券登记结算有限责任公司（以下简称中国结算）提出申请，由中国结算向H股公司提供内地个人投资者名册，H股公司按照20%的税率代扣个人所得税。内地个人投资者通过沪港通投资香港联交所上市的非H股取得的股息红利，由中国结算按照20%的税率代扣个人所得税。个人投资者在国外已缴纳的预提税，可持有效扣税凭证到中国结算的主管税务机关申请税收抵免。

对内地证券投资基金通过沪港通投资香港联交所上市股票取得的股息红利所得，按照上述规定计征个人所得税。

（四）内地企业投资者通过沪港通投资香港联交所上市股票的股息红利所得税。

1. 对内地企业投资者通过沪港通投资香港联交所上市股票取得的股息红利所得，计入其收入总额，依法计征企业所得税。其中，内地居民企业连续持有H股满12个月取得的股息红利所得，依法免征企业所得税。

2. 香港联交所上市H股公司应向中国结算提出申请，由中国结算向H股公司提供内地企业投资者名册，H股公司对内地企业投资者不代扣股息红利所得税款，应纳税款由企业自行申报缴纳。

3. 内地企业投资者自行申报缴纳企业所得税时，对香港联交所非H股上市公司已代扣代缴的股息红利所得税，可依法申请税收抵免。

29-4 《财政部 国家税务总局 证监会关于深港股票市场交易互联互通机制试点有关税收政策的通知》第一条

2016年11月5日 财税〔2016〕127号

一、关于内地投资者通过深港通投资香港联合交易所有限公司（以下简称香港联交所）上市股票的所得税问题

（一）内地个人投资者通过深港通投资香港联交所上市股票的转让差价所得税。

对内地个人投资者通过深港通投资香港联交所上市股票取得的转让差价所得，自2016年12月5日起至2019年12月4日止，暂免征收个人所得税。

（二）内地企业投资者通过深港通投资香港联交所上市股票的转让差价所得税。

对内地企业投资者通过深港通投资香港联交所上市股票取得的转让差价所得，计入其收入总额，依法征收企业所得税。

（三）内地个人投资者通过深港通投资香港联交所上市股票的股息红利所得税。

对内地个人投资者通过深港通投资香港联交所上市H股取得的股息红利，H股公司应向中国证券登记结算有限责任公司（以下简称中国结算）提出申请，由中国结算向H股公司提供内地个人投资者名册，H股公司按照20%的税率代扣个人所得税。内地个人投资者通过深港通投资香港联交所上市的非H股取得的股息红利，由中国结算按照20%的税率代扣个人所得税。个人投资者在国外已缴纳的预提税，可持有效扣税凭证到中国结算的主管税务机关申请税收抵免。

对内地证券投资基金通过深港通投资香港联交所上市股票取得的股息红利所得，按照上述规定计征个人所得税。

（四）内地企业投资者通过深港通投资香港联交所上市股票的股息红利所得税。

1. 对内地企业投资者通过深港通投资香港联交所上市股票取得的股息红利所得，计入其收入总额，依法计征企业所得税。其中，内地居民企业连续持有H股满12个月取得的股息红利所得，依法免征企业所得税。

2. 香港联交所上市H股公司应向中国结算提出申请，由中国结算向H股公司提供内地企业投资者名册，H股公司对内地企业投资者不代扣股息红利所得税款，应纳税款由企业自行申报缴纳。

3. 内地企业投资者自行申报缴纳企业所得税时，对香港联交所非H股上市公司已代扣代缴的股息红利所得税，可依法申请税收抵免。

二、税收协定

税收协定（含安排/协议，下同）又称避免双重征税协定，是两个或两个以上主权国家（或税收管辖区），为协调相互之间的税收管辖关系和处理有关税务问题，通过谈判缔结的书面协议。税收协定主要是通过降低所得来源国税率或提高征税门槛，来限制其按照国内税收法律征税的权利，同时规定居民国对境外已纳税所得给予税收抵免。税收协定的主要作用包括降低“走出去”企业在东道国的税负、有效消除双重征税、提高税收确定性和通过相互协商机制妥善解决涉税争议等。

“走出去”企业通过不同组织形式开展境外投资，需要关注的协定条款也有所差异。如设立境外子公司的，境外所得可享受的税收协定待遇主要涉及境外子公司利润分回、向境外融通资金、对外提供特许权（出租设备）、对外提供劳务等，应关注股息、利息、特许权使用费条款等；设立境外分公司、办事处的，应重点关注常设机构、非歧视待遇和营业利润条款等；在境外承包工程、提供劳务的，应重点关注常设机构和营业利润条款等。

“走出去”企业派遣其雇员在境外提供劳务、担任董事、进行演出、研究开发、实习等情况下，以及企业雇员在境外取得的股息、利息、特许权使用费、财产转让等所得涉及的征税权问题，我国签署的税收协定（安排）也在相应条款里进行了规定。

截至 2017 年 8 月，我国共签署 105 个税收协定（含内地与香港、澳门签署的税收安排，以及大陆与台湾签署的税收协议），数量位居全球第三，已形成了比较完善的税收协定网络。

税收协定的税种范围主要包括所得税，部分协定中还包括财产税。原则上，协定仅适用于协定税种范围条款所规定的税种，但也有例外。比如，有些协定的国际运输条款、情报交换条款或非歧视待遇条款，规定的内容涉及税种范围条款规定之外的其他税种，或规定不受税种范围条款的限制。

我国签署税收协定具体情况

表1 **我国与亚洲国家签署税收协定情况**

（亚洲国家建交45个，签署协定35个，生效34个）

序号	国家	签署日期	签署地点	生效日期	执行日期	所在地区
1	日本	1983.9.6	北京	1984.6.26	1985.1.1	亚洲
2	马来西亚	1985.11.23	北京	1986.9.14	1987.1.1	亚洲
3	新加坡	1986.4.18	新加坡	1986.12.11	1987.1.1	亚洲
		2007.7.11	新加坡	2007.9.18	2008.1.1	亚洲
4	泰国	1986.10.27	曼谷	1986.12.29	1987.1.1	亚洲
5	巴基斯坦	1989.11.15	伊斯兰堡	1989.12.27	1989.1.1/7.1	亚洲
6	科威特	1989.12.25	科威特	1990.7.20	1989.1.1	亚洲
7	蒙古	1991.8.26	乌兰巴托	1992.6.23	1993.1.1	亚洲
8	阿拉伯联合酋长国	1993.7.1	阿布扎比	1994.7.14	1995.1.1	亚洲
9	韩国	1994.3.28	北京	1994.9.27	1995.1.1	亚洲
10	印度	1994.7.18	新德里	1994.11.19	1995.1.1	亚洲
11	以色列	1995.4.8	北京	1995.12.22	1996.1.1	亚洲
12	越南	1995.5.17	北京	1996.10.18	1997.1.1	亚洲
13	土耳其	1995.5.23	北京	1997.1.20	1998.1.1	亚洲
14	亚美尼亚	1996.5.5	北京	1996.11.28	1997.1.1	亚洲
15	乌兹别克斯坦	1996.7.3	塔什干	1996.7.3	1997.1.1	亚洲
16	孟加拉国	1996.9.12	北京	1997.4.10	中：1998.1.1 孟：1998.7.1	亚洲
17	老挝	1999.1.25	北京	1999.6.22	2000.1.1	亚洲
18	菲律宾	1999.11.18	北京	2001.3.23	2002.1.1	亚洲
19	卡塔尔	2001.4.2	北京	2008.10.21	2009.1.1	亚洲
20	尼泊尔	2001.5.14	加德满都	2010.12.31	2011.1.1	亚洲
21	哈萨克斯坦	2001.9.12	阿斯塔纳	2003.7.27	2004.1.1	亚洲
22	印度尼西亚	2001.11.7	雅加达	2003.8.25	2004.1.1	亚洲
23	阿曼	2002.3.25	马斯喀特	2002.7.20	2003.1.1	亚洲
24	伊朗	2002.4.20	德黑兰	2003.8.14	2004.1.1	亚洲
25	巴林	2002.5.16	北京	2002.8.8	2003.1.1	亚洲
26	吉尔吉斯斯坦	2002.6.24	北京	2003.3.29	2004.1.1	亚洲
27	斯里兰卡	2003.8.11	北京	2005.5.22	2006.1.1	亚洲

续表

序号	国家	签署日期	签署地点	生效日期	执行日期	所在地区
28	文莱	2004. 9. 21	北京	2006. 12. 29	2007. 1. 1	亚洲
29	阿塞拜疆	2005. 3. 17	北京	2005. 8. 17	2006. 1. 1	亚洲
30	格鲁吉亚	2005. 6. 22	北京	2005. 11. 10	2006. 1. 1	亚洲
31	沙特阿拉伯	2006. 1. 23	北京	2006. 9. 1	2007. 1. 1	亚洲
32	塔吉克斯坦	2008. 8. 27	杜尚别	2009. 3. 28	2010. 1. 1	亚洲
33	土库曼斯坦	2009. 12. 13	阿什哈巴德	2010. 5. 30	2011. 1. 1	亚洲
34	叙利亚	2010. 10. 31	大马士革	2011. 9. 1	2012. 1. 1	亚洲
35	柬埔寨	2016. 10. 13	金边	（尚未生效）		亚洲

表 2　　我国与欧洲国家签署税收协定情况

（欧洲国家建交 44 个，签署协定 39 个，生效 39 个）

序号	国家	签署日期	签署地点	生效日期	执行日期	所在地区
1	法国	1984. 5. 30	巴黎	1985. 2. 21	1986. 1. 1	欧洲
		2013. 11. 26	北京	2014. 12. 28	2015. 1. 1	欧洲
2	英国	1984. 7. 26	北京	1984. 12. 23	1985. 1. 1	欧洲
		2011. 6. 27	伦敦	2013. 12. 13	中（CHINA）：2014. 1. 1 英（UK）：所得税和财产收益税（Income Tax and Capital Gains Tax）：2014. 4. 6； 公司税（Corporation Tax）：2014. 4. 1	欧洲
3	比利时	1985. 4. 18	北京	1987. 9. 11	1988. 1. 1	欧洲
		2009. 10. 7	布鲁塞尔	2013. 12. 29	2014. 1. 1	欧洲
4	德国	1985. 6. 10	波恩	1986. 5. 14	1985. 1. 1/7. 1	欧洲
		2014. 3. 28	柏林	2016. 4. 6	2017. 1. 1	欧洲
5	挪威	1986. 2. 25	北京	1986. 12. 21	1987. 1. 1	欧洲
6	丹麦	1986. 3. 26	北京	1986. 10. 22	1987. 1. 1	欧洲
		2012. 6. 16	哥本哈根	2012. 12. 27	2013. 1. 1	欧洲
7	芬兰	1986. 5. 12	赫尔辛基	1987. 12. 18	1988. 1. 1	欧洲
		2010. 5. 25	北京	2010. 11. 25	2011. 1. 1	欧洲
8	瑞典	1986. 5. 16	斯德哥尔摩	1987. 1. 3	1987. 1. 1	欧洲

续表

序号	国家	签署日期	签署地点	生效日期	执行日期	所在地区
9	意大利	1986. 10. 31	北京	1989. 11. 14	1990. 1. 1	欧洲
10	荷兰	1987. 5. 13	北京	1988. 3. 5	1989. 1. 1	欧洲
		2013. 05. 31	北京	2014. 8. 31	2015. 1. 1	欧洲
11	捷克斯洛伐克（适用于斯洛伐克）	1987. 6. 11	布拉格	1987. 12. 23	1988. 1. 1	欧洲
12	波兰	1988. 6. 7	北京	1989. 1. 7	1990. 1. 1	欧洲
13	前南斯拉夫（适用于波黑）	1988. 12. 2	北京	1989. 12. 16	1990. 1. 1	欧洲
14	保加利亚	1989. 11. 6	北京	1990. 5. 25	1991. 1. 1	欧洲
15	瑞士	1990. 7. 6	北京	1991. 9. 27	1990. 1. 1	欧洲
		2013. 9. 25	北京	2014. 11. 15	2015. 1. 1	欧洲
16	塞浦路斯	1990. 10. 25	北京	1991. 10. 5	1992. 1. 1	欧洲
17	西班牙	1990. 11. 22	北京	1992. 5. 20	1993. 1. 1	欧洲
18	罗马尼亚	1991. 1. 16	北京	1992. 3. 5	1993. 1. 1	欧洲
		2016. 7. 4	布加勒斯特	（尚未生效）		欧洲
19	奥地利	1991. 4. 10	北京	1992. 11. 1	1993. 1. 1	欧洲
20	匈牙利	1992. 6. 17	北京	1994. 12. 31	1995. 1. 1	欧洲
21	马耳他	1993. 2. 2	北京	1994. 3. 20	1995. 1. 1	欧洲
		2010. 10. 18	瓦莱塔	2011. 8. 25	2012. 1. 1	欧洲
22	卢森堡	1994. 3. 12	北京	1995. 7. 28	1996. 1. 1	欧洲
23	俄罗斯	1994. 5. 27	北京	1997. 4. 10	1998. 1. 1	欧洲
		2014. 10. 13	莫斯科	2016. 4. 9	2017. 1. 1	欧洲
24	克罗地亚	1995. 1. 9	北京	2001. 5. 18	2002. 1. 1	欧洲
25	白俄罗斯	1995. 1. 17	北京	1996. 10. 3	1997. 1. 1	欧洲
26	斯洛文尼亚	1995. 2. 13	北京	1995. 12. 27	1996. 1. 1	欧洲
27	乌克兰	1995. 12. 4	北京	1996. 10. 18	中：1997. 1. 1 乌：股利特个人 1996. 12. 17 企业所得税：1997. 1. 1	欧洲
28	冰岛	1996. 6. 3	北京	1997. 2. 5	1998. 1. 1	欧洲
29	立陶宛	1996. 6. 3	维尔纽斯	1996. 10. 18	1997. 1. 1	欧洲
30	拉脱维亚	1996. 6. 7	里加	1997. 1. 27	1998. 1. 1	欧洲

续表

序号	国家	签署日期	签署地点	生效日期	执行日期	所在地区
31	原南斯拉夫联盟（适用于塞尔维亚和黑山）	1997. 3. 21	贝尔格莱德	1998. 1. 1	1998. 1. 1	欧洲
32	马其顿	1997. 6. 9	北京	1997. 11. 29	1998. 1. 1	欧洲
33	葡萄牙	1998. 4. 21	北京	2000. 6. 7	2001. 1. 1	欧洲
34	爱沙尼亚	1998. 5. 12	北京	1999. 1. 8	2000. 1. 1	欧洲
35	爱尔兰	2000. 4. 19	都柏林	2000. 12. 29	中：2001. 1. 1 爱：2001. 4. 6	欧洲
36	摩尔多瓦	2000. 6. 7	北京	2001. 5. 26	2002. 1. 1	欧洲
37	希腊	2002. 6. 3	北京	2005. 11. 11	2006. 1. 1	欧洲
38	阿尔巴尼亚	2004. 9. 13	北京	2005. 7. 28	2006. 1. 1	欧洲
39	捷克	2009. 8. 28	北京	2011. 5. 4	2012. 1. 1	欧洲

表 3　　我国与非洲国家签署税收协定情况

（非洲国家建交 52 个，签署协定 14 个，生效 12 个）

序号	国家	签署日期	签署地点	生效日期	执行日期	所在地区
1	毛里求斯	1994. 8. 1	北京	1995. 5. 4	1996. 1. 1	非洲
2	苏丹	1997. 5. 30	北京	1999. 2. 9	2000. 1. 1	非洲
3	埃及	1997. 8. 13	开罗	1999. 3. 24	2000. 1. 1	非洲
4	塞舌尔	1999. 8. 26	北京	1999. 12. 17	2000. 1. 1	非洲
5	南非	2000. 4. 25	比勒陀利亚	2001. 1. 7	2002. 1. 1	非洲
6	尼日利亚	2002. 4. 15	阿布贾	2009. 3. 21	2010. 1. 1	非洲
7	突尼斯	2002. 4. 16	突尼斯	2003. 9. 23	2004. 1. 1	非洲
8	摩洛哥	2002. 8. 27	拉巴特	2006. 8. 16	2007. 1. 1	非洲
9	阿尔及利亚	2006. 11. 6	北京	2007. 7. 27	2008. 1. 1	非洲
10	埃塞俄比亚	2009. 5. 14	北京	2012. 12. 25	2013. 1. 1	非洲
11	赞比亚	2010. 7. 26	卢萨卡	2011. 6. 30	2012. 1. 1	非洲
12	乌干达	2012. 1. 11	坎帕拉	（尚未生效）		非洲
13	博茨瓦纳	2012. 4. 11	哈博罗内	（尚未生效）		非洲
14	津巴布韦	2015. 12. 1	哈拉雷	2016. 9. 29	2017. 1. 1	非洲

表 4　　我国与美洲国家签署税收协定情况

（美洲国家建交 23 个，签署协定 11 个，生效 11 个）

序号	国家	签署日期	签署地点	生效日期	执行日期	所在地区
1	美国	1984. 4. 30	北京	1986. 11. 21	1987. 1. 1	美洲
2	加拿大	1986. 5. 12	北京	1986. 12. 29	1987. 1. 1	美洲
3	牙买加	1996. 6. 3	北京	1997. 3. 15	1998. 1. 1	美洲
4	巴巴多斯	2000. 5. 15	北京	2000. 10. 27	2001. 1. 1	美洲
5	古巴	2001. 4. 13	哈瓦那	2003. 10. 17	2004. 1. 1	美洲
6	特立尼达和多巴哥	2003. 9. 18	西班牙港	2005. 5. 22	预提税：2005. 6. 1 其他：2006. 1. 1	美洲
7	墨西哥	2005. 9. 12	墨西哥城	2006. 3. 1	2007. 1. 1	美洲
8	巴西	1991. 8. 5	北京	1993. 1. 6	1994. 1. 1	美洲
9	委内瑞拉	2001. 4. 17	加拉加斯	2004. 12. 23	2005. 1. 1	美洲
10	厄瓜多尔	2013. 1. 21	基多	2014. 3. 6	2015. 1. 1	美洲
11	智利	2015. 5. 25	圣地亚哥	2016. 8. 8	2017. 1. 1	美洲

表 5　　我国与大洋洲国家签署税收协定情况

（大洋洲国家建交 10 个，签署协定 3 个，生效 3 个）

序号	国家	签署日期	签署地点	生效日期	执行日期	所在地区
1	新西兰	1986. 9. 16	惠灵顿	1986. 12. 17	1987. 1. 1	大洋洲
2	澳大利亚	1988. 11. 17	堪培拉	1990. 12. 28	1991. 1. 1	大洋洲
3	巴布亚新几内亚	1994. 7. 14	北京	1995. 8. 16	1996. 1. 1	大洋洲

表 6　　内地与港澳签署税收安排及大陆与台湾签署税收协议情况

（签署税收安排和税收协议 3 个，生效 2 个）

序号	地区	签署日期	签署地点	生效日期	执行日期	所在地区
1	澳门	2003. 12. 27	澳门	2003. 12. 30	2004. 1. 1	中国
2	香港	2006. 8. 21	香港	2006. 12. 8	内地：2007. 1. 1 香港：2007. 4. 1	中国
3	台湾	2015. 8. 25	福州	（尚未生效）		中国

30. 常设机构

常设机构条款是税收协定的重要条款，它主要与营业利润条款结合，组成对缔约一方所取得营业利润的征税规则，以限制所得来源国的征税权，避免双重征税。

常设机构主要用来确定企业是否在某国具有纳税义务，从而使该国能对归属于常设机构的所得进行征税。常设机构规则不仅是征税的前提条件，还是辨别应税所得征收方式的基础。一般来说，对归属于常设机构的所得要按照常设机构营业利润征税，对不归属于常设机构的所得则按照其他条款征税。

【适用主体】

从缔约对方国家（地区）取得营业利润所得的居民。（税收协定中的“居民”是税法上的一个概念，指的是“税收居民”，是以缔约国国内法上的居民定义为基础的。要成为税收协定上的“居民”，首先必须符合缔约国国内税法上的居民定义。）

【协定规定】

我国对外签订的税收协定，对常设机构一般性条款主要表述为：协定中“常设机构”一语是指企业进行全部或部分营业的固定营业场所。“常设机构”一语特别包括：管理场所；分支机构；办事处；工厂；车间（作业场所）；矿场、油井或气井、采石场或者其他开采自然资源的场所。除上述列举外，我国与部分国家还增列了部分项目。

其次，在常设机构一般性条款之外，通常还对承包工程、提供劳务构成常设机构以及代理型常设机构的标准进行了专门规定。

此外，我国同部分国家签订的税收协定还增加了有关保险业务构成常设机构的特殊规定。

【适用条件】

（1）一般常设机构。一般常设机构具有固定性、持续性和经营性的营业场所，但不包括从事协定所列举的专门从事准备性、辅助性活动的机构。

（2）工程型常设机构。承包工程构成常设机构的一般表述为：“常设机构”一语包括建筑工地，建筑、装配或安装工程，或者与其有关的监督管理活动，但仅以该工地、工程或活动连续达到规定时间（通常为6个月）以上的为限，未达到该规定时间的则不构成常设机构。我国与不同国家签订的协定，通常以一般表述为基准，但在项目的持续时间上，会存在几种不同的形式。此外，少数协定没有纳入"有关的监督管理活动"。不同协定中有关承包工程构成常设机构的表述存在差异。

（3）劳务型常设机构。提供劳务构成常设机构的一般表述为：缔约国一方企业通过雇员或者其他人员，在缔约国另一方为同一个项目或相关联的项目提供劳务，包括咨询劳务，仅以在任何____个月中连续或累计超过____天/月为限，未达到该规定时间的则不构成常设机构。不同协定对时间长度的计算方法有所不同，通常为任何 12 个月中连续或累计超过 6 个月或 183 天。

（4）代理型常设机构。当一个人（除适用第六款的独立代理人外）在缔约国一方代表缔约国另一方的企业进行活动，有权以该企业的名义签订合同并经常行使这种权力，这个人为该企业进行的任何活动，应认为该企业在该缔约国一方设有常设机构。

（5）保险业务常设机构。我国同突尼斯、墨西哥、芬兰、文莱、斯里兰卡、摩洛哥、印度尼西亚、尼泊尔、埃及、越南、巴基斯坦、泰国增加有关保险行业构成常设机构的内容。

【情景问答】

问：我公司向新加坡企业派员提供咨询劳务，请问在什么情况下会被新加坡税务机关认定为构成新加坡的常设机构？

答：我国企业通过雇员或者其他人员到新加坡提供劳务，仅以在任何 12 个月中连续或累计达到 183 天时构成新加坡的常设机构。

判定常设机构时要注意以下问题：

（1）从你公司第一次派雇员到新加坡实施服务项目之日起，至完成并交付服务项目的日期止作为计算期间，计算派出人员在新加坡境内的停留天数。

（2）具体计算时应按所有雇员为同一个项目提供劳务活动不同时期内在新加坡境内连续或累计停留的时间来掌握，对同一时间段内的同一批人员的工作不分别计算。

比如，境内企业派遣 10 名员工为一个项目在新加坡境内工作 3 天，这些员工在新加坡境内的工作时间为 3 天，而不是按每人 3 天共 30 天来计算。

（3）如果同一个项目历经多年，境内企业仅在某一个"十二个月"期间派雇员到新加坡境内提供劳务超过 183 天，而在其他期间内派员到新加坡境内提供劳务未超过 183 天，仍会被判定为在新加坡构成常设机构。

【政策依据】

（1）《中华人民共和国企业所得税法》（中华人民共和国主席令第64号）第二条

（2）《中华人民共和国企业所得税法实施条例》（中华人民共和国国务院令第512号）第三条、第四条

（3）中华人民共和国政府对外签署的避免双重征税协定（含与香港、澳门特别行政区签署的税收安排）（编者略）

（4）《国家税务总局关于印发〈中华人民共和国政府和新加坡共和国政府关于对所得避免双重征税和防止偷漏税的协定及议定书条文解释〉的通知》（国税发〔2010〕75号）第五条

政策链接

30－1 《中华人民共和国企业所得税法》第二条

2007年3月16日　中华人民共和国主席令第64号

第二条　企业分为居民企业和非居民企业。

本法所称居民企业，是指依法在中国境内成立，或者依照外国（地区）法律成立但实际管理机构在中国境内的企业。

本法所称非居民企业，是指依照外国（地区）法律成立且实际管理机构不在中国境内，但在中国境内设立机构、场所的，或者在中国境内未设立机构、场所，但有来源于中国境内所得的企业。

30－2 《中华人民共和国企业所得税法实施条例》第三条、第四条

2007年12月6日　中华人民共和国国务院令第512号

第三条　企业所得税法第二条所称依法在中国境内成立的企业，包括依照中国法律、行政法规在中国境内成立的企业、事业单位、社会团体以及其他取得收入的组织。

企业所得税法第二条所称依照外国（地区）法律成立的企业，包括依照外国（地区）法律成立的企业和其他取得收入的组织。

第四条　企业所得税法第二条所称实际管理机构，是指对企业的生产经营、人员、账务、财产等实施实质性全面管理和控制的机构。

30-3《国家税务总局关于印发〈中华人民共和国政府和新加坡共和国政府关于对所得避免双重征税和防止偷漏税的协定及议定书条文解释〉的通知》第五条

2010年7月26日 国税发〔2010〕75号

第五条 常设机构

常设机构的概念主要用于确定缔约国一方对缔约国另一方企业利润的征税权。即，按此确定在什么情况下中国税务机关可以对新加坡的企业征税。根据协定第七条的规定，中国不得对新加坡企业的利润征税，除非该企业通过其设在中国的常设机构进行营业。

处理本条与其他相关条款关系时，通常应遵循常设机构条款优先的原则。例如，若据以支付股息（第十条）、利息（第十一条）或特许权使用费（第十二条）的股权、债权、权利或财产等与常设机构有实际联系的，有关所得应该归属于常设机构的利润征税。

一、第一款对"常设机构"一语做一般定义。即，常设机构是指一个相对固定的营业场所。通常情况下，具备以下特点：

（一）该营业场所是实质存在的。但这类场所没有规模或范围上的限制，如机器、仓库、摊位等；且不论是企业自有的，还是租用的；也不管房屋、场地、设施或设备是否有一部分被用于其他活动。一个场所可能仅占用市场一角，或是长期租用的仓库的一部分（用于存放应税商品），或设在另一企业内部等等；只要有一定可支配的空间，即可视为具有营业场所。

（二）该营业场所是相对固定的，并且在时间上具有一定的持久性。该特征应从以下几个方面理解：

1. 固定的营业场所包括缔约国一方企业在缔约国另一方从事经营活动经登记注册设立的办事处、分支机构等固定场所，也包括为缔约国一方企业提供服务而使用的办公室或其他类似的设施，如在某酒店长期租用的房间。

2. 对某些经常在相邻的地点之间移动的营业活动，虽然营业场所看似不固定，但如果这种在一定区域内的移动是该营业活动的固有性质，一般可认定为存在单一固定场所。例如，某办事处根据需要在一个宾馆内租用不同的房间、或租用不同的楼层，该宾馆可被视为一个营业场所；又如，某商人在同一个商场或集市内的不同地点设立摊位，该商场或集市也可构成该商人的营业场所。

3. 该营业场所应在时间上具有一定程度的持久性，而不是临时的。同时，营业活动暂时的间断或者停顿并不影响场所时间上的持久性。

4. 如果某一营业场所是基于短期使用目的而设立，但实际存在时间却超出了临时性的范围，则可构成固定场所并可追溯性地构成常设机构。反之，一个以持久性为目的的营业场所如果发生特殊情况，例如投资失败提前清算，即使实际只存在了一段很短的时间，同样可以判定自其设立起就构成常设机构。

（三）全部或部分的营业活动是通过该营业场所进行的。即，一方企业通过在另一方设立常设机构进行营业活动，将其全部或部分活动延伸到另一方，不包括其在常设机构之外的地方直接从事的活动。如果一方企业通过在另一方的常设机构在另一方不同地点进行营业活动，则应判定其只有单一常设机构存在，且应将不同地点的营业活动产生的利润归属于该常设机构。如果一方企业在另一方不同地点直接从事营业活动，则该一方企业有可能在另一方不同地点构成多个常设机构。

"营业"一语的实际含义不仅仅包括生产经营活动，还包括非营利机构从事的业务活动，为该机构进行准备性或辅助性的活动除外。但此等非营利机构在中国的常设机构是否获得"营业利润"，则需要根据本协定第七条的规定再做判断。

"通过"该营业场所进行活动应作广义理解，包括企业在其可支配的地点从事活动的任何情形。例如，某道路修筑企业应被认为"通过"修筑行为发生地从事营业活动。当新加坡企业与中国不同城市的客户直接订立合同，如果合同是由新方企业设在中方的营业场所履行的，应认为该新方企业"通过"该场所从事营业活动。另外，如果该场所为新方企业与中方企业形成客户关系做出实质贡献，即使合同是两个企业间直接订立的，也应认为该新方企业"通过"该场所从事营业活动。

二、第二款列举了在通常情况下构成常设机构的场所。这些列举并非是穷尽的，并不影响对其他场所按照第一款概括性的定义进行常设机构判定。在理解时应注意：

（一）列举中第一项"管理场所"是指代表企业负有部分管理职责的办事处或事务所等场所，不同于总机构，也不同于作为判定居民公司标准的"实际管理机构"。

（二）列举中最后一项"矿场、油井或气井、采石场或者其他开采自然资源的场所"是指经过投资，拥有开采经营权或与之相关的合同权益，并从事生产经营的场所。至于为勘探或开发上述矿藏资源的承包工程作业，则应按照本协定第五条第三款（一）项的规定，根据作业持续的时间是否超过六个月来判断其是否构成常设机构。

三、第三款规定了承包工程和提供劳务两种情况下常设机构的判定标准。

（一）第（一）项规定，对于缔约国一方企业在缔约对方的建筑工地，建筑、装配或安装工程，或者与其有关的监督管理活动，仅在此类工地、工程或活动持续时间为六个月以上的，构成常设机构。未达到该规定时间的则不构成常设机构，即使这些活动按照第一款或第二款规定可能构成常设机构。执行时应注意：

1. 从事本款规定的工程活动，仅以本款规定的时间标准判定是否构成常设机构；

2. 确定上述活动的起止日期，可以按其所签订的合同从实施合同（包括一切准备活动）开始之日起，至作业（包括试运行作业）全部结束交付使用之日止进行计算。凡上述活动时间持续六个月以上的（不含六个月，跨年度的应连续计算），应视该企业在活动所在国构成常设机构。

3. "与其有关的监督管理活动"是指伴随建筑工地，建筑、装配或安装工程发生的监督管理活动，既包括在项目分包情况时，由分承包商进行作业，总承包商负责指挥监督的活动；也包括独立监理企业从事的监督管理活动。对由总承包商负责的监督管理活动，其时间的计算与整个工地、工程的持续时间一致；对由独立监理企业承包的监督管理活动，应视其为独立项目，并根据其负责监理的工地、工程或项目的持续时间进行活动时间的判定。

4. 如果新加坡企业在中国一个工地或同一工程连续承包两个及两个以上作业项目，应从第一个项目作业开始至最后完成的作业项目止计算其在中国进行工程作业的连续日期，不以每个工程作业项目分别计算。所谓为一个工地或同一工程连续承包两个及两个以上作业项目，是指在商务关系和地理上是同一整体的几个合同项目，不包括该企业承包的或者是以前承包的与本工地或工程没有关联的其他作业项目。例如一个建筑工地从商务关系和地理位置上形成不可分割的整体时，即使分别签订几个合同，该建筑工地仍为单一的整体。再如一些修建公路、挖掘运河、安装水管、铺设管道等活动，其工程作业地点是随工程进展不断改变或迁移的，虽然在某一特定地点工作时间连续未达到规定时间，但要视整体工程看是否达到构成常设机构的时间。一般来说，同一企业在同一工地上承包的项目可认为是商务关系相关联的项目。

5. 对工地、工程或者与其有关的监督管理活动开始计算其连续日期以后，因故（如设备、材料未运到或季节气候等原因）中途停顿作业，但工程作业项目并未终止或结束，人员和设备物资等也未全部撤出，应持续计算其连续日期，不得扣除中间停顿作业的日期。

6. 如果企业将承包工程作业的一部分转包给其他企业，分包商在建筑工地施工的时间应算作总包商在建筑工程上的施工时间。如果分包商实施合同的日期在前，可自分包商开始实施合同之日起计算该企业承包工程作业的连续日期。同时，不影响分包商就其所承担的工程作业单独判定其是否构成常设机构。

（二）根据第（二）项以及第二议定书第一条的规定，缔约国一方企业派其雇员或其雇佣的其他人员到缔约对方提供劳务，仅以任何十二个月内这些人员为从事劳务活动在对方停留连续或累计超过183天的，构成常设机构。

该项规定针对的是缔约国一方企业派其雇员到缔约国另一方从事劳务活动的行为。该行为按本条第一款和第二款规定不构成常设机构，但按本项规定，如活动持续时间达到规定标准，仍构成常设机构。本项规定应从以下几个方面理解：

1. “雇员或雇佣的其他人员”是指本企业的员工，或者该企业聘用的在其控制下按照其指示向缔约对方提供劳务的个人。

2. 本款所称的劳务活动，指从事工程、技术、管理、设计、培训、咨询等专业服务活动。例如：

（1）对工程作业项目的实施提供技术指导、协助、咨询等服务（不负责具体的施工和作业）；

（2）对生产技术的使用和改革、经营管理的改进、项目可行性分析以及设计方案的选择等提供的服务；

（3）在企业经营、管理等方面提供的专业服务，等。

3. 同一企业从事的有商业相关性或连贯性的若干个项目应视为“同一项目或相关联的项目”。这里所说的“商业相关性或连贯性”，需视具体情况而定，在判断若干个项目是否为关联项目时，应考虑下列因素：

（1）这些项目是否被包含在同一个总合同里；

（2）如果这些项目分属于不同的合同，这些合同是否与同一人或相关联的人所签订；前一项目的实施是否是后一项目实施的必要条件；

（3）这些项目的性质是否相同；

（4）这些项目是否由相同的人员实施；等。

4. 对劳务活动在任何十二个月中连续或累计超过183天的规定，应从以下几个方面掌握：

（1）若某新加坡企业为中国境内某项目提供劳务（包括咨询劳务），以该企业派其雇员为实施服务项目第一次抵达中国之日期起至完成并交付服务项目的日期止作为计算期间，计算相关人员在中国境内的停留天数。

（2）具体计算时，应按所有雇员为同一个项目提供劳务活动不同时期在中国境内连续或累计停留的时间来掌握，对同一时间段内的同一批人员的工作不分别计算。例如，新加坡企业派遣10名员工为某项目在中国境内工作3天，这些员工在中国境内的工作时间为3天，而不是按每人3天共30天来计算。

(3) 如果同一个项目历经数年，新加坡企业只在某一个“十二个月”期间派雇员来中国境内提供劳务超过183天，而在其他期间内派人到中国境内提供劳务未超过183天，仍应判定该企业在中国构成常设机构。常设机构是针对该企业在中国境内为整个项目提供的所有劳务而言，而不是针对某一个“十二个月”期间内提供的劳务。所以，在整个项目进行中，如果新加坡企业于其中一个“十二个月”期间在中国境内提供劳务超过183天，则应认为该企业在中国构成常设机构。

5. 如果新加坡企业在向中国客户转让专有技术使用权的同时，也委派人员到中国境内为该项技术的使用提供有关支持、指导等服务并收取服务费，无论其服务费是单独收取还是包括在技术价款中，该服务费均应视为特许权使用费，适用协定第十二条特许权使用费条款的规定。但如果上述人员提供的服务是通过该新加坡企业设在中国的某固定场所进行的或通过其他场所进行，但服务时间达到协定规定构成常设机构的时间标准的，按本款规定，则构成了常设机构，对归属于常设机构部分的服务所得应执行协定第七条的规定。

四、第四款是对第一款常设机构的定义范围作出的例外规定，即缔约国一方企业在缔约国另一方仅由于仓储、展览、采购及信息收集等活动的目的设立的具有准备性或辅助性的固定场所，不应被认定为常设机构。从事“准备性或辅助性”活动的场所通常具备以下特点：一是该场所不独立从事经营活动，并其活动也不构成企业整体活动基本的或重要的组成部分；二是该场所进行第四款列举的活动时，仅为本企业服务，不为其他企业服务；三是其职责限于事务性服务，且不起直接营利作用。

有些情况下，一些机构场所形式上符合本款的规定，但从其业务实质看仍应认定为常设机构。例如：

(一) 某新加坡企业的主营业务是为客户提供采购服务并收取服务费，该企业在中国设立办事处，为其在中国进行采购活动。这种情况下，该中国办事处的采购活动看似属于本款第（四）项所说的“专为本企业采购货物或商品”的范围，但由于该办事处业务性质与新加坡企业总部的业务性质完全相同，所以该办事处的活动不是准备性或辅助性的。

(二) 某新加坡企业在中国境内设立固定场所，维修、保养该企业销售给中国客户的机器设备，或专为中国客户提供零配件。这种情况下，因其从事的活动是企业总部为客户服务的基本及重要组成部分，所以该固定场所的活动不是准备性或辅助性的。

（三）某新加坡企业在中国设立从事宣传活动的办事处，该办事处不仅为本企业进行业务宣传，同时也为其他企业进行业务宣传。这种情况下，该办事处的活动不是准备性或辅助性的。

此外，如果某固定场所既从事第四款规定的不构成常设机构的活动，也从事构成常设机构的活动，则应视其构成常设机构，并对这两项营业活动的所得合并征税。例如，企业用于交付货物的仓库同时也兼营商品销售，应判定为常设机构并征税。

五、第五款规定，缔约国一方企业通过代理人在另一方进行活动，如果代理人有权并经常行使这种权力以该企业的名义签订合同，则该企业在缔约国另一方构成常设机构。执行时应从如下几个方面理解：

（一）其活动使一方企业在另一方构成常设机构的代理人，通常被称为"非独立代理人"。非独立代理人可以是个人，也可以是办事处、公司或其他任何形式的组织，不一定被企业正式授予代表权，也不一定是企业的雇员或部门。此外，非独立代理人不一定是代理活动所在国家的居民，也不一定在该国拥有营业场所。

（二）对"以该企业的名义签订合同"应做广义理解，包括不是以企业名义签订合同，但其所签合同仍对企业具有约束力的情形。"签订"不仅指合同的签署行为本身，也包括代理人有权代表被代理企业参与合同谈判，商定合同条文等。

（三）本款所称"合同"是指与被代理企业经营活动本身相关的业务合同。如果代理人有权签订的是仅涉及企业内部事务的合同，例如，以企业名义聘用员工以协助代理人为企业工作等，则不能仅凭此认定其构成企业的常设机构。

（四）对于"经常"一语并无精确统一的标准，要结合合同性质、企业的业务性质以及代理人相关活动的频率等综合判断。在某些情况下，企业的业务性质决定了其交易数量不大，但合同签订的相关工作却要花费大量时间，如飞机、巨型轮船或其他高价值商品的销售。如果代理人为这类企业在一国境内寻找买商、参与销售谈判等，即使该人仅代表企业签订了一单销售合同，也应认为该代理人满足"经常"标准，构成企业的非独立代理人。

（五）所谓"行使"权力应以实质重于形式的原则来理解。如果代理人在该缔约国另一方进行合同细节谈判等各项与合同签订相关的活动，且对企业有约束力，即使该合同最终由其他人在企业所在国或其他国家签订，也应认为该代理人在该缔约国另一方行使合同签署权力。

（六）如果代理人在缔约国另一方的活动仅限于本条第四款的准备性或辅助性范围，则不构成企业的非独立代理人（或常设机构）。

（七）判断一方企业是否通过非独立代理人在另一方构成常设机构时，不受本条第三款关于时间要求的限制。

六、并不是所有代理人进行第五款规定的活动都将使其构成代理企业的常设机构，第六款规定的独立代理人即为例外。第六款规定，缔约国一方企业通过代理人在缔约国另一方进行营业时，如果该代理人是专门从事代理业务的，则不应因此视其代理的企业在缔约国另一方构成常设机构。这类专门从事代理业务的代理人一般称做独立代理人，其不仅为某一个企业代理业务，也为其他企业提供代理服务。经纪人、中间商等一般佣金代理人等属于独立代理人。

虽有此款规定，为防止独立代理人条款被滥用（比如，某些企业自身的代理人自称为独立代理人以避免构成常设机构），协定执行中要对代理人身份或代理人地位是否独立进行判定。如果代理人的活动全部或几乎全部代表被代理企业，并且该代理人和企业之间在商业和财务上有密切及依附关系，则不应认定该代理人为本款所指的独立代理人。

代理人的活动同时符合下列两个条件的，才属于本款规定的独立代理人，即不构成被代理企业的常设机构。

（一）该代理人在法律上和经济上独立于被代理企业。在判定独立性时，可考虑如下几个因素：

1. 代理人商务活动的自由度。如果代理人在被代理企业的具体指导和全面控制下为企业进行商务活动，而不是自行决定工作方式，那么该代理人一般不具有独立地位。

2. 代理人商务活动的风险由谁承担。如果由被代理企业承担而非由代理人承担，则该代理人一般不能被认为具有独立地位。

3. 代理人代表的企业的数量。如果在相当长一段经营期或时间内，代理人全部或几乎全部仅为一家企业进行活动，该代理人很可能不是独立代理人。

4. 被代理企业对代理人专业知识的依赖程度。一般来说，独立代理人具备独立从事商务活动的专门知识或技术，不需要依赖企业的帮助。相反，被代理企业通常借助代理人的专门知识或技术扩展自己的业务或推销自己的产品，等。

（二）独立代理人在代表企业进行活动时，一般按照常规进行自身业务活动，不从事其他经济上归属于被代理企业的活动。例如，某销售代理人以自己的名义出售某企业的货物或商品，这一行为是销售代理人的常规经营业务。如果该销售代理人在从事上述活动的同时，还经常作为企业的有权签约的代理人进行活动，那么因为这些活动已在自身贸易或营业常规之外，代理人将被视为被代理企业的非独立代理人而构成企业的常设机构。

七、根据第七款的规定，母公司通过投资设立子公司，拥有子公司的股权等形成的控制或被控制关系，不会使子公司构成母公司的常设机构。从税收角度看，子公司本身是一个独立的法人实体，即使它在业务上受母公司管理，也不应仅凭此而被视为母公司的常设机构。

但是，由于母子公司之间的特殊关系，现实经济活动中，母子公司之间常存在较为复杂的跨境人员及业务往来。这种情况下，母公司在子公司的活动是否导致母公司在子公司所在国构成常设机构，应从以下几个方面掌握：

（一）应子公司要求，由母公司派人员到子公司为子公司工作，这些人员受雇于子公司，子公司对其工作有指挥权，工作责任及风险与母公司无关，由子公司承担，那么，这些人员的活动不导致母公司在子公司所在国构成常设机构。此种情况下，子公司向此类人员支付的费用，不论是直接支付还是通过母公司转支付，都应视为子公司内部人员收入分配，对支付的人员费用予以列支，其所支付的人员费用应为个人所得，按子公司所在国有关个人所得税法相关规定，以及协定第十五条的有关规定征收个人所得税。

（二）母公司派人员到子公司为母公司工作时，应按本条第一款或第三款的规定判断母公司是否在子公司所在国构成常设机构。符合下列标准之一时，可判断这些人员为母公司工作：

1. 母公司对上述人员的工作拥有指挥权，并承担风险和责任；

2. 被派往子公司工作的人员的数量和标准由母公司决定；

3. 上述人员的工资由母公司负担；

4. 母公司因派人员到子公司从事活动而从子公司获取利润。

此种情况下，母公司向子公司收取有关服务费时，应按独立企业公平交易原则，确认母子公司上述费用的合理性后，再对子公司上述费用予以列支。如果上述活动使母公司在子公司所在国构成常设机构，则该子公司所在国可按本协定第七条的规定，对母公司向子公司收取的费用征收企业所得税。

（三）子公司有权并经常以母公司名义签订合同，符合上述第五款关于“非独立代理人”有关条件的，子公司构成母公司的常设机构。

31. 营业利润

税收协定规定，只有在构成常设机构的情况下，来源国才有权对营业利润征税。因此营业利润条款是与“常设机构”密切相关的条款。“常设机构”条款主要起界定作用，明确哪些活动在何种情况下构成“常设机构”，从而确定来源国拥有对该“常设机构”的征税权。而“营业利润”条款是指一旦构成“常设机构”，企业从事跨国经营产生的利润如何在国家间划分征税权。

要注意常设机构优先原则，除营业利润外，当其他所得与常设机构有实际联系时，应将有关的部分所得归属于常设机构征税，余下所得再按照其他条款处理。

【适用主体】

通过设在缔约对方国家（地区）的常设机构取得营业利润所得的居民企业。

【协定规定】

缔约国一方企业的利润应仅在该国征税，但该企业通过设在缔约国另一方的常设机构进行营业的除外。如果该企业通过在缔约国另一方的常设机构进行营业，其利润可以在另一国征税，但应仅以归属于该常设机构的利润为限。

【适用条件】

我国居民企业在缔约对方国家（地区）设立常设机构进行营业，归属于该常设机构的利润，在缔约对方国家（地区）按照营业利润纳税。

【情景问答】

（1）问：我公司到新加坡开展业务，由于持续时间较长，在新加坡构成了常设机构需要在当地交税，请问我们该怎么交税？

答：中国企业在新加坡境内构成常设机构，新加坡对该常设机构取得的利润拥有征税权，但应仅以归属于该常设机构的利润为限。这里所称的“归属于该常设机构的利润”不仅包括该常设机构取得的来源于新加坡境内的利润，还包括其在新加坡境外取得的与该常设机构有实际联系的各类所得，包括股息、利息、租金和特许权使用费等所得。这里所说实际联系一般是指对股份、债权、知识产权、设备及相关活动等具有直接拥有或实际经营管理等关系。

（2）问：我公司在境外开展业务，被境外税务机关判定为在该国构成常设机构，并被要求就该常设机构取得的利润缴税，鉴于我公司在境外未进行独立核算，计划将企业总体利润的一定比例分配给境外常设机构，请问此做法合规吗？

答：我国对外签订的税收协定通常规定，企业可以按照此种分配方法确定其境外常设机构的应税利润，但采用该分配方法所得到的结果，应与独立企业交易原则相一致。

“独立原则”，是指要将常设机构作为一个独立的纳税实体对待，常设机构不论是与其总机构的营业往来，还是与该企业其他常设机构之间的营业往来，都应按公平交易原则，以公平市场价格为依据计算归属于该常设机构的利润。

需要注意的是：我国与土耳其签订的税收协定第七条中无此项规定。我国与马来西亚、澳大利亚的税收协定规定，如果得到的情报不足以确定归属利润，一方有权按国内法执行，但在情报允许的情况下，按协定原则执行。

【政策依据】

（1）《中华人民共和国企业所得税法》（中华人民共和国主席令第 64 号）第二条（略，见文件 30 -1）

（2）《中华人民共和国企业所得税法实施条例》（中华人民共和国国务院令第 512 号）第三条、第四条（略，见文件 30 -2）

（3）中华人民共和国政府对外签署的避免双重征税协定（含与香港、澳门特别行政区签署的税收安排）（编者略）

（4）《国家税务总局关于印发〈中华人民共和国政府和新加坡共和国政府关于对所得避免双重征税和防止偷漏税的协定及议定书条文解释〉的通知》（国税发〔2010〕75 号）第七条第二款

政策链接

31 -1 《国家税务总局关于印发〈中华人民共和国政府和新加坡共和国政府关于对所得避免双重征税和防止偷漏税的协定及议定书条文解释〉的通知》第七条第二款

2010 年 7 月 26 日　国税发〔2010〕75 号

二、协定并没有明确规定计算营业利润的具体方法，只是规定了在计算时应遵守的若干原则。第二款就确立了独立企业原则，即对常设机构要作为一个独立的纳税实体对待，常设机构不论是同其总机构的营业往来，还是同该企业的其他常设机构之间的营业往来，都应按公平交易原则，以公平市场价格为依据计算归属于该常设机构的利润。

32. 国际运输

我国对外签订的税收协定中，除与美国的协定外，都有海运和空运等涉及国际运输的条款。海运和空运一般为税收协定的第八条，共两款，分别规定了对国际运输所得的征税和国际合作形式下国际运输所得的税收处理。

我国签订的大多数税收协定对国际运输所得采用居民国独占征税权原则和总机构或实际管理机构所在国独占征税权原则，少部分采用来源国拥有部分征税权原则。

【适用主体】

以船舶或飞机从事国际运输业务取得收入的居民企业。

【协定规定】

我国对外签订的税收协定，一般表述为：“缔约国一方企业以船舶或飞机经营国际运输业务取得的利润，应仅在该缔约国征税。”部分税收协定采用总机构所在国独占征税权原则，部分税收协定采用实际管理机构所在国独占征税权原则，部分则采用总机构或实际管理机构所在国独占征税权原则。

采用总机构所在国独占征税权原则的税收协定，本条第一款一般表述为：“以船舶或飞机经营国际运输业务所取得的利润，应仅在企业总机构所在缔约国征税”，并且通常增加第二款母港确定规则：“船运企业的总机构设在船舶上的，应以船舶母港所在缔约国为所在国；没有母港的，以船舶经营者为其居民的缔约国为所在国。”需要说明的是，我国与比利时的协定虽然对国际运输所得也采用总机构所在国独占征税权原则，并且使用上述一般表述，但却没有母港确定规则。

采用实际管理机构所在国独占征税权原则的协定，本条第一款一般表述为：“以船舶或飞机经营国际运输的利润，应仅在企业实际管理机构所在缔约国征税”，并且通常增加第二款母港确定规则，一般表述为：“船运企业的实际管理机构设在船舶上的，应以船舶母港所在缔约国为所在国；没有母港的，以船舶经营者为其居民的缔约国为所在国。”

采用总机构或实际管理机构所在国独占征税权原则的协定，本条第一款一般表述为：“以船舶或飞机经营国际运输业务所取得的利润，应仅在企业总机构或实际管理机构所在缔约国征税”，并且通常增加第二款母港确定规则：“船运企业的总机构或实际管理机构设在船舶上的，应以船舶母港所在缔约国为所在国；没有母港的，以船舶经营者为其居民的缔约国为所在国。”

需要注意的是，虽然我国签订的大部分税收协定都规定国际运输所得适用的税种是所得税，但我国与部分国家的税收协定及议定书，或者其他协议、换函中也涉及间接税。

【适用条件】

以船舶或飞机经营，取得属于税收协定或其他协议、换函规定的国际运输收入的居民企业。

【情景问答】

问：我公司用汽车或火车将货物运至塔吉克斯坦算不算税收协定中的国际运输？

答：我国与少数国家（地区）的税收协定（安排）中，国际运输所得的范围还包括以船舶或飞机以外的其他方式经营国际运输业务所取得的收入，其中与土耳其、哈萨克斯坦、吉尔吉斯斯坦、蒙古、香港、澳门的税收协定（安排）中，国际运输方式包括陆运车辆；与乌兹别克斯坦、土库曼斯坦、老挝的税收协定中包括公路车辆；与塔吉克斯坦的税收协定则包括公路或铁路车辆。

【政策依据】

（1）《中华人民共和国企业所得税法》（中华人民共和国主席令第64号）第二条（略，见文件30－1）

（2）《中华人民共和国企业所得税法实施条例》（中华人民共和国国务院令第512号）第三条、第四条（略，见文件30－2）

（3）中华人民共和国政府对外签署的避免双重征税协定（含与香港、澳门特别行政区签署的税收安排）（编者略）

33. 股息优惠税率

我国签订的税收协定中明确了我国和来源国对股息都有征税权，来源国即指分配股息的公司所在国。一般而言，来源国基于税收协定对股息收入实行限制性税率（具体税率与持股比例相关，一般低于来源国国内税法规定的税率）。

取得股息的人在具有该所得受益所有人身份的情况下，才能在来源国享受协定规定的优惠税率，否则将按来源国的国内法进行征税。“受益所有人”是指对所得和所得据以产生的权利或财产具有所有权和支配权的人，一般从事实质性的经营活动，可以是个人、公司或其他任何团体。在判定“受益所有人”身份时，应按照实质重于形式的原则，结合具体的实际情况，在综合考虑各种相关因素的基础上，进行分析判断。

需要注意的是，对所支付的股息同常设机构有实际联系的不适用股息条款，而应按营业利润处理。

【适用主体】

从缔约对方国家（地区）取得股息所得的我国居民。

【协定规定】

股息条款一般表述为："如果该项股息的受益所有人是缔约国另一方居民，则所征税款不应超过股息总额的____%。"我国与其他国家或地区所签订税收协定的股息限制税率存在差异，部分协定税率见表33－1。

表33－1　税收协定股息条款部分协定税率速查

序号	国家（地区）名称	税种	协定税率（%）	适用条件
1	埃及	个人所得税	8	
		企业所得税	8	
2	澳门	个人所得税	10	
		企业所得税	5	持股25%以上，合伙企业除外
3	巴林	个人所得税	10	
4	巴西	个人所得税	15	
5	冰岛	个人所得税	10	
		企业所得税	5	持股25%以上，合伙企业除外
6	波黑	个人所得税	10	
7	波兰	个人所得税	10	
8	丹麦	个人所得税	10	
		企业所得税	5	持股25%以上，合伙企业除外
9	德国	个人所得税	10	
		企业所得税	5	持股25%以上，合伙企业除外
10	法国	个人所得税	10	
		企业所得税	5	持股25%以上，合伙企业除外
11	芬兰	个人所得税	10	
		企业所得税	5	持股25%以上，合伙企业除外
12	古巴	个人所得税	10	
		企业所得税	5	持股25%以上，合伙企业除外

续表

序号	国家（地区）名称	税种	协定税率（%）	适用条件
13	韩国	个人所得税	10	
		企业所得税	5	持股 25% 以上，合伙企业除外
14	荷兰	个人所得税	10	
		企业所得税	5	持股 25% 以上，合伙企业除外
15	黑山	个人所得税	5	
16	捷克	个人所得税	10	
		企业所得税	5	持股 25% 以上，合伙企业除外
17	老挝	个人所得税	5	
		企业所得税	5	
18	美国	个人所得税	10	
19	蒙古	个人所得税	5	
		企业所得税	5	
20	南非	个人所得税	5	
		企业所得税	5	
21	挪威	个人所得税	15	
22	日本	个人所得税	10	
23	瑞典	个人所得税	10	
		企业所得税	5	持股 25% 以上，合伙企业除外
24	瑞士	个人所得税	10	
		企业所得税	0	（1）政府、政府机构；（2）税收协定缔约对方政府直接或间接全部拥有资本的其他实体
			5	持股 25% 以上，合伙企业除外
25	苏丹	个人所得税	5	
		企业所得税	5	
26	台湾	个人所得税	10	
		企业所得税	5	持股 25% 以上，公司
27	泰国	个人所得税	20	备注：不享受协定
28	文莱	个人所得税	5	
		企业所得税	5	
29	希腊	个人所得税	10	
		企业所得税	5	持股 25% 以上，合伙企业除外

续表

序号	国家（地区）名称	税种	协定税率（%）	适用条件
30	香港	个人所得税	10	
		企业所得税	5	持股25%以上，合伙企业除外
31	伊朗	个人所得税	10	
32	印度	个人所得税	10	
33	英国	个人所得税	10	
		企业所得税	0	（1）政府、政府机构；（2）税收协定缔约对方政府直接或间接全部拥有资本的其他实体
			5	持股25%以上，合伙企业除外
34	越南	个人所得税	10	
35	智利	个人所得税	10	
36	阿联酋	个人所得税	7	
		企业所得税	0	（1）政府、政府机构；（2）税收协定缔约对方政府直接或间接全部拥有资本的其他实体；（3）税收协定缔约对方政府直接或间接拥有至少20%股份的缔约对方居民公司
			7	其他
37	爱尔兰	个人所得税	10	
		企业所得税	5	持股25%以上，合伙企业除外
38	奥地利	个人所得税	10	
		企业所得税	7	持股25%以上
39	比利时	个人所得税	10	
		企业所得税	5	持股25%以上，合伙企业除外
40	俄罗斯	个人所得税	10	
41	菲律宾	个人所得税	15	
42	加拿大	个人所得税	15	
43	卡塔尔	个人所得税	10	
44	科威特	个人所得税	5	
		企业所得税	0	（1）政府、政府机构；（2）税收协定缔约对方政府直接或间接拥有至少20%股份的缔约对方居民公司；（3）税收协定缔约对方政府直接或间接全部拥有资本的其他实体
			5	其他
45	立陶宛	个人所得税	10	
		企业所得税	5	持股25%以上，合伙企业除外

续表

序号	国家（地区）名称	税种	协定税率（%）	适用条件
46	卢森堡	个人所得税	10	
		企业所得税	5	持股25%以上，合伙企业除外
47	马耳他	个人所得税	10	
		企业所得税	5	持股25%以上，合伙企业除外
48	马其顿	个人所得税	5	
		企业所得税	5	
49	摩洛哥	个人所得税	10	
50	墨西哥	个人所得税	5	
		企业所得税	5	
51	尼泊尔	个人所得税	10	
52	葡萄牙	个人所得税	10	
53	塞舌尔	个人所得税	5	
		企业所得税	5	
54	突尼斯	个人所得税	8	
		企业所得税	8	
55	土耳其	个人所得税	10	
56	乌干达	个人所得税	7.5	
		企业所得税	7.5	
57	乌克兰	个人所得税	10	
		企业所得税	5	持股25%以上，合伙企业除外
58	西班牙	个人所得税	10	
59	新加坡	个人所得税	10	
		企业所得税	5	持股25%以上，合伙企业除外
60	新西兰	个人所得税	15	
61	匈牙利	个人所得税	10	
62	叙利亚	个人所得税	10	
		企业所得税	5	持股25%以上，合伙企业除外
63	牙买加	个人所得税	5	
		企业所得税	5	
64	以色列	个人所得税	10	
65	意大利	个人所得税	10	

续表

序号	国家（地区）名称	税种	协定税率（%）	适用条件
66	赞比亚	个人所得税	5	
		企业所得税	5	
67	阿曼	个人所得税	5	
		企业所得税	5	
68	阿塞拜疆	个人所得税	10	
69	爱沙尼亚	个人所得税	10	
		企业所得税	5	持股25%以上，合伙企业除外
70	澳大利亚	个人所得税	15	
71	巴巴多斯	个人所得税	10	
		企业所得税	5	持股25%以上，合伙企业除外
72	巴基斯坦	个人所得税	10	
73	白俄罗斯	个人所得税	10	
74	保加利亚	个人所得税	10	
75	博茨瓦纳	个人所得税	5	
		企业所得税	5	
76	厄瓜多尔	个人所得税	5	
		企业所得税	5	
77	格鲁吉亚	个人所得税	0	直接或间接持股50%以上，并在分配股息的公司投资超过200万欧元
			5	直接或间接持股10%以上，并在分配股息的公司投资超过10万欧元
			10	其他
		企业所得税	0	直接或间接持股50%以上，并在分配股息的公司投资超过200万欧元
			5	直接或间接持股10%以上，并在分配股息的公司投资超过10万欧元
78	津巴布韦	个人所得税	7.5	
		企业所得税	2.5	直接或间接持股25%以上，公司
			7.5	其他
79	克罗地亚	个人所得税	5	
		企业所得税	5	
80	拉脱维亚	个人所得税	10	
		企业所得税	5	持股25%以上，合伙企业除外
81	罗马尼亚	个人所得税	10	

续表

序号	国家（地区）名称	税种	协定税率（%）	适用条件
82	马来西亚	个人所得税	10	
83	毛里求斯	个人所得税	5	
		企业所得税	5	
84	孟加拉国	个人所得税	10	
85	摩尔多瓦	个人所得税	10	
		企业所得税	5	持股25%以上，合伙企业除外
86	尼日利亚	个人所得税	7.5	
		企业所得税	7.5	
87	塞尔维亚	个人所得税	5	
		企业所得税	5	
88	塞浦路斯	个人所得税	10	
89	斯里兰卡	个人所得税	10	
90	斯洛伐克	个人所得税	10	
91	委内瑞拉	个人所得税	10	
		企业所得税	5	持股10%以上，合伙企业除外
92	亚美尼亚	个人所得税	10	
		企业所得税	5	持股25%以上，合伙企业除外
93	阿尔巴尼亚	个人所得税	10	
94	阿尔及利亚	个人所得税	10	
		企业所得税	5	持股25%以上，合伙企业除外
95	埃塞俄比亚	个人所得税	5	
		企业所得税	5	
96	哈萨克斯坦	个人所得税	10	
97	沙特阿拉伯	个人所得税	5	
		企业所得税	0	（1）政府、政府机构；（2）税收协定缔约对方政府直接或间接全部拥有资本的其他实体
			5	其他
98	斯洛文尼亚	个人所得税	5	
		企业所得税	5	
99	塔吉克斯坦	个人所得税	10	
		企业所得税	5	持股25%以上，合伙企业除外

续表

序号	国家（地区）名称	税种	协定税率（%）	适用条件
100	土库曼斯坦	个人所得税	10	
		企业所得税	5	持股25%以上，合伙企业除外
101	印度尼西亚	个人所得税	10	
102	吉尔吉斯斯坦	个人所得税	10	
103	乌兹别克斯坦	个人所得税	10	
104	巴布亚新几内亚	个人所得税	15	
105	特立尼达和多巴哥	个人所得税	10	
		企业所得税	5	持股25%以上，合伙企业除外

注：1. 速查信息仅供参考，详细情况以税收协定文本规定为准；

2. 本表中企业所得税协定税率仅列出<10%栏次。

【适用条件】

从缔约对方国家（地区）取得股息所得、符合税收协定股息条款有关持股比例等特定要求。

【情景问答】

问：中新税收协定中对于股息有5%、10%两档税率，我们在新加坡设立了一家公司，股息分回时是否可以享受5%的优惠税率？

答：只有在满足一定条件的情况下才可以享受5%的优惠税率。根据中国和新加坡签订的税收协定，如果直接拥有新加坡居民公司资本比例在取得股息前连续十二个月以内任何时候均达到至少25%的，且你公司为股息的受益所有人时，可以享受5%的优惠税率。

【政策依据】

（1）《中华人民共和国企业所得税法》（中华人民共和国主席令第64号）第二条（略，见文件30－1）

（2）《中华人民共和国企业所得税法实施条例》（中华人民共和国国务院令第512号）第三条、第四条（略，见文件30－2）

（3）中华人民共和国政府对外签署的避免双重征税协定（含与香港、澳门特别行政区签署的税收安排）（编者略）

（4）《国家税务总局关于印发〈中华人民共和国政府和新加坡共和国政府关于对所得避免双重征税和防止偷漏税的协定及议定书条文解释〉的通知》

（国税发〔2010〕75 号）第十条第二款

政策链接

33－1 《国家税务总局关于印发〈中华人民共和国政府和新加坡共和国政府关于对所得避免双重征税和防止偷漏税的协定及议定书条文解释〉的通知》第十条第二款

2010 年 7 月 26 日　国税发〔2010〕75 号

二、第二款为股息的来源国即支付股息的公司为其居民的国家保留了征税权。但是，这种征税权受到限制。即来源国仅能就股息征收一定比例的税收。具体为：在股息受益所有人是公司，并直接拥有支付股息公司至少 25% 资本的情况下，

限制税率为 5%；其他情况下，限制税率为 10%。执行该款时应注意：

（一）判定受益所有人拥有公司资本的比例通常可视其在公司的出资份额情况。一般情况下，出资份额体现为在注册资本中所占份额。此外，当向公司以提供贷款或其他形式的出资产生的所得，已按规定（如防止资本弱化的规则）被当作股息处理时，这种贷款或出资也将被视为“资本”。

（二）按照本款规定，享受 5% 税率的股息限于直接拥有资本比例达到 25% 以上的情形。即符合此低税率的股息应属于符合条件的受益所有人拥有资本比例达到 25% 以上的期间的利润所形成的股息。但在准确跟踪和计算时，可能会涉及以往多年且频繁变化情况（特别是对于上市公司），执行难度较大。为此，从企业分配年度利润的一般情况考虑，税务总局以《国家税务总局关于执行税收协定股息条款有关问题的通知》（国税函〔2009〕81 号）规定，非居民直接拥有中国居民公司资本比例在取得股息前连续十二个月以内任何时候均至少达到 25% 的，可以享受该协定待遇。如分配的股息涉及十二个月以前的企业未分配利润，则不再考虑股息受益所有人在所分配利润所属年度的持股比例是否满足要求。据此，如新加坡居民直接拥有中国居民公司资本比例在取得股息前连续十二个月以内任何时候均达到至少 25% 的，可以享受该协定待遇。这里“取得股息”的日期是指按照国内法规定该项股息在中国发生纳税义务或扣缴义务的日期。

（三）只有受益所有人为公司，且符合上述条件的，才能适用 5% 的限制税率；受益所有人为个人或其他主体的，仍适用 10% 的限制税率。

关于受益所有人的理解与判断，按照《国家税务总局关于如何理解和认定税收协定中“受益所有人”的通知》（国税函〔2009〕601 号）的规定执行。

34. 股息免税

我国签订的税收协定中，对于个别国家，来源国放弃股息收入征税权，即我国居民取得的股息收入享受协定免税待遇。

在适用股息条款时，存在受益所有人的问题。当股息收入的居民符合协定关于“受益所有人”的规定，并满足一定条件时，来源国才会放弃对该股息所得的征税权。

【适用主体】

从特定缔约对方国家（地区）取得股息所得的居民。

【协定规定】

我国与科威特、阿联酋签订的税收协定规定：“虽有第一款和第二款的规定，由缔约国一方居民公司支付给缔约国另一方居民的股息，应仅在该缔约国另一方征税，如果该项股息的受益所有人是：（一）缔约国另一方政府、其政府机构、或为该缔约国另一方政府直接或间接全部拥有的其他实体；或（二）由该缔约国另一方政府直接或间接拥有至少 20% 股份的该缔约国另一方居民公司。”

我国与沙特阿拉伯签订的税收协定规定：“虽有第一款和第二款的规定，如果股息的受益所有人是缔约国另一方政府、其所属机构或其直接或间接完全拥有的其他实体，缔约国一方的居民公司支付给缔约国另一方居民的股息仅应在该缔约国另一方征税。”

我国与英国签订的税收协定规定：“虽有第一款和第二款的规定，由缔约国一方居民公司支付给缔约国另一方居民的股息，如果受益所有人是缔约国另一方政府及其机构，或者是缔约国另一方政府直接或间接全资所有的其他实体，应仅在该缔约国另一方征税。”

我国与格鲁吉亚签订的税收协定规定：“如果该受益所有人直接或间接拥有支付股息公司至少百分之五十股份，并在该公司投资超过 200 万欧元，为股息总额的百分之零。”

【适用条件】

从科威特、阿联酋、沙特阿拉伯、英国或格鲁吉亚取得股息所得并符合我国与上述五国签订的税收协定股息条款相关规定。

【情景问答】

问：我公司完全为政府拥有，在沙特阿拉伯设立了全资子公司，投资总额达到300万欧元，现子公司拟分配利润，请问我公司取得来自沙特阿拉伯的股息需要在当地缴税吗？

答：根据我国与沙特阿拉伯的税收协定，如果你公司完全为政府拥有，且属于该股息的受益所有人，在沙特阿拉伯当地不需要缴税。

【政策依据】

（1）《中华人民共和国企业所得税法》（中华人民共和国主席令第64号）第二条（略，见文件30－1）

（2）《中华人民共和国企业所得税法实施条例》（中华人民共和国国务院令第512号）第三条、第四条（略，见文件30－2）

（3）中华人民共和国政府对外签署的避免双重征税协定（含与香港、澳门特别行政区签署的税收安排）（编者略）

35. 利息预提所得税优惠税率

我国已签税收协定或安排中的利息条款通常表述为："利息"一语是指从各种债权取得的所得，不论其有无抵押担保或者是否有权分享债务人的利润；特别是从公债、债券或者信用债券取得的所得，包括其溢价和奖金。由于延期支付的罚款，不应视为本条所规定的利息。

一般而言，来源国基于税收协定对利息收入实行限制性税率。

需要注意的是，对所支付的利息同常设机构有实际联系的不适用利息条款，而应按营业利润处理。

在适用利息条款时，同样存在受益所有人的问题。来源国没有义务仅因利息所得是由与其缔约的另一方国家的某个居民所直接接受而放弃对该利息所得的征税权。

【适用主体】

从缔约对方国家（地区）取得利息所得的居民。

【协定规定】

利息条款一般表述为："如果收款人是该利息受益所有人，则所征税款不应超过利息总额的____%。”

关于利息税收协定还存在特殊规定，如部分国家（地区）体现为对税基进行限制，如奥地利支付给我国银行或金融机构的利息，应仅按该利息总额的百分之七十征税。

我国与部分国家（地区）签订的税收协定中对利息来源国的限制税率存在差异，部分协定税率见表35－1。

表35－1　税收协定利息条款部分协定税率速查

序号	国家（地区）名称	税种	协定税率（%）	适用条件
1	阿曼	个人所得税	10	
		企业所得税	0	（1）政府、行政区、地方当局；（2）中央银行；（3）阿曼中央银行、国家总储备基金、阿曼发展银行
2	埃及	个人所得税	0	由税收协定缔约对方符合条件的政府或机构间接提供资金
			10	其他
		企业所得税	0	（1）政府、行政区、地方当局；（2）中央银行；（3）完全为政府所有的金融机构；（4）由税收协定缔约对方符合条件的政府或机构间接提供资金
3	澳门	个人所得税	0	由税收协定缔约对方符合条件的政府或机构间接提供资金
			7	其他
		企业所得税	0	（1）政府、行政区、地方当局；（2）完全为政府所有的金融机构；（3）由税收协定缔约对方符合条件的政府或机构间接提供资金；（4）澳门金融管理局、退休基金会、社会保障基金
			7	其他
4	巴林	个人所得税	0	由税收协定缔约对方符合条件的政府或机构间接提供资金
			10	其他
		企业所得税	0	（1）政府、行政区、地方当局；（2）中央银行；（3）完全为政府所有的金融机构；（4）由税收协定缔约对方符合条件的政府或机构间接提供资金
5	巴西	个人所得税	15	
		企业所得税	0	（1）政府、行政区、地方当局；（2）中央银行；（3）完全为政府所有的金融机构

续表

序号	国家（地区）名称	税种	协定税率（%）	适用条件
6	冰岛	个人所得税	10	
		企业所得税	0	冰岛政府、冰岛中央银行、工业贷款基金、工业开发基金
7	波黑	个人所得税	10	
8	波兰	个人所得税	0	由税收协定缔约对方符合条件的政府或机构间接提供资金
			10	其他
		企业所得税	0	（1）政府、行政区、地方当局；（2）中央银行；（3）完全为政府所有的金融机构；（4）由税收协定缔约对方符合条件的政府或机构间接提供资金
9	丹麦	个人所得税	0	（1）由税收协定缔约对方符合条件的政府或机构间接提供资金；（2）由税收协定缔约对方符合条件的政府或机构提供担保；（3）由税收协定缔约对方符合条件的政府或机构提供保险
			10	其他
		企业所得税	0	（1）政府、行政区、地方当局；（2）中央银行；（3）丹麦国家银行、发展中国家工业化基金、丹麦出口信用基金、丹麦成长基金；（4）由税收协定缔约对方符合条件的政府或机构间接提供资金；（5）由税收协定缔约对方符合条件的政府或机构提供担保；（6）由税收协定缔约对方符合条件的政府或机构提供保险
10	德国	个人所得税	0	由赫尔梅斯担保公司直接担保或提供的贷款
			10	其他
		企业所得税	0	（1）德意志联邦共和国政府；（2）德意志联邦银行、重建供求银行、德国在发展中国家投资金融公司；（3）由赫尔梅斯担保公司直接担保或提供的贷款
11	法国	个人所得税	0	因对外贸易公共援助框架内由法国政府直接或间接提供资金或资助，或由法国对外贸易保险公司担保或保险，而提供的贷款
			10	其他
		企业所得税	0	（1）法国政府或其地方当局；（2）法兰西银行、法国国家投资银行、储蓄信托局；（3）因对外贸易公共援助框架内由法国政府直接或间接提供资金或资助，或由法国对外贸易保险公司担保或保险，而提供的贷款

续表

序号	国家（地区）名称	税种	协定税率（%）	适用条件
12	芬兰	个人所得税	0	(1) 由税收协定缔约对方符合条件的政府或机构提供担保；(2) 由税收协定缔约对方符合条件的政府或机构提供保险
			10	其他
		企业所得税	0	(1) 政府、行政区、地方当局；(2) 中央银行；(3) 芬兰工业合作基金、芬维拉公司、芬兰出口信用公共有限公司；(4) 由税收协定缔约对方符合条件的政府或机构提供担保；(5) 由税收协定缔约对方符合条件的政府或机构提供保险
13	古巴	个人所得税	0	由税收协定缔约对方符合条件的政府或机构间接提供资金
			7.5	
		企业所得税	0	(1) 政府、行政区、地方当局；(2) 中央银行；(3) 完全为政府所有的金融机构；(4) 由税收协定缔约对方符合条件的政府或机构间接提供资金
			7.5	其他
14	韩国	个人所得税	0	(1) 由税收协定缔约对方符合条件的政府或机构间接提供资金；(2) 由税收协定缔约对方符合条件的政府或机构提供担保
			10	其他
		企业所得税	0	(1) 政府、行政区、地方当局；(2) 韩国银行、韩国产业银行、韩国进出口银行、韩国投资公司、韩国贸易保险公司、韩国贸易保险公社、韩国金融监督院、韩国金融公司、韩国政策金融公社；(3) 由税收协定缔约对方符合条件的政府或机构间接提供资金；(4) 由税收协定缔约对方符合条件的政府或机构提供担保
15	荷兰	个人所得税	0	(1) 荷兰政府或其地方当局、中央银行、荷兰发展中国家金融公司、荷兰发展中国家投资银行担保的贷款；(2) 荷兰政府或其地方当局、中央银行、荷兰发展中国家金融公司、荷兰发展中国家投资银行保险的贷款
			10	其他
		企业所得税	0	(1) 政府或其他地方当局；(2) 中央银行；(3) 荷兰发展中国家金融公司、荷兰发展中国家投资银行；(4) 荷兰政府或其地方当局、中央银行、荷兰发展中国家金融公司、荷兰发展中国家投资银行担保的贷款；(5) 荷兰政府或其地方当局、中央银行、荷兰发展中国家金融公司、荷兰发展中国家投资银行保险的贷款

续表

序号	国家（地区）名称	税种	协定税率（%）	适用条件
16	黑山	个人所得税	10	
		企业所得税	0	（1）政府、行政区、地方当局；（2）完全为政府所有的银行
17	捷克	个人所得税	0	（1）由税收协定缔约对方符合条件的政府或机构间接提供资金；（2）由税收协定缔约对方符合条件的政府或机构提供担保；（3）由税收协定缔约对方符合条件的政府或机构提供保险
			7.5	其他
		企业所得税	0	（1）政府、行政区、地方当局；（2）中央银行；（3）捷克出口银行、出口担保和保险公司；（4）由税收协定缔约对方符合条件的政府或机构间接提供资金；（5）由税收协定缔约对方符合条件的政府或机构提供担保；（6）由税收协定缔约对方符合条件的政府或机构提供保险
			7.5	其他
18	老挝	个人所得税	10	
		企业所得税	0	老挝人民民主共和国政府、老挝银行、老挝对外贸易银行
19	美国	个人所得税	0	由税收协定缔约对方符合条件的政府或机构间接提供资金
			10	其他
		企业所得税	0	（1）政府、行政区、地方当局；（2）中央银行；（3）完全为政府所有的金融机构；（4）由税收协定缔约对方符合条件的政府或机构间接提供资金
20	蒙古	个人所得税	0	由税收协定缔约对方符合条件的政府或机构间接提供资金
			10	其他
		企业所得税	0	（1）政府、行政区、地方当局；（2）中央银行；（3）完全为政府所有的金融机构；（4）由税收协定缔约对方符合条件的政府或机构间接提供资金
21	南非	个人所得税	0	由税收协定缔约对方符合条件的政府或机构间接提供资金
			10	其他
		企业所得税	0	（1）政府、行政区、地方当局；（2）中央银行；（3）完全为政府所有的金融机构；（4）由税收协定缔约对方符合条件的政府或机构间接提供资金

续表

序号	国家（地区）名称	税种	协定税率（%）	适用条件
22	挪威	个人所得税	0	（1）由税收协定缔约对方符合条件的政府或机构间接提供资金；（2）由税收协定缔约对方符合条件的政府或机构提供担保
			10	其他
		企业所得税	0	（1）政府、行政区、地方当局；（2）中央银行；（3）完全为政府所有的金融机构；（4）由税收协定缔约对方符合条件的政府或机构间接提供资金；（5）由税收协定缔约对方符合条件的政府或机构提供担保
23	日本	个人所得税	0	由税收协定缔约对方符合条件的政府或机构间接提供资金
			10	其他
		企业所得税	0	（1）政府、行政区、地方当局；（2）中央银行；（3）完全为政府所有的金融机构；（4）日本银行、日本输出入银行、日本金融公司、日本政策金融公库、日本国际协力机构；（5）由税收协定缔约对方符合条件的政府或机构间接提供资金
24	瑞典	个人所得税	0	因直接或间接贷款或担保贷款的瑞典出口信贷担保局、国家债务局、瑞典国际基金会（瑞典基金会）或瑞典国际发展合作署
			10	其他
		企业所得税	0	（1）瑞典政府；（2）瑞典银行；（3）因直接或间接贷款或担保贷款的瑞典出口信贷担保局、国家债务局、瑞典国际基金会（瑞典基金会）或瑞典国际发展合作署
25	瑞士	个人所得税	0	（1）由税收协定缔约对方符合条件的政府或机构间接提供资金；（2）由税收协定缔约对方符合条件的政府或机构提供担保；（3）由税收协定缔约对方符合条件的政府或机构提供保险
			10	其他
		企业所得税	0	（1）政府、行政区、地方当局；（2）中央银行；（3）政府全资拥有的任何实体；（4）由税收协定缔约对方符合条件的政府或机构间接提供资金；（5）由税收协定缔约对方符合条件的政府或机构提供担保；（6）由税收协定缔约对方符合条件的政府或机构提供保险

续表

序号	国家（地区）名称	税种	协定税率（%）	适用条件
26	苏丹	个人所得税	0	由税收协定缔约对方符合条件的政府或机构间接提供资金
			10	其他
		企业所得税	0	（1）政府、行政区、地方当局；（2）中央银行；（3）完全为政府所有的金融机构；（4）由税收协定缔约对方符合条件的政府或机构间接提供资金
27	台湾	个人所得税	0	公司服务部门或其完全所有的金融机构为促进出口所担保或保险的贷款
			7	其他
		企业所得税	0	（1）公共服务部门完全所有的金融机构；（2）公司服务部门或其完全所有的金融机构为促进出口所提供、担保或保险的贷款
			7	其他
28	泰国	企业所得税	0	泰王国政府、泰国银行、泰国进出口银行、政府储蓄银行、政府住房银行
29	文莱	个人所得税	10	
		企业所得税	0	（1）政府、行政区、地方当局；（2）文莱货币管理委员会、文莱投资局、雇员信托基金会
30	希腊	个人所得税	10	
		企业所得税	0	（1）政府、行政区、地方当局；（2）中央银行；（3）完全为政府所有的金融机构
31	香港	个人所得税	7	
		企业所得税	0	香港金融管理局
			7	其他
32	伊朗	个人所得税	10	
		企业所得税	0	（1）政府、行政区、地方当局；（2）中央银行；（3）完全为政府所有的银行
33	印度	个人所得税	0	由税收协定缔约对方符合条件的政府或机构间接提供资金
			10	其他
		企业所得税	0	（1）政府、行政区、地方当局；（2）中央银行（3）完全为政府所有的金融机构；（4）由税收协定缔约对方符合条件的政府或机构间接提供资金

续表

序号	国家（地区）名称	税种	协定税率（%）	适用条件
34	英国	个人所得税	0	（1）由税收协定缔约对方符合条件的政府或机构间接提供资金；（2）由税收协定缔约对方符合条件的政府或机构提供担保（3）由税收协定缔约对方符合条件的政府或机构提供保险
			10	其他
		企业所得税	0	（1）政府、行政区、地方当局；（2）中央银行；（3）政府全资拥有的实体；（4）由税收协定缔约对方符合条件的政府或机构间接提供资金；（5）由税收协定缔约对方符合条件的政府或机构提供担保；（6）由税收协定缔约对方符合条件的政府或机构提供保险
35	越南	企业所得税	0	（1）政府、行政区、地方当局；（2）政府全资拥有的银行
		个人所得税	10	
36	智利	个人所得税	10	
		企业所得税	4	银行、保险公司和其他金融机构
37	阿联酋	个人所得税	0	由税收协定缔约对方符合条件的政府或机构间接提供资金
			7	其他
		企业所得税	0	（1）政府、行政区、地方当局；（2）政府全部拥有的中央银行、当局、公司、基金会、发展基金会或任何其他金融机构；（3）由税收协定缔约对方符合条件的政府或机构间接提供资金；（4）缔约对方政府直接或间接拥有至少20%股份的缔约对方居民公司
			7	其他
38	爱尔兰	个人所得税	0	由税收协定缔约对方符合条件的政府或机构间接提供资金
			10	其他
		企业所得税	0	（1）政府、行政区、地方当局；（2）中央银行；（3）完全为政府所有的金融机构；（4）由税收协定缔约对方符合条件的政府或机构间接提供资金
39	奥地利	个人所得税	10	
		企业所得税	0	奥地利共和国政府、奥地利国家银行、奥地利控制银行公司
			7	银行或金融机构

续表

序号	国家（地区）名称	税种	协定税率（%）	适用条件
40	比利时	个人所得税	0	（1）由税收协定缔约对方符合条件的政府或机构提供担保；（2）由税收协定缔约对方符合条件的政府或机构提供保险
			10	其他
		企业所得税	0	（1）政府、行政区、地方当局；（2）中央银行；（3）完全为政府所有的金融机构；（4）由税收协定缔约对方符合条件的政府或机构提供担保；（5）由税收协定缔约对方符合条件的政府或机构提供保险
41	俄罗斯	个人所得税	0	
		企业所得税	0	
42	菲律宾	个人所得税	0	由税收协定缔约对方符合条件的政府或机构间接提供资金
			10	其他
		企业所得税	0	（1）政府、行政区、地方当局；（2）中央银行；（3）完全为政府所有的金融机构；（4）由税收协定缔约对方符合条件的政府或机构间接提供资金
43	加拿大	个人所得税	0	因直接或间接贷款或担保贷款的加拿大出口开发公司
			10	其他
		企业所得税	0	（1）加拿大政府；（2）加拿大银行、加拿大养老金计划投资理事会、加拿大出口开发公司；（3）因直接或间接贷款或担保贷款的加拿大出口开发公司
44	卡塔尔	个人所得税	0	由税收协定缔约对方符合条件的政府或机构间接提供资金
			10	其他
		企业所得税	0	（1）政府、行政区、地方当局；（2）中央银行；（3）完全为政府所有的金融机构；（4）由税收协定缔约对方符合条件的政府或机构间接提供资金
45	科威特	个人所得税	0	由税收协定缔约对方符合条件的政府或机构间接提供资金
			5	其他
		企业所得税	0	（1）政府、其行政区或地方当局；（2）政府全部拥有的中央银行、当局、公司、基金会、发展基金会或任何其他金融机构；（3）由税收协定缔约对方符合条件的政府或机构间接提供资金；（4）缔约对方政府直接或间接拥有至少百分之二十股份的缔约国对方居民公司
			5	其他

续表

序号	国家（地区）名称	税种	协定税率（%）	适用条件
46	立陶宛	个人所得税	0	由税收协定缔约对方符合条件的政府或机构提供担保
			10	其他
		企业所得税	0	（1）政府、行政区、地方当局；（2）中央银行；（3）完全为政府所有的金融机构；（4）由税收协定缔约对方符合条件的政府或机构提供担保
47	卢森堡	个人所得税	0	（1）由税收协定缔约对方符合条件的政府或机构间接提供资金；（2）由税收协定缔约对方符合条件的政府或机构提供担保；（3）由税收协定缔约对方符合条件的政府或机构提供保险
			10	其他
		企业所得税	0	（1）政府、行政区、地方当局；（2）国家信贷投资公司；（3）由税收协定缔约对方符合条件的政府或机构间接提供资金；（4）由税收协定缔约对方符合条件的政府或机构提供担保；（5）由税收协定缔约对方符合条件的政府或机构提供保险
48	马耳他	个人所得税	10	
		企业所得税	0	政府、行政区、地方当局
49	马其顿	个人所得税	0	由税收协定缔约对方符合条件的政府或机构间接提供资金
			10	其他
		企业所得税	0	（1）政府、行政区、地方当局；（2）中央银行；（3）完全为政府所有的金融机构；（4）由税收协定缔约对方符合条件的政府或机构间接提供资金
50	孟加拉	个人所得税	0	由税收协定缔约对方符合条件的政府或机构间接提供资金
			10	其他
		企业所得税	0	（1）政府、行政区、地方当局；（2）中央银行；（3）完全为政府所有的金融机构；（4）由税收协定缔约对方符合条件的政府或机构间接提供资金
51	摩洛哥	个人所得税	10	
		企业所得税	0	（1）政府、行政区、地方当局；（2）中央银行

续表

序号	国家（地区）名称	税种	协定税率（%）	适用条件
52	墨西哥	个人所得税	0	（1）由税收协定缔约对方符合条件的政府或机构提供担保；（2）由税收协定缔约对方符合条件的政府或机构提供保险
			10	其他
		企业所得税	0	（1）政府、行政区、地方当局；（2）中央银行；（3）墨西哥银行、国家外贸银行、国家财务银行、国家公共建设和服务银行；（4）由税收协定缔约对方符合条件的政府或机构提供担保；（5）由税收协定缔约对方符合条件的政府或机构提供保险
53	尼泊尔	个人所得税	0	由税收协定缔约对方符合条件的政府或机构间接提供资金
			10	其他
		企业所得税	0	（1）政府、行政区、地方当局；（2）中央银行；（3）完全为政府所有的金融机构；（4）由税收协定缔约对方符合条件的政府或机构间接提供资金
54	葡萄牙	个人所得税	10	
		企业所得税	0	（1）政府、行政区、地方当局；（2）储蓄总行、国家海外银行、葡萄牙投资、贸易和旅游协会
55	塞舌尔	个人所得税	0	由税收协定缔约对方符合条件的政府或机构间接提供资金
			10	其他
		企业所得税	0	（1）政府、行政区、地方当局；（2）中央银行；（3）完全为政府所有的金融机构；（4）由税收协定缔约对方符合条件的政府或机构间接提供资金
56	突尼斯	个人所得税	0	由税收协定缔约对方符合条件的政府或机构间接提供资金
			10	其他
		企业所得税	0	（1）政府、行政区、地方当局；（2）中央银行；（3）完全为政府所有的金融机构；（4）由税收协定缔约对方符合条件的政府或机构间接提供资金
57	土耳其	个人所得税	10	
		企业所得税	0	土耳其政府、土耳其中央银行、土耳其进出口银行、土耳其发展银行

续表

序号	国家（地区）名称	税种	协定税率（%）	适用条件
58	乌干达	个人所得税	0	（1）由税收协定缔约对方符合条件的政府或机构间接提供资金；（2）由税收协定缔约对方符合条件的政府或机构提供担保；（3）由税收协定缔约对方符合条件的政府或机构提供保险
			10	其他
		企业所得税	0	（1）政府、行政区、地方当局；（2）中央银行；（3）政府全资拥有的金融机构（乌干达发展银行、全国社会保障基金）；（4）由税收协定缔约对方符合条件的政府或机构间接提供资金；（5）由税收协定缔约对方符合条件的政府或机构提供担保；（6）由税收协定缔约对方符合条件的政府或机构提供保险
59	乌克兰	个人所得税	10	
		企业所得税	0	（1）政府、行政区、地方当局；（2）中央银行；（3）完全为政府所有的金融机构
60	西班牙	个人所得税	10	
61	新加坡	个人所得税	10	
		企业所得税	0	新加坡共和国政府、新加坡金融管理局、新加坡政府投资有限公司、法定机构
			7	银行和金融机构
62	新西兰	个人所得税	0	（1）由税收协定缔约对方符合条件的政府或机构间接提供资金；（2）由税收协定缔约对方符合条件的政府或机构提供担保；（3）由税收协定缔约对方符合条件的政府或机构提供保险
			10	其他
		企业所得税	0	（1）政府、行政区、地方当局；（2）中央银行；（3）政府全资拥有的金融机构；（4）由税收协定缔约对方符合条件的政府或机构间接提供资金；（5）由税收协定缔约对方符合条件的政府或机构提供担保；（6）由税收协定缔约对方符合条件的政府或机构提供保险
63	匈牙利	个人所得税	0	由税收协定缔约对方符合条件的政府或机构间接提供资金
			10	其他
		企业所得税	0	（1）政府、行政区、地方当局；（2）中央银行；（3）完全为政府所有的金融机构；（4）由税收协定缔约对方符合条件的政府或机构间接提供资金

续表

序号	国家（地区）名称	税种	协定税率（%）	适用条件
64	叙利亚	个人所得税	0	（1）由税收协定缔约对方符合条件的政府或机构提供担保；（2）由税收协定缔约对方符合条件的政府或机构提供保险
			10	
		企业所得税	0	（1）政府、行政区、地方当局；（2）中央银行；（3）完全为政府所有的金融机构；（4）由税收协定缔约对方符合条件的政府或机构提供担保；（5）由税收协定缔约对方符合条件的政府或机构提供保险
65	牙买加	个人所得税	0	（1）由税收协定缔约对方符合条件的政府或机构间接提供资金；（2）由税收协定缔约对方符合条件的政府或机构提供担保；（3）由税收协定缔约对方符合条件的政府或机构提供保险
			7.5	其他
		企业所得税	0	（1）政府、行政区、地方当局；（2）中央银行；（3）政府全资拥有的金融机构；（4）由税收协定缔约对方符合条件的政府或机构间接提供资金；（5）由税收协定缔约对方符合条件的政府或机构提供担保；（6）由税收协定缔约对方符合条件的政府或机构提供保险
			7.5	其他
66	以色列	个人所得税	10	
		企业所得税	7	银行和金融机构
67	意大利	个人所得税	0	由税收协定缔约对方符合条件的政府或机构间接提供资金
			10	其他
		企业所得税	0	（1）政府、行政区、地方当局；（2）中央银行；（3）完全为政府所有的金融机构；（4）由税收协定缔约对方符合条件的政府或机构间接提供资金
68	赞比亚	个人所得税	0	（1）由税收协定缔约对方符合条件的政府或机构提供担保；（2）由税收协定缔约对方符合条件的政府或机构提供保险
			10	
		企业所得税	0	（1）政府、行政区、地方当局；（2）中央银行；（3）完全为政府所有的金融机构；（4）由税收协定缔约对方符合条件的政府或机构提供担保；（5）由税收协定缔约对方符合条件的政府或机构提供保险

续表

序号	国家（地区）名称	税种	协定税率（%）	适用条件
69	阿塞拜疆	个人所得税	0	由税收协定缔约对方符合条件的政府或机构提供但保
			10	其他
		企业所得税	0	（1）政府、行政区、地方当局；（2）中央银行；（3）完全为政府所有的金融机构；（4）由税收协定缔约对方符合条件的政府或机构提供但保；（5）阿塞拜疆共和国国家银行、阿塞拜疆共和国国家石油基金会
70	爱沙尼亚	个人所得税	0	（1）由税收协定缔约对方符合条件的政府或机构提供担保；（2）由税收协定缔约对方符合条件的政府或机构提供保险
			10	其他
		企业所得税	0	（1）政府、行政区、地方当局；（2）中央银行；（3）完全为政府所有的金融机构；（4）由税收协定缔约对方符合条件的政府或机构提供担保；（5）由税收协定缔约对方符合条件的政府或机构提供保险
71	澳大利亚	个人所得税	10	
72	巴巴多斯	个人所得税	10	
		企业所得税	0	（1）政府、行政区、地方当局；（2）巴巴多斯中央银行
73	巴基斯坦	个人所得税	10	
		企业所得税	0	（1）政府、行政区、地方当局；（2）巴基斯坦国家银行
74	白俄罗斯	个人所得税	10	
		企业所得税	0	（1）政府、行政区、地方当局；（2）中央银行；（3）完全为政府所有的金融机构
75	保加利亚	个人所得税	0	由税收协定缔约对方符合条件的政府或机构间接提供资金
			10	其他
		企业所得税	0	（1）政府、行政区、地方当局；（2）中央银行；（3）完全为政府所有的金融机构；（4）由税收协定缔约对方符合条件的政府或机构间接提供资金

续表

序号	国家（地区）名称	税种	协定税率（%）	适用条件
76	博茨瓦纳	个人所得税	0	（1）由税收协定缔约对方符合条件的政府或机构提供担保；（2）由税收协定缔约对方符合条件的政府或机构提供保险
			7.5	其他
		企业所得税	0	（1）政府、行政区、地方当局；（2）中央银行；（3）政府全资拥有的金融机构；（4）由税收协定缔约对方符合条件的政府或机构提供担保；（5）由税收协定缔约对方符合条件的政府或机构提供保险
			7.5	其他
77	厄瓜多尔	个人所得税	0	由税收协定缔约对方符合条件的政府或机构担保或保险、与出口或投融资项目相关的贷款
			10	
		企业所得税	0	（1）政府、行政区、地方当局；（2）中央银行；（3）政府全资拥有的机构；（4）金融机构；（5）由税收协定缔约对方符合条件的政府或机构担保或保险、与出口或投融资项目相关的贷款
78	格鲁吉亚	个人所得税	10	
		企业所得税	0	（1）政府、行政区、地方当局；（2）中央银行；（3）完全为政府所有的金融机构
79	津巴布韦	个人所得税	0	由税收协定缔约对方符合条件的政府或机构间接提供资金
			7.5	其他
		企业所得税	0	（1）政府、行政区、地方当局；（2）中央银行；（3）完全为政府所有的金融机构；（4）由税收协定缔约对方符合条件的政府或机构间接提供资金
			7.5	其他
80	克罗地亚	个人所得税	0	由税收协定缔约对方符合条件的政府或机构间接提供资金
			10	其他
		企业所得税	0	（1）政府、行政区、地方当局；（2）中央银行；（3）完全为政府所有的金融机构；（4）由税收协定缔约对方符合条件的政府或机构间接提供资金

续表

序号	国家（地区）名称	税种	协定税率（%）	适用条件
81	拉脱维亚	个人所得税	0	（1）由税收协定缔约对方符合条件的政府或机构提供担保；（2）由税收协定缔约对方符合条件的政府或机构提供保险
			10	其他
		企业所得税	0	（1）政府、行政区、地方当局；（2）中央银行；（3）完全为政府所有的金融机构；（4）由税收协定缔约对方符合条件的政府或机构提供担保；（5）由税收协定缔约对方符合条件的政府或机构提供保险
82	罗马尼亚	个人所得税	0	（1）由税收协定缔约对方符合条件的政府或机构间接提供资金；（2）由税收协定缔约对方符合条件的政府或机构提供担保
			10	其他
		企业所得税	0	（1）政府、行政区、地方当局；（2）中央银行；（3）完全为政府所有的金融机构；（4）由税收协定缔约对方符合条件的政府或机构间接提供资金；（5）由税收协定缔约对方符合条件的政府或机构提供担保
83	马来西亚	个人所得税	10	
		企业所得税	0	（1）政府、行政区、地方当局；（2）中央银行（马来西亚挪格拉银行）
84	毛里求斯	个人所得税	0	由税收协定缔约对方符合条件的政府或机构间接提供资金
			10	其他
		企业所得税	0	（1）政府、行政区、地方当局；（2）中央银行；（3）完全为政府所有的金融机构；（4）由税收协定缔约对方符合条件的政府或机构间接提供资金
85	摩尔多瓦	个人所得税	0	由税收协定缔约对方符合条件的政府或机构间接提供资金
			10	其他
		企业所得税	0	（1）政府、行政区、地方当局；（2）中央银行；（3）完全为政府所有的金融机构；（4）由税收协定缔约对方符合条件的政府或机构间接提供资金
86	尼日利亚	个人所得税	7.5	
		企业所得税	0	（1）政府、行政区、地方当局；（2）中央银行；（3）完全为政府所有的金融机构
			7.5	其他

续表

序号	国家（地区）名称	税种	协定税率（%）	适用条件
87	塞尔维亚	个人所得税	10	
		企业所得税	0	（1）政府、行政区、地方当局；（2）完全为政府所有的银行
88	塞浦路斯	个人所得税	10	
89	斯里兰卡	个人所得税	0	由税收协定缔约对方符合条件的政府或机构间接提供资金
			10	其他
		企业所得税	0	（1）政府、行政区、地方当局；（2）中央银行；（3）完全为政府所有的金融机构；（4）由税收协定缔约对方符合条件的政府或机构间接提供资金
90	斯洛伐克	个人所得税	0	由税收协定缔约对方符合条件的政府或机构间接提供资金
			10	其他
		企业所得税	0	（1）政府、行政区、地方当局；（2）中央银行；（3）完全为政府所有的金融机构；（4）由税收协定缔约对方符合条件的政府或机构间接提供资金
91	委内瑞拉	个人所得税	10	
		企业所得税	0	（1）政府、行政区、地方当局；（2）中央银行
			5	银行
92	亚美尼亚	个人所得税	10	
		企业所得税	0	（1）政府、行政区、地方当局；（2）中央银行；（3）完全为政府所有的金融机构
93	阿尔巴尼亚	个人所得税	10	
		企业所得税	0	（1）政府、行政区、地方当局；（2）中央银行；（3）完全为政府所有的金融机构
94	阿尔及利亚	个人所得税	0	由税收协定缔约对方符合条件的政府或机构间接提供资金
			7	其他
		企业所得税	0	（1）政府、行政区、地方当局；（2）中央银行；（3）完全为政府所有的金融机构；（4）由税收协定缔约对方符合条件的政府或机构间接提供资金
			7	其他

续表

序号	国家（地区）名称	税种	协定税率（%）	适用条件
95	埃塞俄比亚	个人所得税	0	（1）由税收协定缔约对方符合条件的政府或机构提供担保；（2）由税收协定缔约对方符合条件的政府或机构提供保险
			7	其他
		企业所得税	0	（1）政府、行政区、地方当局；（2）中央银行；（3）由税收协定缔约对方符合条件的政府或机构提供担保；（4）由税收协定缔约对方符合条件的政府或机构提供保险
			7	其他
96	哈萨克斯坦	个人所得税	0	由税收协定缔约对方符合条件的政府或机构间接提供资金
			10	
		企业所得税	0	（1）政府、行政区、地方当局；（2）中央银行；（3）完全为政府所有的金融机构；（4）由税收协定缔约对方符合条件的政府或机构间接提供资金
97	沙特阿拉伯	个人所得税	0	由税收协定缔约对方符合条件的政府或机构间接提供资金
			10	其他
		企业所得税	0	（1）政府、行政区、地方当局；（2）中央银行；（3）完全为政府所有的金融机构；（4）由税收协定缔约对方符合条件的政府或机构间接提供资金
98	斯洛文尼亚	个人所得税	10	
99	塔吉克斯坦	个人所得税	0	（1）由税收协定缔约对方符合条件的政府或机构提供担保；（2）由税收协定缔约对方符合条件的政府或机构提供保险
			8	其他
		企业所得税	0	（1）政府、行政区、地方当局；（2）中央银行；（3）完全为政府所有的金融机构（塔吉克斯坦国家银行、塔吉克斯坦共和国国家储蓄银行、阿马纳银行）；（4）由税收协定缔约对方符合条件的政府或机构提供担保；（5）由税收协定缔约对方符合条件的政府或机构提供保险
			8	其他

续表

序号	国家（地区）名称	税种	协定税率（%）	适用条件
100	土库曼斯坦	个人所得税	0	（1）由税收协定缔约对方符合条件的政府或机构提供担保；（2）由税收协定缔约对方符合条件的政府或机构提供保险
			10	
		企业所得税	0	（1）政府、行政区、地方当局；（2）中央银行；（3）完全为政府所有的金融机构；（4）由税收协定缔约对方符合条件的政府或机构提供担保；（5）由税收协定缔约对方符合条件的政府或机构提供保险
101	印度尼西亚	个人所得税	10	
		企业所得税	0	（1）政府、行政区、地方当局；（2）中央银行；（3）印度尼西亚投资局、印度尼西亚进出口银行、印度尼西亚卫生社会保障局、印度尼西亚人力资源社会保障局
102	吉尔吉斯斯坦	个人所得税	10	
		企业所得税	0	（1）政府、行政区、地方当局；（2）中央银行；（3）完全为政府所有的金融机构
103	乌兹别克斯坦	个人所得税	10	
		企业所得税	0	（1）政府、行政区、地方当局；（2）中央银行；（3）完全为政府所有的金融机构
104	巴布亚新几内亚	个人所得税	10	
		企业所得税	0	（1）政府、行政区、地方当局；（2）中央银行；（3）完全为政府所有的金融机构
105	特立尼达和多巴哥	个人所得税	10	
		企业所得税	0	（1）政府、行政区、地方当局；（2）特立尼达和多巴哥中央银行、农业发展银行、出口保险公司、国家住房管理局、国家保险管理委员会、住房抵押银行、存款保险公司、小企业发展公司、发展融资有限公司、特立尼达和多巴哥抵押金融公司

注：1. 速查信息仅供参考，详细情况以税收协定文本规定为准；

2. 本表中企业所得税协定税率仅列出 <10% 栏次。

【适用条件】

从缔约对方国家（地区）取得利息所得、符合税收协定利息限制税率规定的具体要求。

【情景问答】

问：我公司是一家商业银行，向香港一家企业提供了贷款，现打算向该企业收取利息，金额500万元，是否要在香港缴税？

答：你公司这笔利息收入需要在香港缴税。内地和香港的税收安排规定，"发生于一方而支付给另一方居民的利息，可以在该另一方征税，这些利息也可以在该利息发生的一方，按照该一方的法律征税。但是，如果利息受益所有人是另一方的居民，则所征税款不应超过利息总额的7%。"

【政策依据】

（1）《中华人民共和国企业所得税法》（中华人民共和国主席令第64号）第二条（略，见文件30-1）

（2）《中华人民共和国企业所得税法实施条例》（中华人民共和国国务院令第512号）第三条、第四条（略，见文件30-2）

（3）中华人民共和国政府对外签署的避免双重征税协定（含与香港、澳门特别行政区签署的税收安排）（编者略）

（4）《国家税务总局关于印发〈中华人民共和国政府和新加坡共和国政府关于对所得避免双重征税和防止偷漏税的协定及议定书条文解释〉的通知》（国税发〔2010〕75号）第十一条

政策链接

35-1 《国家税务总局关于印发〈中华人民共和国政府和新加坡共和国政府关于对所得避免双重征税和防止偷漏税的协定及议定书条文解释〉的通知》第十一条

2010年7月26日　国税发〔2010〕75号

第十一条　利息

一、第一款规定，居民国对本国居民取得的来自缔约国另一方的利息拥有征税权，但这种征税权并不是独占的。

二、第二款规定，利息来源国对利息也有征税的权利，但对征税权的行使进行了限制，即设定了最高税率，且限制税率与受益所有人自身性质有关，受益所有人为银行或金融机构情况下，利息的征税税率为7%；其他情况下利息的征税税率为10%。

关于受益所有人的理解与判断，同样按照《国家税务总局关于如何理解和认定税收协定中"受益所有人"的通知》（国税函〔2009〕601号）的规定执行。在判断利息受益所有人时，要特别注意在利息据以产生和支付的贷款合同之外，是否存在债权人与第三人之间在数额、利率和签订时间等方面相近的其他贷款或存款合同。

三、第三款是对特定的受益所有人取得的利息在来源国免税的规定。在执行时应注意把关，即取得利息收入的新加坡居民必须是该款所列机构，任何商业组织通过上述机构取得的利息不得享受免税待遇。另外，根据协定第二议定书第二条的规定，所列免税机构应依照新加坡议会法案规定设立或完全由新加坡政府拥有。

四、第四款明确了利息一语的含义，具体可从以下三个方面理解：

（一）利息一般是指从各种债权取得的所得。“各种债权”应包括现金、货币形态的有价证券，以及政府公债、债券或者信用债券。

（二）对于与利息相关的其他所得是否应属于“利息”的范畴，应根据其性质区别对待：

1. 附属债券取得的所得，如发行债券的溢价和奖金构成利息，但债券持有者出售债券发生的盈亏不属于利息范围；

2. 与贷款业务相关的并附属于债权的所得可认定为利息，对独立发生于债权方以外的，如单独收取的担保费等，原则上不应认定为利息。

五、第五款规定，若利息受益所有人是缔约国一方居民，在缔约国另一方拥有常设机构，或者通过固定基地从事独立个人劳务，且支付利息的债权构成常设机构或固定基地资产的一部分，或与该机构或固定基地有其他方面的实际联系，则来源国可将利息并入常设机构的利润予以征税。

应予注意的是，只有当取得利息的相关营业活动通过常设机构进行，且债权与常设机构有上述实际联系的情况下，才可适用本条款。仅以滥用协定为目的，将贷款转移到为利息提供优惠税收待遇的常设机构的，不应适用本款规定。

六、第六款明确了利息支付人为其居民的国家是利息的来源国这一原则。然而该款也规定了一个例外情形，即利息支付人无论是否为缔约国一方的居民，只要其在缔约国一方拥有常设机构或固定基地，并且支付的利息由该常设机构或固定基地负担，本款认为利息来源地应是该常设机构或固定基地所在缔约国。例如，某第三国设在中国的常设机构支付给新加坡居民的利息，在利息与该常设机构有实际联系情况下，应认为该利息发生于中国，由中国根据中新协定行使优先征税权。如新加坡居民为该项利息的受益所有人，则可享受本协定待遇。

七、第七款对关联交易中协定优惠条款的适用加以限定。当支付人与受益所有人之间或者他们与其他人之间由于某种特殊关系而造成超额支付利息时，支付额中超过按市场公允价格计算所应支付的数额的部分不得享受协定的优惠。

八、第八款为反滥用条款。以获取优惠的税收地位为主要目的的交易或安排，不应适用税收协定利息条款的优惠规定。纳税人因该交易或安排而不当享受税收协定待遇的，主管税务机关有权进行调整。

九、执行第七款和第八款的规定时，应考虑我国国内法关于特别纳税调整的有关规定。

36. 利息免税

部分情况下，来源国放弃利息收入征税权，即我国居民取得的利息收入享受协定免税待遇。

【适用主体】

从缔约对方国家（地区）取得利息所得的居民。

【协定规定】

我国与大部分国家（地区）签署的税收协定中的利息条款存在免税规定，即发生在缔约国对方而为我国政府、地方政府及其中央银行或者完全为我国政府所有的金融机构取得的利息；或者为我国居民所取得的利息，其债权是由我国政府、地方政府及其中央银行或者完全为我国政府所有的金融机构间接提供资金的，应在该缔约国对方免税。通常，这些金融机构在具体协定中采取列名方式。

我国与新加坡、马耳他、葡萄牙、墨西哥、土库曼斯坦、特立尼达和多巴哥、摩洛哥、巴巴多斯、冰岛、泰国、委内瑞拉等国家签署的协定中对政府全部或主要拥有的任何机构或其他类似机构贷款利息均免予征税详见表36－1。

表36－1 我国与部分国家（地区）协定列名免税银行或金融机构一览表

国家（地区）	缔约对方国家（地区）免税银行或金融机构	我国免税银行或金融机构
阿曼	阿曼中央银行、国家总储备基金、阿曼发展银行	中国人民银行、国家发展银行、中国进出口银行、中国农业开发银行
阿塞拜疆	阿塞拜疆共和国国家银行、阿塞拜疆共和国国家石油基金会	中国国家发展银行、中国进出口银行、中国农业发展银行、社会保险基金理事会、中国银行、中国建设银行、中国工商银行和中国农业银行
奥地利	奥地利国家银行、奥地利控制银行公司	中国人民银行、直接或间接提供贷款的中国银行或中国国际信托投资公司
巴巴多斯	巴巴多斯中央银行	中国人民银行、国家开发银行、中国进出口银行、中国农业开发银行

续表

国家（地区）	缔约对方国家（地区）免税银行或金融机构	我国免税银行或金融机构
巴基斯坦	巴基斯坦国家银行	中国人民银行、中国银行、中国进出口银行、中国农业发展银行、国家开发银行
冰岛	冰岛中央银行、工业贷款基金、工业开发基金	中国人民银行、国家开发银行、中国进出口银行、中国农业开发银行
德国	德意志联邦银行、重建贷款银行、德国投资与开发公司以及缔约国双方主管当局同意的、由德意志联邦共和国拥有的任何其他公共信贷机构	中国人民银行、国家开发银行股份有限公司、中国农业发展银行、中国进出口银行、全国社会保障基金理事会、中国投资有限责任公司以及缔约国双方主管当局同意的、由中国政府拥有的任何其他公共信贷机构
法国	法国政府或其地方当局、法兰西银行、法国国家投资银行、储蓄信托局、因对外贸易公共援助框架内由法国政府直接或间接提供资金或资助，或由法国对外贸易保险公司担保或保险，而提供的贷款而支付、缔约国双方主管当局一致同意的任何金融机构	中国政府或其地方当局、中国人民银行、国家开发银行股份有限公司、中国农业发展银行、中国进出口银行、全国社会保障基金理事会、因直接或间接担保或保险的贷款而支付给中国出口信用保险公司的利息、缔约国双方主管当局一致同意的任何金融机构
芬兰	芬兰工业合作基金（FINNFUND）、芬维拉公司（Finnvera）、芬兰出口信用公共有限公司	国家开发银行、中国农业发展银行、中国进出口银行、全国社会保障基金理事会、中国出口信用保险公司、中国投资有限责任公司
加拿大	加拿大银行、因直接或间接贷款或担保贷款的加拿大出口开发公司、加拿大养老金计划投资理事会（简称 CPPIB）	中国人民银行、因直接或间接贷款或担保贷款的中国银行或者中国国际信托投资公司（CITIC）、全国社会保障基金理事会、中国进出口银行、中国出口信用保险公司
韩国	韩国银行、韩国产业银行、韩国进出口银行、韩国投资公司、韩国出口保险公司、韩国金融监督院、韩国金融公司、韩国贸易保险公司	中国人民银行、国家开发银行、中国进出口银行、中国农业发展银行、中国出口信用保险公司、全国社会保障基金理事会、中国投资有限责任公司、执行银行业、保险和证券监管职能的组织
荷兰	荷兰发展中国家金融公司、荷兰发展中国家投资银行、缔约国双方主管当局随时可能同意的任何其他机构	国家开发银行股份有限公司、中国农业发展银行、中国进出口银行、全国社会保障基金理事会、中国出口信用保险公司、中国投资有限责任公司、缔约国双方主管当局随时可能同意的任何其他机构
老挝	老挝银行、老挝对外贸易银行	中国人民银行、中国国家开发银行、中国进出口银行、中国农业发展银行
卢森堡	国家信贷投资公司	国家银行
马来西亚	马来西亚挪格拉银行（中央银行）	中国人民银行、中国银行总行和中国国际信托投资公司
摩洛哥	摩洛哥中央银行	中国人民银行、中国国家开发银行、中国进出口银行、中国农业发展银行
墨西哥	墨西哥银行、国家外贸银行、国家财务银行、国家公共建设和服务银行	中国人民银行、国家开发银行、中国进出口银行、中国农业发展银行、中国出口信用保险公司

续表

国家（地区）	缔约对方国家（地区）免税银行或金融机构	我国免税银行或金融机构
葡萄牙	储蓄总行、国家海外银行、葡萄牙投资、贸易和旅游协会	中国人民银行、国家发展银行、中国进出口银行、中国农业发展银行
日本	日本输出入银行、日本金融公司、日本国际协力机构	
瑞典	瑞典银行、因直接或间接贷款或担保贷款的瑞典出口信贷担保局、国家债务局和瑞典与发展中国家工业合作基金会（“瑞典基金会”）	中国人民银行、因直接或间接贷款或担保贷款的中国银行或中国国际信托投资公司
塔吉克斯坦	塔吉克斯坦国家银行、塔吉克斯坦共和国国家储蓄银行（阿玛纳银行）	中国人民银行、国家开发银行、中国农业发展银行、中国进出口银行、中国出口信用保险公司
泰国	泰国银行、泰国进出口银行、政府储蓄银行、政府住房银行	中国人民银行以及在中央银行一般授权的范围内进行活动的中国银行、国家开发银行、中国进出口银行、中国农业发展银行
特立尼达和多巴哥	特立尼达和多巴哥中央银行、农业发展银行、出口保险公司、国家住房管理局、国家保险管理委员会、住房抵押银行、存款保险公司、小企业发展公司、发展融资有限公司、特立尼达和多巴哥抵押金融公司	中国人民银行、国家开发银行、中国进出口银行、中国农业发展银行
土耳其	土耳其中央银行、土耳其进出口银行或土耳其发展银行	中国人民银行、中国银行或中国国际信托投资公司实业银行
委内瑞拉	委内瑞拉中央银行	中国人民银行、中国开发银行、中国进出口银行、中国农业银行
文莱	文莱货币管理委员会、文莱投资局、雇员信托基金会	中国人民银行、中国国家发展银行、中国进出口银行、中国农业发展银行、社会保障基金理事会
香港	香港金融管理局	国家开发银行、中国进出口银行、中国农业发展银行、全国社会保障基金理事会、中国信用保险公司
瑞士	由缔约国另一方政府或其行政区或地方当局、中央银行或者该缔约国另一方的任何机构或全资拥有的任何实体取得的利息；或者由该缔约国另一方任何其他居民取得的利息，但其债权是由该缔约国另一方政府或其行政区或地方当局、中央银行或者该缔约国另一方的任何机构或全资拥有的任何实体提供资金、担保或保险的	由缔约国另一方政府或其行政区或地方当局、中央银行或者该缔约国另一方的任何机构或全资拥有的任何实体取得的利息；或者由该缔约国另一方任何其他居民取得的利息，但其债权是由该缔约国另一方政府或其行政区或地方当局、中央银行或者该缔约国另一方的任何机构或全资拥有的任何实体提供资金、担保或保险的
土库曼斯坦	土库曼斯坦中央银行	中国人民银行、国家开发银行、中国农业发展银行、中国进出口银行、全国社会保障基金理事会、中国出口信用保险公司

续表

国家（地区）	缔约对方国家（地区）免税银行或金融机构	我国免税银行或金融机构
新加坡	新加坡金融管理局、新加坡政府投资有限公司、法定机构、新加坡星展银行总行	中国人民银行、国家开发银行、中国农业发展银行、中国进出口银行、全国社会保障基金理事会、中国出口信用保险公司、中国国际信托投资公司、中国银行总行
越南	越南国有银行	中国国家银行
捷克共和国政府	捷克出口银行（CEB）、出口担保和保险公司（EGAP）	中国国家开发银行、中国农业发展银行、中国进出口银行、中国出口信用保险公司

注：速查信息仅供参考，详细情况以税收协定文本规定为准。

【适用条件】

从缔约对方国家（地区）取得利息所得、符合税收协定利息免税规定的具体要求。

【情景问答】

问：我是一家国有政策性银行，多年来从新加坡取得的利息收入在当地不需要缴纳预提税，现向澳大利亚企业提供贷款，但澳大利亚税务部门要对我们的利息收入征收预提税，请问他们的做法对吗？

答：我国与新加坡的税收协定有一定条件下利息免税的规定，但是我们跟澳大利亚的税收协定却没有类似规定，所以你行取得来自澳大利亚的利息确实需要在当地纳税。不仅是澳大利亚，我国与塞浦路斯、西班牙、斯洛文尼亚、以色列等 4 个国家签订的税收协定对利息也无免税规定。

【政策依据】

（1）《中华人民共和国企业所得税法》（中华人民共和国主席令第 64 号）第二条（略，见文件 30－1）

（2）《中华人民共和国企业所得税法实施条例》（中华人民共和国国务院令第 512 号）第三条、第四条（略，见文件 30－2）

（3）中华人民共和国政府对外签署的避免双重征税协定（含与香港、澳门特别行政区签署的税收安排）（编者略）

（4）《国家税务总局关于印发〈中华人民共和国政府和新加坡共和国政府关于对所得避免双重征税和防止偷漏税的协定及议定书条文解释〉的通知》（国税发〔2010〕75 号）第十一条（略，见文件 35－1）

37. 特许权使用费预提所得税优惠税率

我国签订的税收协定明确了我国和所得来源国对特许权使用费都有征税权，来源国是指实际支付特许权使用费的企业所在国。

我国与大多数国家签订的税收协定对特许权使用费通常表述为：“‘特许权使用费’一语是指使用或有权使用文学、艺术或科学著作，包括电影影片、无线电或电视广播使用的胶片、磁带的版权，专利、商标、设计、模型、图纸、秘密配方或秘密程序所支付的作为报酬的各种款项，也包括使用或有权使用工业、商业、科学设备或有关工业、商业、科学经验的情报所支付的作为报酬的各种款项。”

一般而言，来源国基于税收协定对特许权使用费收入实行限制性税率。

需要注意的是，对所支付的特许权使用费同常设机构有实际联系的不适用特许权使用费条款，而应按营业利润处理。

在适用特许权使用费条款时，同样存在受益所有人的问题。来源国没有义务仅因特许权使用费所得是由与其缔约的另一方国家的某个居民所直接接受而放弃对该项所得的征税权。

【适用主体】

从缔约对方国家（地区）取得特许权使用费所得的居民。

【协定规定】

特许权使用费条款一般表述为：“如果特许权使用费受益所有人是缔约国另一方居民，则所征税款不应超过特许权使用费总额的____%。”我国与其他国家或地区所签订税收协定特许权使用费限制税率存在差异，部分协定税率见表 37－1。

表 37－1 税收协定特许权使用费条款部分协定税率速查

序号	国家（地区）名称	税种	协定税率（%）	适用条件
1	阿曼	个人所得税	10	（1）文学、艺术或科学著作；（2）专利、商标、设计、模型、图纸、秘密配方或秘密程序；（3）工业、商业、科学设备；（4）有关工业、商业、科学经验的信息

续表

序号	国家（地区）名称	税种	协定税率（%）	适用条件
2	埃及	个人所得税	8	(1) 文学、艺术或科学著作；(2) 专利、商标、设计、模型、图纸、秘密配方或秘密程序；(3) 工业、商业、科学设备；(4) 有关工业、商业、科学经验的信息
		企业所得税	8	(1) 文学、艺术或科学著作；(2) 专利、商标、设计、模型、图纸、秘密配方或秘密程序；(3) 工业、商业、科学设备；(4) 有关工业、商业、科学经验的信息
3	澳门	个人所得税	7	(1) 文学、艺术或科学著作；(2) 专利、商标、设计、模型、图纸、秘密配方或秘密程序；(3) 工业、商业、科学设备；(4) 有关工业、商业、科学经验的信息
		企业所得税	7	(1) 文学、艺术或科学著作；(2) 专利、商标、设计、模型、图纸、秘密配方或秘密程序；(3) 工业、商业、科学设备；(4) 有关工业、商业、科学经验的信息
			5	飞机、船舶租赁特许权使用费
4	巴林	个人所得税	10	(1) 文学、艺术或科学著作；(2) 专利、商标、设计、模型、图纸、秘密配方或秘密程序；(3) 工业、商业、科学设备；(4) 有关工业、商业、科学经验的信息
5	巴西	个人所得税	15	(1) 文学、艺术或科学著作；(2) 专利、商标、设计、模型、图纸、秘密配方或秘密程序；(3) 工业、商业、科学设备；(4) 有关工业、商业、科学经验的信息
6	冰岛	个人所得税	10	(1) 文学、艺术或科学著作；(2) 专利、商标、设计、模型、图纸、秘密配方或秘密程序；(3) 有关工业、商业、科学经验的信息
		企业所得税	7	工业、商业、科学设备
7	波黑	个人所得税	10	(1) 文学、艺术或科学著作；(2) 专利、商标、设计、模型、图纸、秘密配方或秘密程序；(3) 工业、商业、科学设备；(4) 有关工业、商业、科学经验的信息
8	波兰	个人所得税	7	工业、商业、科学设备
			10	(1) 文学、艺术或科学著作；(2) 专利、商标、设计、模型、图纸、秘密配方或秘密程序；(3) 有关工业、商业、科学经验的信息
		企业所得税	7	工业、商业、科学设备

续表

序号	国家（地区）名称	税种	协定税率（%）	适用条件
9	丹麦	个人所得税	7	工业、商业、科学设备
			10	(1) 文学、艺术或科学著作；(2) 专利、商标、设计、模型、图纸、秘密配方或秘密程序；(3) 有关工业、商业、科学经验的信息
		企业所得税	7	工业、商业、科学设备
10	德国	个人所得税	7	工业、商业、科学设备
			10	(1) 文学、艺术或科学著作；(2) 专利、商标、设计、模型、图纸、秘密配方或秘密程序；(3) 有关工业、商业、科学经验的信息
		企业所得税	7	工业、商业、科学设备
11	法国	个人所得税	10	(1) 文学、艺术或科学著作；(2) 专利、商标、设计、模型、图纸、秘密配方或秘密程序；(3) 工业、商业、科学设备；(4) 有关工业、商业、科学经验的信息
12	芬兰	个人所得税	7	工业、商业、科学设备
			10	(1) 文学、艺术或科学著作；(2) 专利、商标、设计、模型、图纸、秘密配方或秘密程序；(3) 有关工业、商业、科学经验的信息
		企业所得税	7	工业、商业、科学设备
13	古巴	个人所得税	5	(1) 文学、艺术或科学著作；(2) 专利、商标、设计、模型、图纸、秘密配方或秘密程序；(3) 工业、商业、科学设备；(4) 有关工业、商业、科学经验的信息
		企业所得税	5	(1) 文学、艺术或科学著作；(2) 专利、商标、设计、模型、图纸、秘密配方或秘密程序；(3) 工业、商业、科学设备；(4) 有关工业、商业、科学经验的信息
14	韩国	个人所得税	10	(1) 文学、艺术或科学著作；(2) 专利、商标、设计、模型、图纸、秘密配方或秘密程序；(3) 工业、商业、科学设备；(4) 有关工业、商业、科学经验的信息
15	荷兰	个人所得税	6	工业、商业、科学设备
			10	(1) 文学、艺术或科学著作；(2) 专利、商标、设计、模型、图纸、秘密配方或秘密程序；(3) 有关工业、商业、科学经验的信息
		企业所得税	6	工业、商业、科学设备

续表

序号	国家（地区）名称	税种	协定税率（%）	适用条件
16	黑山	个人所得税	10	（1）文学、艺术或科学著作；（2）专利、商标、设计、模型、图纸、秘密配方或秘密程序；（3）工业、商业、科学设备；（4）有关工业、商业、科学经验的信息
17	捷克	个人所得税	10	（1）文学、艺术或科学著作；（2）专利、商标、设计、模型、图纸、秘密配方或秘密程序；（3）工业、商业、科学设备；（4）有关工业、商业、科学经验的信息
18	老挝	个人所得税	10	（1）文学、艺术或科学著作；（2）专利、商标、设计、模型、图纸、秘密配方或秘密程序；（3）工业、商业、科学设备；（4）有关工业、商业、科学经验的信息
19	美国	个人所得税	7	工业、商业、科学设备
			10	（1）文学、艺术或科学著作；（2）专利、商标、设计、模型、图纸、秘密配方或秘密程序；（3）有关工业、商业、科学经验的信息
		企业所得税	7	工业、商业、科学设备
20	蒙古	个人所得税	10	（1）文学、艺术或科学著作；（2）专利、商标、设计、模型、图纸、秘密配方或秘密程序；（3）工业、商业、科学设备；（4）有关工业、商业、科学经验的信息
21	南非	个人所得税	7	工业、商业、科学设备
			10	（1）文学、艺术或科学著作；（2）专利、商标、设计、模型、图纸、秘密配方或秘密程序；（3）有关工业、商业、科学经验的信息
		企业所得税	7	工业、商业、科学设备
22	挪威	个人所得税	10	（1）文学、艺术或科学著作；（2）专利、商标、设计、模型、图纸、秘密配方或秘密程序；（3）工业、商业、科学设备；（4）有关工业、商业、科学经验的信息
23	日本	个人所得税	10	（1）文学、艺术或科学著作；（2）专利、商标、设计、模型、图纸、秘密配方或秘密程序；（3）工业、商业、科学设备；（4）有关工业、商业、科学经验的信息
24	瑞典	个人所得税	10	（1）文学、艺术或科学著作；（2）专利、商标、设计、模型、图纸、秘密配方或秘密程序；（3）工业、商业、科学设备；（4）有关工业、商业、科学经验的信息
		企业所得税	6	工业、商业、科学设备

续表

序号	国家（地区）名称	税种	协定税率（%）	适用条件
25	瑞士	个人所得税	9	(1) 文学、艺术或科学著作；(2) 专利、商标、设计、模型、图纸、秘密配方或秘密程序；(3) 工业、商业、科学设备；(4) 有关工业、商业、科学经验的信息
		企业所得税	9	(1) 文学、艺术或科学著作；(2) 专利、商标、设计、模型、图纸、秘密配方或秘密程序；(3) 工业、商业、科学设备；(4) 有关工业、商业、科学经验的信息
26	苏丹	个人所得税	10	(1) 文学、艺术或科学著作；(2) 专利、商标、设计、模型、图纸、秘密配方或秘密程序；(3) 工业、商业、科学设备；(4) 有关工业、商业、科学经验的信息
27	台湾	个人所得税	7	(1) 文学、艺术或科学著作；(2) 专利、商标、设计、模型、图纸、秘密配方或秘密程序；(3) 有关工业、商业、科学经验的信息
		企业所得税	7	(1) 文学、艺术或科学著作；(2) 专利、商标、设计、模型、图纸、秘密配方或秘密程序；(3) 有关工业、商业、科学经验的信息
28	泰国	个人所得税	15	(1) 文学、艺术或科学著作；(2) 专利、商标、设计、模型、图纸、秘密配方或秘密程序；(3) 工业、商业、科学设备；(4) 有关工业、商业、科学经验的信息
29	文莱	个人所得税	10	(1) 文学、艺术或科学著作；(2) 专利、商标、设计、模型、图纸、秘密配方或秘密程序；(3) 工业、商业、科学设备；(4) 有关工业、商业、科学经验的信息
30	希腊	个人所得税	10	(1) 文学、艺术或科学著作；(2) 专利、商标、设计、模型、图纸、秘密配方或秘密程序；(3) 工业、商业、科学设备；(4) 有关工业、商业、科学经验的信息
31	香港	个人所得税	5	飞机、船舶租赁特许权使用费
			7	(1) 文学、艺术或科学著作；(2) 专利、商标、设计、模型、图纸、秘密配方或秘密程序；(3) 工业、商业、科学设备；(4) 有关工业、商业、科学经验的信息
		企业所得税	5	飞机、船舶租赁特许权使用费
			7	(1) 文学、艺术或科学著作；(2) 专利、商标、设计、模型、图纸、秘密配方或秘密程序；(3) 工业、商业、科学设备；(4) 有关工业、商业、科学经验的信息

续表

序号	国家（地区）名称	税种	协定税率（%）	适用条件
32	伊朗	个人所得税	10	(1) 文学、艺术或科学著作；(2) 专利、商标、设计、模型、图纸、秘密配方或秘密程序；(3) 工业、商业、科学设备；(4) 有关工业、商业、科学经验的信息
33	印度	个人所得税	10	(1) 文学、艺术或科学著作；(2) 专利、商标、设计、模型、图纸、秘密配方或秘密程序；(3) 工业、商业、科学设备；(4) 有关工业、商业、科学经验的信息
34	英国	个人所得税	7	工业、商业、科学设备
			10	(1) 文学、艺术或科学著作；(2) 专利、商标、设计、模型、图纸、秘密配方或秘密程序；(3) 有关工业、商业、科学经验的信息
		企业所得税	6	工业、商业、科学设备
35	越南	个人所得税	10	(1) 文学、艺术或科学著作；(2) 专利、商标、设计、模型、图纸、秘密配方或秘密程序；(3) 工业、商业、科学设备；(4) 有关工业、商业、科学经验的信息
36	智利	个人所得税	2	(1) 工业、商业、科学设备
			10	(1) 文学、艺术或科学著作；(2) 专利、商标、设计、模型、图纸、秘密配方或秘密程序；(3) 有关工业、商业、科学经验的信息
		企业所得税	2	工业、商业、科学设备
37	阿联酋	个人所得税	10	(1) 文学、艺术或科学著作；(2) 专利、商标、设计、模型、图纸、秘密配方或秘密程序；(3) 工业、商业、科学设备；(4) 有关工业、商业、科学经验的信息
38	爱尔兰	个人所得税	10	(1) 文学、艺术或科学著作；(2) 专利、商标、设计、模型、图纸、秘密配方或秘密程序；(3) 有关工业、商业、科学经验的信息
		企业所得税	6	工业、商业、科学设备
39	奥地利	个人所得税	10	(1) 文学、艺术或科学著作；(2) 专利、商标、设计、模型、图纸、秘密配方或秘密程序；(3) 工业、商业、科学设备；(4) 其他特许权使用费
		企业所得税	6	工业、商业、科学设备

续表

序号	国家（地区）名称	税种	协定税率（%）	适用条件
40	比利时	个人所得税	6	工业、商业、科学设备
			7	工业、商业、科学设备
			10	(1) 文学、艺术或科学著作；(2) 专利、商标、设计、模型、图纸、秘密配方或秘密程序；(3) 有关工业、商业、科学经验的信息
		企业所得税	7	(1) 文学、艺术或科学著作；(2) 专利、商标、设计、模型、图纸、秘密配方或秘密程序；(3) 工业、商业、科学设备；(4) 有关工业、商业、科学经验的信息
41	俄罗斯	个人所得税	10	(1) 文学、艺术或科学著作；(2) 专利、商标、设计、模型、图纸、秘密配方或秘密程序；(3) 工业、商业、科学设备；(4) 有关工业、商业、科学经验的信息
42	菲律宾	个人所得税	10	(1) 专利、商标、设计、模型、图纸、秘密配方或秘密程序；(2) 工业、商业、科学设备；(3) 有关工业、商业、科学经验的信息
			15	文学、艺术或科学著作
43	加拿大	个人所得税	10	(1) 文学、艺术或科学著作；(2) 专利、商标、设计、模型、图纸、秘密配方或秘密程序；(3) 工业、商业、科学设备；(4) 有关工业、商业、科学经验的信息
44	卡塔尔	个人所得税	10	(1) 文学、艺术或科学著作；(2) 专利、商标、设计、模型、图纸、秘密配方或秘密程序；(3) 工业、商业、科学设备；(4) 有关工业、商业、科学经验的信息
45	科威特	个人所得税	10	(1) 文学、艺术或科学著作；(2) 专利、商标、设计、模型、图纸、秘密配方或秘密程序；(3) 工业、商业、科学设备；(4) 有关工业、商业、科学经验的信息
46	立陶宛	个人所得税	10	(1) 文学、艺术或科学著作；(2) 专利、商标、设计、模型、图纸、秘密配方或秘密程序；(3) 工业、商业、科学设备；(4) 有关工业、商业、科学经验的信息
47	卢森堡	个人所得税	6	工业、商业、科学设备
			10	(1) 文学、艺术或科学著作；(2) 专利、商标、设计、模型、图纸、秘密配方或秘密程序；(3) 有关工业、商业、科学经验的信息
		企业所得税	6	工业、商业、科学设备

续表

序号	国家（地区）名称	税种	协定税率（%）	适用条件
48	马耳他	个人所得税	7	工业、商业、科学设备
			10	(1) 文学、艺术或科学著作；(2) 专利、商标、设计、模型、图纸、秘密配方或秘密程序；(3) 有关工业、商业、科学经验的信息
		企业所得税	7	工业、商业、科学设备
49	马其顿	个人所得税	10	(1) 文学、艺术或科学著作；(2) 专利、商标、设计、模型、图纸、秘密配方或秘密程序；(3) 工业、商业、科学设备；(4) 有关工业、商业、科学经验的信息
50	摩洛哥	个人所得税	10	(1) 文学、艺术或科学著作；(2) 专利、商标、设计、模型、图纸、秘密配方或秘密程序；(3) 工业、商业、科学设备；(4) 有关工业、商业、科学经验的信息
51	墨西哥	个人所得税	10	(1) 文学、艺术或科学著作；(2) 专利、商标、设计、模型、图纸、秘密配方或秘密程序；(3) 工业、商业、科学设备；(4) 有关工业、商业、科学经验的信息
52	尼泊尔	个人所得税	15	(1) 文学、艺术或科学著作；(2) 专利、商标、设计、模型、图纸、秘密配方或秘密程序；(3) 工业、商业、科学设备；(4) 有关工业、商业、科学经验的信息
53	葡萄牙	个人所得税	10	(1) 文学、艺术或科学著作；(2) 专利、商标、设计、模型、图纸、秘密配方或秘密程序；(3) 工业、商业、科学设备；(4) 有关工业、商业、科学经验的信息
54	塞舌尔	个人所得税	10	(1) 文学、艺术或科学著作；(2) 专利、商标、设计、模型、图纸、秘密配方或秘密程序；(3) 工业、商业、科学设备；(4) 有关工业、商业、科学经验的信息
55	突尼斯	个人所得税	5	为技术或经济研究或技术援助而支付的特许权使用费
			10	(1) 文学、艺术或科学著作；(2) 专利、商标、设计、模型、图纸、秘密配方或秘密程序；(3) 有关工业、商业、科学经验的信息
		企业所得税	5	为技术或经济研究或技术援助而支付的特许权使用费
56	土耳其	个人所得税	10	(1) 文学、艺术或科学著作；(2) 专利、商标、设计、模型、图纸、秘密配方或秘密程序；(3) 工业、商业、科学设备；(4) 有关工业、商业、科学经验的信息

续表

序号	国家（地区）名称	税种	协定税率（%）	适用条件
57	乌干达	个人所得税	7	工业、商业、科学设备
			10	（1）文学、艺术或科学著作；（2）专利、商标、设计、模型、图纸、秘密配方或秘密程序；（3）有关工业、商业、科学经验的信息
		企业所得税	7	工业、商业、科学设备
58	乌克兰	个人所得税	10	（1）文学、艺术或科学著作；（2）专利、商标、设计、模型、图纸、秘密配方或秘密程序；（3）工业、商业、科学设备；（4）有关工业、商业、科学经验的信息
59	西班牙	个人所得税	10	（1）文学、艺术或科学著作；（2）专利、商标、设计、模型、图纸、秘密配方或秘密程序；（3）工业、商业、科学设备；（4）有关工业、商业、科学经验的信息
		企业所得税	6	工业、商业、科学设备
60	新加坡	个人所得税	6	工业、商业、科学设备
			10	（1）文学、艺术或科学著作；（2）专利、商标、设计、模型、图纸、秘密配方或秘密程序；（3）有关工业、商业、科学经验的信息
		企业所得税	6	工业、商业、科学设备
61	新西兰	个人所得税	10	（1）文学、艺术或科学著作；（2）专利、商标、设计、模型、图纸、秘密配方或秘密程序；（3）工业、商业、科学设备；（4）有关工业、商业、科学经验的信息
62	匈牙利	个人所得税	10	（1）文学、艺术或科学著作；（2）专利、商标、设计、模型、图纸、秘密配方或秘密程序；（3）工业、商业、科学设备；（4）有关工业、商业、科学经验的信息
63	叙利亚	个人所得税	10	（1）文学、艺术或科学著作；（2）专利、商标、设计、模型、图纸、秘密配方或秘密程序；（3）工业、商业、科学设备；（4）有关工业、商业、科学经验的信息
64	牙买加	个人所得税	10	（1）文学、艺术或科学著作；（2）专利、商标、设计、模型、图纸、秘密配方或秘密程序；（3）工业、商业、科学设备；（4）有关工业、商业、科学经验的信息

续表

序号	国家（地区）名称	税种	协定税率（%）	适用条件
65	以色列	个人所得税	7	工业、商业、科学设备
			10	(1) 文学、艺术或科学著作；(2) 专利、商标、设计、模型、图纸、秘密配方或秘密程序；(3) 有关工业、商业、科学经验的信息
		企业所得税	7	工业、商业、科学设备
66	意大利	个人所得税	10	(1) 文学、艺术或科学著作；(2) 专利、商标、设计、模型、图纸、秘密配方或秘密程序；(3) 工业、商业、科学设备；(4) 有关工业、商业、科学经验的信息
		企业所得税	7	工业、商业、科学设备
67	赞比亚	个人所得税	5	(1) 文学、艺术或科学著作；(2) 专利、商标、设计、模型、图纸、秘密配方或秘密程序；(3) 有关工业、商业、科学经验的信息
		企业所得税	5	(1) 文学、艺术或科学著作；(2) 专利、商标、设计、模型、图纸、秘密配方或秘密程序；(3) 有关工业、商业、科学经验的信息
68	阿塞拜疆	个人所得税	10	(1) 文学、艺术或科学著作；(2) 专利、商标、设计、模型、图纸、秘密配方或秘密程序；(3) 工业、商业、科学设备；(4) 有关工业、商业、科学经验的信息
69	爱沙尼亚	个人所得税	10	(1) 文学、艺术或科学著作；(2) 专利、商标、设计、模型、图纸、秘密配方或秘密程序；(3) 工业、商业、科学设备；(4) 有关工业、商业、科学经验的信息
70	澳大利亚	个人所得税	10	(1) 专利、商标、设计、模型、图纸、秘密配方或秘密程序；(2) 工业、商业、科学设备；(3) 有关工业、商业、科学经验的信息；(4) 其他特许权使用费
71	巴巴多斯	个人所得税	10	(1) 文学、艺术或科学著作；(2) 专利、商标、设计、模型、图纸、秘密配方或秘密程序；(3) 工业、商业、科学设备；(4) 有关工业、商业、科学经验的信息
72	巴基斯坦	个人所得税	12.5	(1) 文学、艺术或科学著作；(2) 专利、商标、设计、模型、图纸、秘密配方或秘密程序；(3) 工业、商业、科学设备；(4) 有关工业、商业、科学经验的信息
73	白俄罗斯	个人所得税	10	(1) 文学、艺术或科学著作；(2) 专利、商标、设计、模型、图纸、秘密配方或秘密程序；(3) 工业、商业、科学设备；(4) 其他特许权使用费

续表

序号	国家（地区）名称	税种	协定税率（%）	适用条件
74	保加利亚	个人所得税	7	工业、商业、科学设备
			10	（1）文学、艺术或科学著作；（2）专利、商标、设计、模型、图纸、秘密配方或秘密程序；（3）有关工业、商业、科学经验的信息
		企业所得税	7	工业、商业、科学设备
75	博茨瓦纳	个人所得税	5	（1）文学、艺术或科学著作；（2）专利、商标、设计、模型、图纸、秘密配方或秘密程序；（3）有关工业、商业、科学经验的信息
		企业所得税	5	（1）文学、艺术或科学著作；（2）专利、商标、设计、模型、图纸、秘密配方或秘密程序；（3）有关工业、商业、科学经验的信息
76	厄瓜多尔	个人所得税	10	（1）文学、艺术或科学著作；（2）专利、商标、设计、模型、图纸、秘密配方或秘密程序；（3）工业、商业、科学设备；（4）有关工业、商业、科学经验的信息
77	格鲁吉亚	个人所得税	5	（1）文学、艺术或科学著作；（2）专利、商标、设计、模型、图纸、秘密配方或秘密程序；（3）有关工业、商业、科学经验的信息
		企业所得税	5	（1）文学、艺术或科学著作；（2）专利、商标、设计、模型、图纸、秘密配方或秘密程序；（4）有关工业、商业、科学经验的信息
78	津巴布韦	个人所得税	7.5	（1）文学、艺术或科学著作；（2）专利、商标、设计、模型、图纸、秘密配方或秘密程序；（3）有关工业、商业、科学经验的信息
		企业所得税	7.5	（1）文学、艺术或科学著作；（2）专利、商标、设计、模型、图纸、秘密配方或秘密程序；（3）有关工业、商业、科学经验的信息
79	克罗地亚	个人所得税	10	（1）文学、艺术或科学著作；（2）专利、商标、设计、模型、图纸、秘密配方或秘密程序；（3）工业、商业、科学设备；（4）有关工业、商业、科学经验的信息
80	拉脱维亚	个人所得税	10	（1）文学、艺术或科学著作；（2）专利、商标、设计、模型、图纸、秘密配方或秘密程序；（3）工业、商业、科学设备；（4）有关工业、商业、科学经验的信息
		企业所得税	7	（1）文学、艺术或科学著作；（2）专利、商标、设计、模型、图纸、秘密配方或秘密程序；（3）工业、商业、科学设备；（4）有关工业、商业、科学经验的信息

续表

序号	国家（地区）名称	税种	协定税率（%）	适用条件
81	罗马尼亚	个人所得税	7	（1）文学、艺术或科学著作；（2）专利、商标、设计、模型、图纸、秘密配方或秘密程序；（3）工业、商业、科学设备；（4）有关工业、商业、科学经验的信息
		企业所得税	7	（1）文学、艺术或科学著作；（2）专利、商标、设计、模型、图纸、秘密配方或秘密程序；（3）工业、商业、科学设备；（4）有关工业、商业、科学经验的信息
82	马来西亚	个人所得税	10	（1）专利、商标、设计、模型、图纸、秘密配方或秘密程序；（2）工业、商业、科学设备；（3）有关工业、商业、科学经验的信息
			15	文学、艺术或科学著作
83	毛里求斯	个人所得税	10	（1）文学、艺术或科学著作；（2）专利、商标、设计、模型、图纸、秘密配方或秘密程序；（3）工业、商业、科学设备；（4）有关工业、商业、科学经验的信息
84	孟加拉国	个人所得税	10	（1）文学、艺术或科学著作；（2）专利、商标、设计、模型、图纸、秘密配方或秘密程序；（3）工业、商业、科学设备；（4）有关工业、商业、科学经验的信息
85	摩尔多瓦	个人所得税	10	（1）文学、艺术或科学著作；（2）专利、商标、设计、模型、图纸、秘密配方或秘密程序；（3）工业、商业、科学设备；（4）有关工业、商业、科学经验的信息
86	尼日利亚	个人所得税	7.5	（1）文学、艺术或科学著作；（2）专利、商标、设计、模型、图纸、秘密配方或秘密程序；（3）工业、商业、科学设备；（4）有关工业、商业、科学经验的信息
		企业所得税	7.5	（1）文学、艺术或科学著作；（2）专利、商标、设计、模型、图纸、秘密配方或秘密程序；（3）工业、商业、科学设备；（4）有关工业、商业、科学经验的信息
87	塞尔维亚	个人所得税	10	（1）文学、艺术或科学著作；（2）专利、商标、设计、模型、图纸、秘密配方或秘密程序；（3）工业、商业、科学设备；（4）有关工业、商业、科学经验的信息
88	塞浦路斯	个人所得税	10	（1）文学、艺术或科学著作；（2）专利、商标、设计、模型、图纸、秘密配方或秘密程序；（3）工业、商业、科学设备；（4）有关工业、商业、科学经验的信息

续表

序号	国家（地区）名称	税种	协定税率（%）	适用条件
89	斯里兰卡	个人所得税	10	(1) 文学、艺术或科学著作；(2) 专利、商标、设计、模型、图纸、秘密配方或秘密程序；(3) 工业、商业、科学设备；(4) 有关工业、商业、科学经验的信息
90	斯洛伐克	个人所得税	10	(1) 文学、艺术或科学著作；(2) 专利、商标、设计、模型、图纸、秘密配方或秘密程序；(3) 工业、商业、科学设备；(4) 有关工业、商业、科学经验的信息
91	委内瑞拉	个人所得税	10	(1) 文学、艺术或科学著作；(2) 专利、商标、设计、模型、图纸、秘密配方或秘密程序；(3) 工业、商业、科学设备；(4) 有关工业、商业、科学经验的信息
92	亚美尼亚	个人所得税	10	(1) 文学、艺术或科学著作；(2) 专利、商标、设计、模型、图纸、秘密配方或秘密程序；(3) 工业、商业、科学设备；(4) 有关工业、商业、科学经验的信息
93	阿尔巴尼亚	个人所得税	10	(1) 文学、艺术或科学著作；(2) 专利、商标、设计、模型、图纸、秘密配方或秘密程序；(3) 工业、商业、科学设备；(4) 有关工业、商业、科学经验的信息
94	阿尔及利亚	个人所得税	10	(1) 文学、艺术或科学著作；(2) 专利、商标、设计、模型、图纸、秘密配方或秘密程序；(3) 有关工业、商业、科学经验的信息
95	埃塞俄比亚	个人所得税	5	(1) 文学、艺术或科学著作；(2) 专利、商标、设计、模型、图纸、秘密配方或秘密程序；(3) 工业、商业、科学设备；(4) 有关工业、商业、科学经验的信息
		企业所得税	5	(1) 文学、艺术或科学著作；(2) 专利、商标、设计、模型、图纸、秘密配方或秘密程序；(3) 工业、商业、科学设备；(4) 有关工业、商业、科学经验的信息
96	哈萨克斯坦	个人所得税	10	(1) 文学、艺术或科学著作；(2) 专利、商标、设计、模型、图纸、秘密配方或秘密程序；(3) 工业、商业、科学设备；(4) 有关工业、商业、科学经验的信息
97	沙特阿拉伯	个人所得税	10	(1) 文学、艺术或科学著作；(2) 专利、商标、设计、模型、图纸、秘密配方或秘密程序；(3) 工业、商业、科学设备；(4) 有关工业、商业、科学经验的信息

续表

序号	国家（地区）名称	税种	协定税率（%）	适用条件
98	斯洛文尼亚	个人所得税	10	（1）文学、艺术或科学著作；（2）专利、商标、设计、模型、图纸、秘密配方或秘密程序；（3）工业、商业、科学设备；（4）有关工业、商业、科学经验的信息
99	塔吉克斯坦	个人所得税	8	（1）文学、艺术或科学著作；（2）专利、商标、设计、模型、图纸、秘密配方或秘密程序；（3）有关工业、商业、科学经验的信息
		企业所得税	8	（1）文学、艺术或科学著作；（2）专利、商标、设计、模型、图纸、秘密配方或秘密程序；（3）有关工业、商业、科学经验的信息
100	土库曼斯坦	个人所得税	10	（1）文学、艺术或科学著作；（2）专利、商标、设计、模型、图纸、秘密配方或秘密程序；（3）有关工业、商业、科学经验的信息
101	印度尼西亚	个人所得税	10	（1）文学、艺术或科学著作；（2）专利、商标、设计、模型、图纸、秘密配方或秘密程序；（3）工业、商业、科学设备；（4）有关工业、商业、科学经验的信息
102	吉尔吉斯斯坦	个人所得税	10	（1）文学、艺术或科学著作；（2）专利、商标、设计、模型、图纸、秘密配方或秘密程序；（3）工业、商业、科学设备；（4）有关工业、商业、科学经验的信息
103	乌兹别克斯坦	个人所得税	10	（1）文学、艺术或科学著作；（2）专利、商标、设计、模型、图纸、秘密配方或秘密程序；（3）工业、商业、科学设备；（4）有关工业、商业、科学经验的信息
104	巴布亚新几内亚	个人所得税	10	（1）专利、商标、设计、模型、图纸、秘密配方或秘密程序；（2）工业、商业、科学设备；（3）有关工业、商业、科学经验的信息；（4）其他特许权使用费
105	特立尼达和多巴哥	个人所得税	10	（1）文学、艺术或科学著作；（2）专利、商标、设计、模型、图纸、秘密配方或秘密程序；（3）工业、商业、科学设备；（4）有关工业、商业、科学经验的信息

注：1. 速查信息仅供参考，详细情况以税收协定文本规定为准；
2. 本表中企业所得税协定税率仅列出 <10% 栏次。

【适用条件】

从缔约对方国家（地区）取得特许权使用费所得、符合税收协定关于特许权使用费规定的具体要求。

【情景问答】

问：我公司在新加坡成立一家子公司，并将一套工业设备租给该子公司使用，每年向子公司收取设备租金100万美元，请问对上述租金需要在新加坡缴税吗，缴纳多少？

答：按照中新税收协定规定，需要在新加坡缴税。同时，按租金的60%确定税基，并适用10%的协定税率，因此，需要在新加坡缴纳的税款为100×60%×10%=6（万美元）。

【政策依据】

（1）《中华人民共和国企业所得税法》（中华人民共和国主席令第64号）第二条（略，见文件30-1）

（2）《中华人民共和国企业所得税法实施条例》（中华人民共和国国务院令第512号）第三条、第四条（略，见文件30-2）

（3）中华人民共和国政府对外签署的避免双重征税协定（含与香港、澳门特别行政区签署的税收安排）（编者略）

（4）《国家税务总局关于印发〈中华人民共和国政府和新加坡共和国政府关于对所得避免双重征税和防止偷漏税的协定及议定书条文解释〉的通知》（国税发〔2010〕75号）第十二条

政策链接

37-1 《国家税务总局关于印发〈中华人民共和国政府和新加坡共和国政府关于对所得避免双重征税和防止偷漏税的协定及议定书条文解释〉的通知》第十二条

2010年7月26日　国税发〔2010〕75号

第十二条　特许权使用费

一、第一款规定，居民国对本国居民取得的来自缔约国另一方的特许权使用费拥有征税权，但这种征税权并不是独占的。

二、根据第二款规定，特许权使用费的来源国对该所得也有征税权，但对征税权的行使进行了限制，即设定最高税率为10%。但根据协定议定书第三条的规定，对于使用或有权使用工业、商业、科学设备而支付的特许权使用费，按支付特许权使用费总额的60%确定税基。

适用本条款也必须以受益所有人是缔约国对方居民为前提。关于受益所有人的理解与判断，同样按照《国家税务总局关于如何理解和认定税收协定中“受益所有人”的通知》（国税函〔2009〕601号）的规定执行。在判断受益所有人时，要特别注意审核在特许权使用费据以产生和支付的版权、专利、技术等使用权转让合同之外，是否存在申请人与第三人之间在有关版权、专利、技术等的使用权或所有权方面的转让合同。

三、第三款是对“特许权使用费”一语的定义，需要从以下几个方面理解：

（一）特许权使用费首先应与使用或有权使用以下权利有关：构成权利和财产的各种形式的文学和艺术，有关工业、商业和科学实验的文字和信息中确定的知识产权，不论这些权利是否已经或必须在规定的部门注册登记。还应注意，这一定义既包括了在有许可的情况下支付的款项，也包括因侵权支付的赔偿款。

（二）特许权使用费也包括使用或有权使用工业、商业、科学设备取得的所得，即设备租金。但不包括设备所有权最终转移给用户的有关融资租赁协议涉及的支付款项中被认定为利息的部分；也不包括使用不动产取得的所得，使用不动产取得的所得适用协定第六条的规定。

（三）特许权使用费还包括使用或有权使用有关工业、商业、科学经验的情报取得的所得。对该项所得应理解为专有技术，一般是指进行某项产品的生产或工序复制所必需的、未曾公开的、具有专有技术性质的信息或资料。与专有技术有关的特许权使用费一般涉及技术许可方同意将其未公开的技术许可给另一方，使另一方能自由使用，技术许可方通常不亲自参与技术受让方对被许可技术的具体应用，并且不保证实施的结果。被许可的技术通常已经存在，但也包括应技术受让方的需求而研发后许可使用，并在合同中列有保密等使用限制的技术。

（四）在服务合同中，如果服务提供方在提供服务过程中使用了某些专门知识和技术，但并不许可这些技术使用权，则此类服务不属于特许权使用费范围。如果服务提供方提供服务形成的成果属于特许权使用费定义范围，并且服务提供方仍保有该项成果的所有权，服务接受方对此成果仅有使用权，则此类服务产生的所得属于特许权使用费。

（五）在转让或许可专有技术使用权过程中，如果技术许可方派人员为该项技术的应用提供有关支持、指导等服务，并收取服务费，无论是单独收取还是包括在技术价款中，均应视为特许权使用费，适用本条的规定。但如上述人员的服务已构成常设机构，对归属于常设机构部分的服务所得应执行协定第七条营业利润条款的规定，对提供服务的人员执行协定第十五条非独立个人劳务条款的规定；对未构成常设机构或未归属于常设机构的服务收入仍按特许权使用费规定处理。

（六）单纯货物贸易项下作为售后服务的报酬，产品保证期内卖方为买方提供服务所取得的报酬，专门从事工程、管理、咨询等专业服务的机构或个人提供的相关服务所取得的所得不是特许权使用费，应作为劳务活动所得适用协定第七条营业利润条款的规定。

四、第四款规定，若特许权使用费的受益所有人是缔约国一方居民，在缔约国另一方拥有常设机构，或者通过固定基地从事独立个人劳务，且据以支付特许权使用费的权利或财产构成常设机构或固定基地资产的一部分，或与该常设机构或固定基地有其他方面的实际联系，则来源国可将特许权使用费并入常设机构的利润予以征税。

应予注意的是，只有当取得特许权使用费的相关营业活动通过常设机构进行，且特许权使用费据以产生的权利或财产与常设机构有上述实际联系的情况下，才可适用本条款。仅以滥用协定为目的，将权利或财产转移到为特许权使用费提供优惠税收待遇的常设机构的，不应适用本款规定。

五、第五款明确了特许权使用费支付人为其居民的国家是特许权使用费的来源国这一原则。然而该款也规定了一个例外情形，即支付该特许权使用费的人无论是否为缔约国一方的居民，只要其在该缔约国一方拥有常设机构或固定基地，并且支付的费用由该常设机构或固定基地负担，本款认为特许权使用费来源地应是该常设机构或固定基地所在国。例如，某第三国设在中国的常设机构支付给新加坡居民的特许权使用费，在特许权使用费与该常设机构有实际联系的情况下，应认为该特许权使用费发生于中国，由中国根据中新协定行使优先征税权。如新加坡居民为该项特许权使用费的受益所有人，则可享受本协定待遇。

六、第六款对关联交易中协定优惠条款的适用加以限定。当支付人与受益所有人之间或他们与其他人之间由于某种特殊关系而造成超额支付特许权使用费时，支付额中超过按市场公允价格计算所应支付数额的部分不享受协定的优惠。

七、第七款为反滥用条款。以获取优惠的税收地位为主要目的的交易或安排，不适用税收协定特许权使用费条款优惠规定，纳税人因该交易或安排而不当享受税收协定待遇的，主管税务机关有权进行调整。

八、执行第六款和第七款的规定时，应考虑我国国内法关于特别纳税调整的有关规定。

38. 技术服务费

我国与印度和巴基斯坦签订的税收协定中单独对技术服务费作了规定。

【适用主体】

从缔约对方国家（地区）取得技术服务费所得的居民。

【协定规定】

我国与印度、巴基斯坦签订的双边税收协定中包括技术服务费条款：

（1）中印（印度）协定第十二条为“特许权使用费和技术服务费”条款，特许权使用费的表述与一般表述相同，对技术服务费的表述为“技术服务费一语是指缔约国一方居民在缔约国另一方提供管理、技术或咨询服务而收取的任何报酬，但不包括本协定第五条第二款第（十一）项和第十五条所提及的活动的报酬。”

（2）中巴（巴基斯坦）协定除特许权使用费条款外，还单独设置第十三条技术服务费条款，表述为：“‘技术服务费’一语是指缔约国一方居民在缔约国另一方提供管理、技术或咨询服务（包括该居民通过其他人员提供的技术服务）而收取的任何报酬（包括一次总付的报酬），但不包括本协定第五条第三款和第十五条所提及的活动的报酬。”

【适用条件】

从印度或巴基斯坦取得技术服务费所得、符合税收协定关于技术服务费规定的具体要求。

【情景问答】

问：我公司近期拟派员到巴基斯坦提供技术服务，这是我公司第一次跟巴基斯坦企业发生业务往来，想请问我公司因提供技术服务收取的服务费需要在当地缴税吗？

答：根据我国与巴基斯坦签订的税收协定，提供技术服务属于中巴税收协定第十三条规定的技术服务费，也需要在当地缴税。

【政策依据】

（1）《中华人民共和国企业所得税法》（中华人民共和国主席令第 64 号）

第二条（略，见文件30－1）

（2）《中华人民共和国企业所得税法实施条例》（中华人民共和国国务院令第512号）第三条、第四条（略，见文件30－2）

（3）中华人民共和国政府对外签署的避免双重征税协定（含与香港、澳门特别行政区签署的税收安排）（编者略）

（4）《国家税务总局关于中、印两国政府避免双重征税协定若干条文解释与执行的通知》（国税发〔1994〕257号）第四条

政策链接

38－1 《国家税务总局关于中、印两国政府避免双重征税协定若干条文解释与执行的通知》第四条

1994年12月9日 国税发〔1994〕257号

四、关于第十二条特许权使用费和技术服务费

鉴于印方国内法已明确规定对技术服务费征收预提所得税，并坚持在税收协定中对特许权使用费和技术服务费采用相同的限制税率征收预提税，双方商定第十二条除明确对特许权使用费征税规定外，同时明确关于技术服务费征税的规定。具体执行，按以下原则掌握：

（一）凡按照协定第五条常设机构的条文规定，提供技术服务已构成常设机构的，相关的技术服务费应按协定第七条营业利润的规定征税。如各自公司、企业派员到对方提供技术服务未构成常设机构的，则该项技术服务费应按协定第十二条第二款的规定，征收10%的预提税。

（二）该条征收预提税的技术服务费，应按第四款所述范围，不包括适用协定第五条第二款第（十一）项规定的劳务活动涉及的技术服务费，也不包括适用协定第十五条规定的非独立个人劳务的报酬。

39. 转让不动产

转让不动产属于税收协定财产收益条款的重要内容。财产收益条款主要涉及转让各类财产所有权取得收益的征税权的划分，包括不动产、常设机构财产、运输工具、股份以及其他财产。

税收协定对财产转让收益在居民国的征税权通常没有限制，但在赋予来源国对财产转让收益的征税权时，设有限制条款。换言之，我国“走出去”企业在境外转让财产取得收益一般在我国征税，但在某些情况下，与我国签订税

收协定的缔约对方国家也拥有征税权。协定规定缔约对方国家对财产收益拥有征税权的，按其国内法规定进行征税。

【适用主体】

转让位于缔约对方国家（地区）的不动产并取得收益的居民。

【协定规定】

我国签订的税收协定中规定，对我国居民转让位于缔约对方国家（地区）的不动产取得的收益，可以在缔约对方国家（地区）征税。

【适用条件】

转让位于缔约对方国家（地区）的不动产取得收益并符合税收协定财产收益相关条款的具体要求。

【情景问答】

问：我公司在新加坡拥有一栋房产，今年准备将该房产出售，请问需要在新加坡缴税吗？

答：需要在新加坡缴税。根据中国和新加坡签订的税收协定，转让不动产取得收益的征税权按照不动产所在地原则判断，你公司转让的不动产位于新加坡，应在新加坡缴税。

【政策依据】

（1）《中华人民共和国企业所得税法》（中华人民共和国主席令第 64 号）第二条（略，见文件 30－1）

（2）《中华人民共和国企业所得税法实施条例》（中华人民共和国国务院令第 512 号）第三条、第四条（略，见文件 30－2）

（3）中华人民共和国政府对外签署的避免双重征税协定（含与香港、澳门特别行政区签署的税收安排）（编者略）

（4）《国家税务总局关于印发〈中华人民共和国政府和新加坡共和国政府关于对所得避免双重征税和防止偷漏税的协定及议定书条文解释〉的通知》（国税发〔2010〕75 号）第十三条

政策链接

39－1 《国家税务总局关于印发〈中华人民共和国政府和新加坡共和国政府关于对所得避免双重征税和防止偷漏税的协定及议定书条文解释〉的通知》第十三条

2010年7月26日 国税发〔2010〕75号

第十三条 财产收益

第十三条就财产转让产生的收益，包括转让各类动产、不动产和权利产生的受益的征税问题做出规定。协定本身并未对"财产收益"进行定义。"财产收益"一般是指财产法律权属关系发生变更产生的收益，包括出售或交换财产产生的收益，也包括部分转让、征用、出售权利等产生的收益。

一、第一款规定转让不动产取得的收益应由不动产所在国征税。对于不动产的定义，该款引用了第六条的规定。本款只规定了不动产转让收益的征税原则，其他情况下的不动产所得仍适用第六条的规定。

二、第二款针对企业常设机构用于营业的财产中的动产，转让这类财产所取得的收益可以在常设机构所在国征税。

三、第三款规定，转让从事国际运输的船舶和飞机，或转让附属于经营上述船舶和飞机的动产取得的收益，应仅在经营上述船舶和飞机的企业为其居民的国家征税。这一规定与第八条的规定原则一致。

四、第四款与第五款均是对股份转让征税问题的规定，根据这两款的规定，新加坡居民转让其在中国居民公司的股份取得的收益，在满足以下任一条件时，中国税务机关有权征税：

（一）被转让公司股份价值50%以上直接或间接由位于中国的不动产组成；

（二）新加坡居民在转让其中国公司股份行为发生前十二个月内曾直接或间接参与该中国公司至少25%资本。

按第四款规定，如缔约国一方居民持有某公司的股份，不论该公司是缔约一方的公司还是缔约对方的公司，只要该公司的股份价值的50%以上（不含50%）直接或者间接由位于缔约对方的不动产所构成，则缔约国一方居民转让该公司股份取得的收益，无论其持股比例是多少，不动产所在国对股份转让收益都有权征税。例如，新加坡居民拥有中国公司的股份（或购买在新加坡上市的中国公司的股份），如该中国公司股份价值的50%以上直接或间接由位于中国的不动产所组成，那么，不论该新加坡居民持有中国公司股份比例如何，中国对该新加坡居民转让该公司股份取得的收益都可以征税；再如，如果新加坡居民拥有某中国境外公司的股份，如果该公司股份价值的50%以上直接或间接由位于中国的不动产所构成，则上述新加坡居民转让该中国境外公司股份（股票）取得的收益，中国作为不动产所在国根据本款规定拥有征税权（但一般情况下如果不动产所在国国内法对此类情形下的转让收益不征税，即使协定规定有征税权，也并不意味着不动产所在国一定要征税）。

公司股份价值50%以上直接或间接由位于中国的不动产所组成，是指公司股份被转让之前的一段时间（目前该协定对具体时间未作规定，执行中可暂按三年处理）内任一时间，被转让股份的公司直接或间接持有位于中国的不动产价值占公司全部财产价值的比率在50%以上。

执行该款规定时还应注意“间接持有”的问题，即除了应考虑被转让公司本身财产构成以外，还应注意被转让股份的公司是否有参股其他公司股份及该参股公司的财产价值构成情况。例如，新加坡居民在转让其在中国公司中的股份取得的转让收益时可能会提出，由于该中国公司财产价值的不动产部分低于50%（并且该新加坡居民持有中国居民公司股份低于25%），对其转让收益应享受协定不予征税的待遇。对此，如果上述中国公司又参股其他中国公司，并且其参股的其他中国公司的财产价值主要由在中国的不动产组成，则该被参股的中国公司的财产价值中一部分（按参股比例计算）应属于前面提及的中国公司，在计算被转让股份公司的财产价值时，应将后一个被控股公司的不动产价值按参股比例计算的归属部分一并考虑，视该被转让股份的中国居民公司的财产价值的不动产比例是否达到50%。例如新加坡居民公司甲拥有中国居民公司乙20%的股份，公司乙的财产价值为100（单位略），其中不动产价值为40。如果该公司乙又持有中国居民公司丙80%的股份，如公司丙的财产价值为100，其中不动产价值为90，则在处理依本款规定享受协定待遇计算公司乙的财产价值时，应将公司丙财产价值的80%计算在内，即公司乙直接或间接拥有的财产价值为$100+100\times80\%=180$，其中不动产价值为$40+90\times80\%=112$，不动产价值比例为62%。上述例举以剔除公司乙和丙之间内部交易影响后的数额为前提。因此，当新加坡居民公司甲转让中国居民公司乙的股份时，由于该中国公司乙的财产价值中50%以上的价值直接或间接来自于中国的不动产，根据协定规定，对此项转让收益中国拥有征税权。

五、在一般情况下（除滥用情形外），按照第五款的规定，新加坡居民转让其在中国居民公司或其他法人资本中的股份、参股、或其他权利取得的收益，如果收益人在转让行为前的十二个月内曾经直接或间接参与被转让公司25%的资本，则中国有权对该收益征税。

新加坡居民转让中国居民公司或其他法人资本中的股份、参股、或其他权利，在一般情况下（除滥用情形外）是指直接转让情形。如果被转让的股份不属于中国居民公司或其他法人资本中的股份、参股、或其他权利，无论被转让股份的公司是否拥有中国居民公司或其他法人资本中的股份、参股、或其他权利，均不适用第五款规定，即不能按照第五款规定确定中国拥有征税权，应视具体情形适用本条其他款项规定。

但是，对滥用企业组织形式，不是出于真正商业意图，而是以逃避税款或获取优惠的税收待遇为目的，间接转让中国公司股份的情况，中国有权根据本协定第二十六条的规定启动反避税调查程序，以防止我国税收权益的流失。

新加坡居民直接或间接参与一个中国居民公司的资本包括以下几种情况：①

（一）该新加坡居民在该中国居民公司直接拥有资本；

（二）该新加坡居民通过任何其持股的公司（或持股链公司）间接拥有该中国居民公司的资本。间接拥有的资本或股份按照每一持股链中各公司的持股比例乘积计算，例如新加坡居民甲持有第三方居民公司乙50%股份，乙持有中国居民公司丙50%股份，则甲通过乙间接持有中国居民公司丙的股份达到25%（50%×50%），在这一情况下，如果甲同时直接持有丙5%的股份，那么当其转让该5%的股份时，就应该考虑其间接持有的25%的股份，从而达到本款规定的征税条件。但如果甲没有直接持有中国居民公司丙的股份，只是通过乙间接持有丙，此款所说的间接持有股份的规定并不针对甲转让乙的股份收益问题（除滥用情形外）；

（三）与该新加坡居民具有显著利益关系的关联集团内其他成员在该中国居民公司直接拥有的资本。这里所称“与新加坡居民有显著利益关系的关联集团成员”包括与个人居民具有完全相同持股利益的人（如直系亲属、存在代理关系的人等）、直接拥有非个人居民100%股权的公司或个人，以及由上述个人或公司直接或间接拥有100%股权的公司。例如：

1. 新加坡居民公司乙直接持有中国居民公司丙10%资本；

2. 新加坡居民公司乙的母公司甲（100%控股）直接持有中国居民公司丙10%资本；

3. 母公司甲的另一个100%控股的子公司丁直接持有中国居民公司丙10%资本。在此种情形下，该关联集团持有中国居民公司丙的股份应为30%。因此，如果新加坡公司乙转让其在公司丙的股份取得收益，中国则视其在公司丙

---

① 条款废止。条文解释第十三条第五款第四段废止。参见：《国家税务总局关于税收协定中财产收益条款有关问题的公告》，国家税务总局公告2012年第59号。

的参股比例达到了25%而拥有征税权。

六、本条各款涉及的各项财产的转让收益按各款的规定处理，对于转让各款所述财产以外的财产而取得的收益，按第六款转让“其他财产”处理，即仅在转让者为其居民的国家征税。

40. 转让常设机构营业财产

【适用主体】

转让位于在缔约对方国家（地区）常设机构的营业财产并取得收益的居民。

【政策规定】

按照我国目前签订的税收协定规定，转让我国居民在缔约对方国家（地区）的常设机构营业财产部分的动产，包括转让该常设机构（单独或者随同整个企业）取得的收益，可以在缔约对方国家（地区）征税。

【适用条件】

转让设立在缔约对方国家（地区）的常设机构的营业财产取得收益并符合税收协定财产收益相关条款的具体要求。

【情景问答】

问：我公司在韩国设有一个办事处，主要用于负责联络当地业务，因业务需要，准备将办事处自持的物业及办公设备转让，请问需要在韩国缴税吗？

答：根据中国和韩国签订的税收协定，如果办事处构成常设机构，转让的财产所得属于常设机构营业收益，需要在韩国缴税。

【政策依据】

1.《中华人民共和国企业所得税法》（中华人民共和国主席令第64号）第二条（略，见文件30－1）

2.《中华人民共和国企业所得税法实施条例》（中华人民共和国国务院令第512号）第三条、第四条（略，见文件30－2）

3. 中华人民共和国政府对外签署的避免双重征税协定（含与香港、澳门特别行政区签署的税收安排）（编者略）

41. 转让船舶、飞机等运输工具

【适用主体】

转让在缔约对方国家（地区）经营的船舶、飞机等运输工具并取得收益的居民。

【协定规定】

按照我国目前签订的税收协定规定，缔约国家（地区）一方居民转让从事国际运输的船舶或飞机，或者转让属于经营上述船舶、飞机的动产取得的收益，应仅在经营上述船舶或飞机的企业为其居民的国家（地区）征税。其中与土库曼斯坦、吉尔吉斯斯坦、哈萨克斯坦、乌兹别克斯塔、土耳其的协定中转让从事国际运输的陆运车辆适用此规定；与塔吉克斯坦的协定中转让从事国际运输的公路或铁路车辆适用此规定；与俄罗斯的协定中转让从事国际运输的火车以及机动交通工具适用此规定；与香港的安排中转让从事陆运的车辆适用此规定。

根据中国与希腊的协定规定，转让从事国际运输的船舶或飞机，或者转让属于经营上述船舶或飞机的动产取得的收益，应仅在按第八条的规定对该船舶或飞机取得的利润征税的缔约国家（地区）征税。

我国签订的部分协定还有规定在企业实际管理机构所在的国家（地区）征税以及在该企业总机构所在的国家（地区）征税等情形。具体征税权划分见表41－1。

表41－1　转让运输工具征税范围划分一览表

转让运输工具在居民国家（地区）征税	转让运输工具在实际管理机构所在国家（地区）征税	转让运输工具在总机构所在国家（地区）征税	转让运输工具在总机构或实际管理机构所在国家（地区）征税
日本、美国、马来西亚、加拿大、瑞典、泰国、澳大利亚、罗马、卢森堡、俄罗斯*、印度、毛里求斯、克罗地亚、白俄罗斯、以色列、越南、土耳其*、古巴、哈萨克*、印度尼西亚、阿曼、尼日利亚、吉尔吉斯*、斯里兰卡、阿尔巴尼亚、文莱、阿塞拜疆、格鲁吉亚、墨西哥、新加坡、塔吉克*、土库曼*、芬兰、赞比亚、马耳他、叙利亚、香港*、乌克兰、亚美尼亚、冰岛、立陶宛、拉脱维亚、乌兹别克*、孟加拉、埃及、葡萄牙、爱沙尼亚、塞舌尔、菲律宾、爱尔兰、南非、巴巴多斯、摩尔多瓦	德国、丹麦*、荷兰、波兰、巴基斯坦、阿尔及利亚*、埃塞俄比亚、捷克共和国、法国	新西兰、保加利亚、蒙古、阿联酋、巴布亚新几内亚、斯洛文尼亚、卡塔尔、委内瑞拉、巴林、特立尼达和多巴哥、比利时、苏丹、马其顿、老挝*	挪威、意大利、斯洛伐克、波黑、科威特、瑞士、塞浦路斯、西班牙、奥地利、巴西、匈牙利、韩国、尼泊尔、伊朗、摩洛哥、沙特、澳门、牙买加、塞尔维亚和黑山、突尼斯

说明：国家（地区）名称后标注＊号是指与这些国家（地区）的协定中，包括除从事国际运输的船舶或飞机外的其他运输工具。表格信息仅供参考，详细情况以税收协定文本未定为准。

【适用条件】

转让在缔约对方国家（地区）经营的船舶、飞机等运输工具并取得收益的居民企业。

【情景问答】

问：我公司有架飞机在中国和美国之间开展国际运输业务，现需要转让，请问要在美国缴税吗?

答：根据中国和美国签订的税收协定，不需要在美国缴税。

【政策依据】

（1）《中华人民共和国企业所得税法》（中华人民共和国主席令第64号）第二条（略，见文件30－1）

（2）《中华人民共和国企业所得税法实施条例》（中华人民共和国国务院令第512号）第三条、第四条（略，见文件30－2）

（3）中华人民共和国政府对外签署的避免双重征税协定（含与香港、澳门特别行政区签署的税收安排）（编者略）

42. 转让主要由不动产组成的公司股权

【适用主体】

转让位于缔约对方国家（地区）主要由不动产组成的公司股权并取得收益的居民。

【政策规定】

目前我国签订的部分税收协定中规定，转让一个公司财产股份的股票取得的收益，该公司的财产又主要直接或间接由位于一方的不动产所组成，可以在不动产所在国征税。其中我国与马来西亚的协定中转让一个合伙企业或信托机构的股权适用此规定；我国与阿尔巴尼亚的协定中转让在合伙企业或信托中的利益也适用此规定。

我国与澳大利亚的税收协定规定："缔约国一方居民转让一个公司的股票或类似权益取得的所得或收益，该公司的财产又全部或主要由第六条'不动产所得'所述的位于缔约国另一方的不动产所组成，可以在该缔约国另一方征税。"

我国与部分国家（地区）的协定对不动产占比作了明确规定，部分协定没有单列对"转让主要财产为不动产的公司的股份取得收益"的税收处理规定。具体规定见表42－1。

表42－1　　转让不动产组成的公司股份规定一览表

协定规定公司财产主要直接或间接由位于一方的不动产组成	协定规定公司财产50%以上直接或间接由位于一方的不动产组成	协定未单列对"转让主要财产为不动产的公司的股份取得收益"条款
美国、马来西亚*、挪威、加拿大、瑞典、意大利、斯洛伐克、保加利亚、巴基斯坦、塞浦路斯、西班牙、罗马尼亚、奥地利、蒙古、匈牙利、阿联酋、卢森堡、韩国、巴布亚新几内亚、印度、毛里求斯、克罗地亚、以色列、越南、土耳其、乌克兰、牙买加、冰岛、立陶宛、拉脱维亚、乌兹别克、塞尔维亚和黑山、苏丹、马其顿、埃及、葡萄牙、爱沙尼亚、老挝、塞舌尔、菲律宾、爱尔兰、南非、摩尔多瓦、卡塔尔、尼泊尔、哈萨克、印度尼西亚、阿曼、伊朗、巴林、希腊、吉尔吉斯、摩洛哥、斯里兰卡、阿尔巴尼亚*、阿塞拜疆、墨西哥、沙特、芬兰、马耳他、香港	丹麦、巴巴多斯、阿尔及利亚、新加坡、塔吉克、埃塞俄比亚、土库曼、赞比亚、澳门、法国、瑞士、俄罗斯、比利时、德国、荷兰、英国	日本、新西兰、泰国、波黑、波兰、科威特、巴西、白俄罗斯、斯洛维尼亚、亚美尼亚、孟加拉、古巴、委内瑞拉、尼日利亚、突尼斯、特立尼达和多巴哥、文莱、格鲁吉亚、叙利亚、捷克共和国

说明：国家（地区）名称后标注*号是指与这些国家（地区）的协定中，不仅包括转让不动产组成的公司股份，还包括转让不动产组成的合伙企业或信托机构。表格信息仅供参考，详细情况以税收协定文本未定为准。

【适用条件】

转让位于缔约对方国家（地区）主要由不动产组成的公司股权并取得收益的居民企业。

【情景问答】

问：我公司在丹麦有一子公司，该子公司持有若干土地房产，占丹麦子公司股份价值的70%，请问如全部转让丹麦子公司股份需要在当地缴税吗？

答：根据我国与丹麦签订的税收协定，如果转让的公司股份价值的50%（不含）以上直接或间接来自位于丹麦的不动产，需要根据丹麦相关税收规定缴税。

【政策依据】

（1）《中华人民共和国企业所得税法》（中华人民共和国主席令第64号）第二条（略，见文件30－1）

(2)《中华人民共和国企业所得税法实施条例》(中华人民共和国国务院令第512号)第三条、第四条(略，见文件30－2)

(3)中华人民共和国政府对外签署的避免双重征税协定(含与香港、澳门特别行政区签署的税收安排)(编者略)

43. 转让公司股权(主要由不动产构成的股权除外)

【适用主体】

从缔约对方国家(地区)取得转让不动产组成的公司股权以外的股权所得的居民。

【政策规定】

对于该项所得，我国与不同国家(地区)的协定规定有所不同，部分表述为：转让不动产组成的公司股份以外的其他股票取得的收益，该项股票又相当于参与缔约国家(地区)一方居民公司的股权的25%的，可以在该缔约国家(地区)征税；部分协定还要求“该收益的收款人在转让行为前的12个月内，曾经直接或间接拥有该公司至少25%的股份”；我国与一部分国家的税收协定则没有单列对转让其他公司股份取得收益的税务处理规定。具体征税要求见表43－1。

表43－1　转让不动产组成的公司股份以外，相当于公司25%股权的征税权的划分一览表

转让相当于缔约国家(地区)一方公司25%股权	转让前直接或间接拥有公司25%股份	未单列“转让相当于缔约国家(地区)一方公司25%股权”规定
美国、挪威、瑞典、意大利、斯洛伐克、保加利亚、巴基斯坦、塞浦路斯、西班牙、罗马尼亚、蒙古、卢森堡、巴布亚新几内亚、克罗地亚、越南、乌克兰、牙买加、冰岛、乌兹别克、苏丹、马其顿、埃及、老挝、塞舌尔、南非、摩尔多瓦、卡塔尔、尼泊尔、阿曼、巴林、吉尔吉斯、斯里兰卡、沙特	丹麦、毛里求斯、巴巴多斯、新加坡、芬兰、马耳他、香港、澳门、比利时、法国、英国、德国、荷兰、瑞士	日本、马来西亚、加拿大、新西兰、泰国、波兰、澳大利亚、波黑、科威特、巴西、匈牙利、阿联酋、韩国、印度、白俄罗斯、斯洛文尼亚、以色列、土耳其、亚美尼亚、立陶宛、拉脱维亚、孟加拉、塞尔维亚和黑山、葡萄牙、爱沙尼亚、菲律宾、爱尔兰、古巴、委内瑞拉、哈萨克、印度尼西亚、尼日利亚、突尼斯、伊朗、希腊、摩洛哥、特立尼达和多巴哥、阿尔巴尼亚、文莱、阿塞拜疆、格鲁吉亚、阿尔及利亚、塔吉克、埃塞俄比亚、土库曼、赞比亚、叙利亚、俄罗斯

注：信息仅供参考，详细情况以税收协定文本未定为准。

我国与捷克、奥地利的税收协定规定，不论控股比例大小，均在被转让股份的公司所在国征税。

我国与墨西哥的税收协定规定：“转让第二款所述以外的代表缔约国一方居民公司参股的股票取得的收益，可以在该缔约国一方征税。”

【适用条件】

从缔约对方国家（地区）取得转让不动产组成的公司股权以外的股权所得的居民企业。

【情景问答】

问：我公司在美国有一家全资子公司，该子公司的资产主要由存货及其他流动资产构成，请问如转让该子公司全部股份，需要在当地缴税吗?

答：你公司转让美国子公司股票取得的收益虽然不是主要由不动产构成的，但你公司对美国子公司的持股比例超过25%，根据我国与美国签订的税收协定，因此需要在美国缴税。

【政策依据】

（1）《中华人民共和国企业所得税法》（中华人民共和国主席令第64号）第二条（略，见文件30－1）

（2）《中华人民共和国企业所得税法实施条例》（中华人民共和国国务院令第512号）第三条、第四条（略，见文件30－2）

（3）中华人民共和国政府对外签署的避免双重征税协定（含与香港、澳门特别行政区签署的税收安排）（编者略）

44. 转让其他财产

【适用主体】

从缔约对方国家（地区）取得转让其他财产所得的居民。

【政策规定】

对于该项所得，我国与不同国家（地区）的协定规定有所不同，对征税权的划分差异较大，具体请见表44－1。

表 44－1 转让其他财产的征税权的划分

与下列国家（地区）协定规定转让发生国征税	与下列国家（地区）协定规定转让者为居民的国家征税
日本、美国、马来西亚、挪威、加拿大、瑞典、新西兰、泰国、意大利、波兰、巴基斯坦、西班牙、罗马尼亚、奥地利、匈牙利、印度、斯洛伐克、波黑	科威特、瑞士、塞浦路斯、蒙古、马耳他、卢森堡、韩国、俄罗斯、毛里求斯、白俄罗斯、斯洛文尼亚、以色列、越南、乌克兰、亚美尼亚、牙买加、冰岛、立陶宛、拉脱维亚、乌兹别克斯坦、苏丹、埃及、葡萄牙、爱沙尼亚、老挝、菲律宾、爱尔兰、南非、摩尔多瓦、克罗地亚、巴布亚新几内亚、孟加拉、马其顿、塞舌尔、巴巴多斯、古巴、委内瑞拉、哈萨克斯坦、印度尼西亚、阿曼、突尼斯、伊朗、巴林、希腊、吉尔吉斯、摩洛哥、斯里兰卡、特立尼达和多巴哥、阿尔巴尼亚、阿塞拜疆、格鲁吉亚、墨西哥、沙特、阿尔及利亚、卡塔尔、尼泊尔、文莱、香港、澳门、新加坡、塔吉克斯坦、埃塞俄比亚、捷克、土库曼斯坦、叙利亚、赞比亚、塞尔维亚和黑山、丹麦、法国、英国、比利时、德国、芬兰、荷兰

注：信息仅供参考，详细情况以税收协定文本未定为准。

【适用条件】

从缔约对方国家（地区）取得转让其他财产所得的居民企业。

【政策依据】

（1）《中华人民共和国企业所得税法》（中华人民共和国主席令第 64 号）第二条（略，见文件 30－1）

（2）《中华人民共和国企业所得税法实施条例》（中华人民共和国国务院令第 512 号）第三条、第四条（略，见文件 30－2）

（3）中华人民共和国政府对外签署的避免双重征税协定（含与香港、澳门特别行政区签署的税收安排）（编者略）

45. 国籍非歧视

在税收协定中，约定非歧视待遇的目的在于协调国与国之间的税收权利和财政利益以及避免税收歧视，它一般包括：国籍非歧视、常设机构非歧视、扣除非歧视、资本非歧视等四个方面的定义解释和保留条款。国籍非歧视是非歧视待遇条款的重要内容。

【适用主体】

居民企业。

【协定规定】

一般表述为：“缔约国一方的国民在缔约国另一方负担的税收或者有关条件，在相同情况下，特别是在居民身份相同的情况下，不应与该缔约国另一方的国民负担或可能负担的税收或者有关条件不同或比其更重。虽有第一条（本协定适用于缔约国一方或者同时为双方居民的人）的规定，本款规定也应适用于不是缔约国一方或者双方居民的人。”

【适用条件】

符合税收协定规定条件的居民企业。

【情景问答】

问：我公司是一家中国居民企业，现在被认定为格鲁吉亚的税收居民，可以在格鲁吉亚与当地居民享受同等的税收待遇吗？

答：根据中国和格鲁吉亚税收协定，缔约国一方的国民在缔约国另一方负担的税收或者有关条件，不应与该缔约国另一方的国民在相同情况下，负担或可能负担的税收或者有关条件不同或比其更重。因此，你公司可以与当地居民企业享受同等的税收待遇。

【政策依据】

（1）《中华人民共和国企业所得税法》（中华人民共和国主席令第 64 号）第二条（略，见文件 30 - 1）

（2）《中华人民共和国企业所得税法实施条例》（中华人民共和国国务院令第 512 号）第三条、第四条（略，见文件 30 - 2）

（3）中华人民共和国政府对外签署的避免双重征税协定（含与香港、澳门特别行政区签署的税收安排）（编者略）

46. 常设机构非歧视

【适用主体】

在缔约国另一方设立常设机构的居民企业。

【协定规定】

一般表述为：“缔约国一方企业在缔约国另一方常设机构的税收负担，不应高于缔约国另一方对从事同样活动的本国企业征收的税收。本规定不应理解为缔约国一方由于民事地位、家庭责任给予缔约国一方居民的个人补贴、优惠和减免也必须给予缔约国另一方居民。”

【适用条件】

符合税收协定规定条件的居民企业。

【情景问答】

问：我公司在新加坡的工程项目被认定为常设机构，常设机构与从事相同或类似业务的当地居民企业适用的税收政策有差别吗?

答：根据中国和新加坡的税收协定，在新加坡常设机构的税收负担，不应高于新加坡国内进行同样活动的企业的税收。

【政策依据】

（1）《中华人民共和国企业所得税法》（中华人民共和国主席令第64号）第二条（略，见文件30－1）

（2）《中华人民共和国企业所得税法实施条例》（中华人民共和国国务院令第512号）第三条、第四条（略，见文件30－2）

（3）中华人民共和国政府对外签署的避免双重征税协定（含与香港、澳门特别行政区签署的税收安排）（编者略）

47. 扣除非歧视

【适用主体】

居民企业。

【协定规定】

一般表述为：“除适用第九条（关联企业）、第十一条（利息）第七款或第十二条（特许权使用费）第六款规定外，缔约国一方企业支付给缔约国另一方居民的利息、特许权使用费和其他款项，在确定该企业应纳税利润时，应与在同样情况下支付给该缔约国一方居民同样予以扣除。”

【适用条件】

符合税收协定规定条件的居民企业。

【情景问答】

问：我公司因生产经营需要向韩国银行贷款并支付了利息，该利息支出与向境内商业银行贷款支付的利息在税前扣除上有差别吗？

答：根据中国和韩国的税收协定，你公司因生产经营需要而向韩国银行借款产生的利息支出，只要不违反独立交易原则和资本弱化相关税收规定，在确定企业应纳税利润时，可与支付给境内商业银行一样在税前扣除。

【政策依据】

（1）《中华人民共和国企业所得税法》（中华人民共和国主席令第 64 号）第二条（略，见文件 30－1）

（2）《中华人民共和国企业所得税法实施条例》（中华人民共和国国务院令第 512 号）第三条、第四条（略，见文件 30－2）

（3）中华人民共和国政府对外签署的避免双重征税协定（含与香港、澳门特别行政区签署的税收安排）（编者略）

48. 资本非歧视

【适用主体】

居民企业。

【协定规定】

一般规定表述为：“缔约国一方企业的资本全部或部分，直接或间接为缔约国另一方一个或更多居民拥有或控制，该企业在该缔约国一方负担的税收或者有关条件，不应与该缔约国一方其他同类企业的负担或可能负担的税收或者有关条件不同或比其更重。”

【适用条件】

符合税收协定规定条件的居民企业。

【情景问答】

问：资本非歧视待遇是不是指我们企业投资到境外的资本金在境外享受非歧视待遇？

答：资本非歧视待遇禁止缔约国一方对资本全部或部分、直接或间接由缔约国另一方一个或多个居民拥有或控制的企业，在税收上给予比较不利的待遇。该项规定及其要防止的差别待遇，仅与企业税收有关，而与拥有或控制其资本的人无关。因此，规定的目的是对居住于同一国家的纳税人保证平等待遇，而不是对合伙人或股东持有的外国资本，给予用于国内资本的同样待遇。资本非歧视待遇并不妨碍借款人所在国应用国内关于对居民企业支付给非居民企业关联企业的利息不允许扣除的资本弱化的有关规定。

【政策依据】

（1）《中华人民共和国企业所得税法》（中华人民共和国主席令第 64 号）第二条（略，见文件 30－1）

（2）《中华人民共和国企业所得税法实施条例》（中华人民共和国国务院令第 512 号）第三条、第四条（略，见文件 30－2）

（3）中华人民共和国政府对外签署的避免双重征税协定（含与香港、澳门特别行政区签署的税收安排）（编者略）

三、管理规定

49. 境外分支机构税务登记

企业在境外设立分支机构的，应当在境内办理税务登记。

【适用主体】

在境外设立分支机构的企业。

【政策规定】

企业在境外设立分支机构的，应当在境内办理税务登记。未实施“一照一码”的企业在境外设立分支机构的，应当按照《中华人民共和国税收征收管理法》及其实施细则和税务登记管理办法的规定办理税务登记，如实填写税务登记表，填写境内外分支机构和资本构成等有关情况。税务登记内容发生变化的，应按照规定办理变更税务登记。

实施“一照一码”的企业在境外设立分支机构的，对于工商部门已采集信息的，税务机关不再重复采集；其他必要涉税基础信息，企业可在办理有关涉税事宜时陆续补齐。“一照一码”企业工商登记信息发生变更（除生产经营地、财务负责人、核算方式等信息外），向工商机关办理变更登记；“一照一码”纳税人《纳税人补充信息表》和生产经营地、财务负责人、核算方式等信息发生变化时，向主管税务机关申请变更。

【情景问答】

问：我公司在境外设立分支机构，请问税务登记管理有何规定？

答：企业在境外设立分支机构时，应在境内办理税务登记，如实填写税务登记表，填写境内外分支机构和资本构成等有关情况。如税务登记内容发生变化，应按照规定办理变更税务登记。

【政策依据】

（1）《中华人民共和国税收征收管理法》（中华人民共和国主席令第23号）第十五条、第十六条

（2）《中华人民共和国税收征收管理法实施细则》（中华人民共和国国务院令第666号）第十二条、第十四条

（3）《税务登记管理办法》（国家税务总局令第36号）第二条、第十条、第十一条、第十八条至第二十条

政策链接

49－1 《中华人民共和国税收征收管理法》第十五条、第十六条

2015年4月24日　中华人民共和国主席令第23号

第十五条　企业，企业在外地设立的分支机构和从事生产、经营的场所，个体工商户和从事生产、经营的事业单位（以下统称从事生产、经营的纳税人）自领取营业执照之日起三十日内，持有关证件，向税务机关申报办理税务登记。税务机关应当自收到申报之日起三十日内审核并发给税务登记证件。

工商行政管理机关应当将办理登记注册、核发营业执照的情况，定期向税务机关通报。

本条第一款规定以外的纳税人办理税务登记和扣缴义务人办理扣缴税款登记的范围和办法，由国务院规定。

第十六条　从事生产、经营的纳税人，税务登记内容发生变化的，自工商行政管理机关办理变更登记之日起三十日内或者在向工商行政管理机关申请办理注销登记之前，持有关证件向税务机关申报办理变更或者注销税务登记。

49－2 《中华人民共和国税收征收管理法实施细则》第十二条、第十四条

2016年2月6日　中华人民共和国国务院令第666号

第十二条　从事生产、经营的纳税人应当自领取营业执照之日起30日内，向生产、经营地或者纳税义务发生地的主管税务机关申报办理税务登记，如实填写税务登记表，并按照税务机关的要求提供有关证件、资料。

前款规定以外的纳税人，除国家机关和个人外，应当自纳税义务发生之日起30日内，持有关证件向所在地的主管税务机关申报办理税务登记。

个人所得税的纳税人办理税务登记的办法由国务院另行规定。

税务登记证件的式样，由国家税务总局制定。

……

第十四条 纳税人税务登记内容发生变化的，应当自工商行政管理机关或者其他机关办理变更登记之日起30日内，持有关证件向原税务登记机关申报办理变更税务登记。

纳税人税务登记内容发生变化，不需要到工商行政管理机关或者其他机关办理变更登记的，应当自发生变化之日起30日内，持有关证件向原税务登记机关申报办理变更税务登记。

49-3 《税务登记管理办法》第二条、第十条、第十一条、第十八条至第二十条

2014年12月27日 国家税务总局令第36号

第二条 企业，企业在外地设立的分支机构和从事生产、经营的场所，个体工商户和从事生产、经营的事业单位，均应当按照《税收征管法》及《实施细则》和本办法的规定办理税务登记。

前款规定以外的纳税人，除国家机关、个人和无固定生产、经营场所的流动性农村小商贩外，也应当按照《税收征管法》及《实施细则》和本办法的规定办理税务登记。

根据税收法律、行政法规的规定负有扣缴税款义务的扣缴义务人（国家机关除外），应当按照《税收征管法》及《实施细则》和本办法的规定办理扣缴税款登记。

……

第十条 企业，企业在外地设立的分支机构和从事生产、经营的场所，个体工商户和从事生产、经营的事业单位（以下统称从事生产、经营的纳税人），向生产、经营所在地税务机关申报办理税务登记：

（一）从事生产、经营的纳税人领取工商营业执照的，应当自领取工商营业执照之日起30日内申报办理税务登记，税务机关发放税务登记证及副本；

（二）从事生产、经营的纳税人未办理工商营业执照但经有关部门批准设立的，应当自有关部门批准设立之日起30日内申报办理税务登记，税务机关发放税务登记证及副本；

（三）从事生产、经营的纳税人未办理工商营业执照也未经有关部门批准设立的，应当自纳税义务发生之日起30日内申报办理税务登记，税务机关发放临时税务登记证及副本；

（四）有独立的生产经营权、在财务上独立核算并定期向发包人或者出租人上交承包费或租金的承包承租人，应当自承包承租合同签订之日起30日内，向其承包承租业务发生地税务机关申报办理税务登记，税务机关发放临时税务登记证及副本；

（五）境外企业在中国境内承包建筑、安装、装配、勘探工程和提供劳务的，应当自项目合同或协议签订之日起30日内，向项目所在地税务机关申报办理税务登记，税务机关发放临时税务登记证及副本。

第十一条 本办法第十条规定以外的其他纳税人，除国家机关、个人和无固定生产、经营场所的流动性农村小商贩外，均应当自纳税义务发生之日起30日内，向纳税义务发生地税务机关申报办理税务登记，税务机关发放税务登记证及副本。

……

第十八条 纳税人税务登记内容发生变化的，应当向原税务登记机关申报办理变更税务登记。

第十九条 纳税人已在工商行政管理机关办理变更登记的，应当自工商行政管理机关变更登记之日起30日内，向原税务登记机关如实提供下列证件、资料，申报办理变更税务登记：

（一）工商登记变更表及工商营业执照；

（二）纳税人变更登记内容的有关证明文件；

（三）税务机关发放的原税务登记证件（登记证正、副本和登记表等）；

（四）其他有关资料。

第二十条 纳税人按照规定不需要在工商行政管理机关办理变更登记，或者其变更登记的内容与工商登记内容无关的，应当自税务登记内容实际发生变化之日起30日内，或者自有关机关批准或者宣布变更之日起30日内，持下列证件到原税务登记机关申报办理变更税务登记：

（一）纳税人变更登记内容的有关证明文件；

（二）税务机关发放的原税务登记证件（登记证正、副本和税务登记表等）；

（三）其他有关资料。

50. 非境内注册居民企业税务登记

经认定的非境内注册居民企业应当在境内办理税务登记；终止居民身份的，应办理注销登记。

【适用主体】

非境内注册居民企业。

【政策规定】

(1) 居民身份的认定，采用企业自行判定提请税务机关认定和税务机关调查发现予以认定两种形式。

(2) 企业自行判定实际管理机构是否设立在中国境内，如其判定符合认定条件的，应当向其主管税务机关书面提出居民身份认定申请；税务机关发现境外中资企业符合认定条件但未申请成为中国居民企业的，可以按规定进行调查，并要求境外中资企业提供相关资料。税务机关依法对企业提供的相关资料进行审核，并按规定予以认定。

(3) 非境内注册居民企业发生企业实际管理机构所在地变更为中国境外的，或中方控股投资者转让企业股权，导致中资控股地位发生变化的，税务机关可按规定取消其居民身份。

(4) 非境内注册居民企业应当自收到居民身份认定书之日起 30 日内向主管税务机关提供资料申报办理税务登记；经税务机关确认终止居民身份的，应当自收到税务机关书面通知之日起 15 日内向主管税务机关申报办理注销税务登记。

【情景问答】

问：我公司是一家注册在境外但被境内税务部门认定为非境内注册居民企业，请问我公司向其他外国企业支付利息或特许权使用费时，需要办理代扣代缴企业税款登记吗?

答：你公司向非居民企业支付利息或特许权使用费时，应依法代扣代缴企业所得税，并在与非居民企业首次签订业务合同或协议之日起 30 日内，向主管税务机关申报办理扣缴税款登记，设立代扣代缴税款账簿和合同资料档案，准确记录扣缴企业所得税情况。

【政策依据】

(1)《中华人民共和国企业所得税法》(中华人民共和国主席令第 64 号) 第二条（略，见文件 30－1）

(2)《中华人民共和国企业所得税法实施条例》(中华人民共和国国务院令第 512 号) 第三条、第四条（略，见文件 30－2）

(3)《国家税务总局关于境外注册中资控股企业依据实际管理机构标准认定为居民企业有关问题的通知》（国税发〔2009〕82号）第一条至第三条、第七条

(4)《国家税务总局关于印发〈境外注册中资控股居民企业所得税管理办法（试行）〉的公告》(国家税务总局公告2011年第45号）第六至第十五条

(5)《国家税务总局关于依据实际管理机构标准实施居民企业认定有关问题的公告》(国家税务总局公告2014年第9号)

政策链接

50－1《国家税务总局关于境外注册中资控股企业依据实际管理机构标准认定为居民企业有关问题的通知》第一条至第三条、第七条[①]

2009年4月22日　国税发〔2009〕82号

一、境外中资企业是指由中国境内的企业或企业集团作为主要控股投资者，在境外依据外国（地区）法律注册成立的企业。

二、境外中资企业同时符合以下条件的，根据企业所得税法第二条第二款和实施条例第四条的规定，应判定其为实际管理机构在中国境内的居民企业(以下称非境内注册居民企业)，并实施相应的税收管理，就其来源于中国境内、境外的所得征收企业所得税。

(一）企业负责实施日常生产经营管理运作的高层管理人员及其高层管理部门履行职责的场所主要位于中国境内；

(二）企业的财务决策（如借款、放款、融资、财务风险管理等）和人事决策（如任命、解聘和薪酬等）由位于中国境内的机构或人员决定，或需要得到位于中国境内的机构或人员批准；

(三）企业的主要财产、会计账簿、公司印章、董事会和股东会议纪要档案等位于或存放于中国境内；

(四）企业1/2（含1/2）以上有投票权的董事或高层管理人员经常居住于中国境内。

三、对于实际管理机构的判断，应当遵循实质重于形式的原则。

……

七、境外中资企业可向其实际管理机构所在地或中国主要投资者所在地主

---

① 政策调整。“境外注册的中资控股企业依据实际管理机构标准判定为中国居民企业审批”下放。参见：《国家税务总局关于贯彻落实〈国务院关于取消和下放一批行政审批项目的决定〉的通知》，税总发〔2014〕6号。

管税务机关提出居民企业申请，主管税务机关对其居民企业身份进行初步审核后，层报国家税务总局确认；境外中资企业未提出居民企业申请的，其中国主要投资者的主管税务机关可以根据所掌握的情况对其是否属于中国居民企业做出初步判定，层报国家税务总局确认。

境外中资企业或其中国主要投资者向税务机关提出居民企业申请时，应同时向税务机关提供如下资料：

（一）企业法律身份证明文件；

（二）企业集团组织结构说明及生产经营概况；

（三）企业最近一个年度的公证会计师审计报告；

（四）负责企业生产经营等事项的高层管理机构履行职责的场所的地址证明；

（五）企业董事及高层管理人员在中国境内居住记录；

（六）企业重大事项的董事会决议及会议记录；

（七）主管税务机关要求的其他资料。

50－2 《国家税务总局关于印发〈境外注册中资控股居民企业所得税管理办法（试行）〉的公告》第六至第十五条①

2011年7月27日 国家税务总局公告2011年第45号

第六条 境外中资企业居民身份的认定，采用企业自行判定提请税务机关认定和税务机关调查发现予以认定两种形式。

第七条 境外中资企业应当根据生产经营和管理的实际情况，自行判定实际管理机构是否设立在中国境内。如其判定符合《通知》第二条规定的居民企业条件，应当向其主管税务机关书面提出居民身份认定申请，同时提供以下资料：

（一）企业法律身份证明文件；

（二）企业集团组织结构说明及生产经营概况；

---

① 政策调整。“境外注册中资控股居民企业主管税务机关的变更审批”取消。参见：1.《国家税务总局关于贯彻落实〈国务院关于第一批取消62项中央指定地方实施行政审批事项的决定〉的通知》，税总发〔2015〕141号。2.《国务院关于第一批取消62项中央指定地方实施行政审批事项的决定》，国发〔2015〕57号。3.《国务院关于取消和调整一批行政审批项目等事项的决定》，国发〔2015〕11号。

政策调整。“非境内注册居民企业选择主管税务机关批准”取消。参见：1.《国家税务总局贯彻落实〈国务院关于第二批取消152项中央指定地方实施行政审批事项的决定〉的通知》，税总发〔2016〕23号。2.《国务院关于第二批取消152项中央指定地方实施行政审批事项的决定》，国发〔2016〕9号。3.《国务院关于取消和调整一批行政审批项目等事项的决定》，国发〔2015〕11号。

（三）企业上一个纳税年度的公证会计师审计报告；

（四）负责企业生产经营等事项的高层管理机构履行职责场所的地址证明；

（五）企业上一年度及当年度董事及高层管理人员在中国境内居住的记录；

（六）企业上一年度及当年度重大事项的董事会决议及会议记录；

（七）主管税务机关要求提供的其他资料。

第八条 主管税务机关发现境外中资企业符合《通知》第二条规定但未申请成为中国居民企业的，可以对该境外中资企业的实际管理机构所在地情况进行调查，并要求境外中资企业提供本办法第七条规定的资料。调查过程中，主管税务机关有权要求该企业的境内投资者提供相关资料。

第九条 主管税务机关依法对企业提供的相关资料进行审核，提出初步认定意见，将据以做出初步认定的相关事实（资料）、认定理由和结果层报税务总局确认。

税务总局认定境外中资企业居民身份的，应当将相关认定结果同时书面告知境内投资者、境内被投资者的主管税务机关。

第十条 非境内注册居民企业的主管税务机关收到税务总局关于境外中资企业居民身份的认定结果后，应当在10日内向该企业下达《境外注册中资控股企业居民身份认定书》（见附件1），通知其从企业居民身份确认年度开始按照我国居民企业所得税管理规定及本办法规定办理有关税收事项。

第十一条 非境内注册居民企业发生下列重大变化情形之一的，应当自变化之日起15日内报告主管税务机关，主管税务机关应当按照本办法规定层报税务总局确定是否取消其居民身份。

（一）企业实际管理机构所在地变更为中国境外的；

（二）中方控股投资者转让企业股权，导致中资控股地位发生变化的。

第十二条 税务总局认定终止非境内注册居民企业居民身份的，应当将相关认定结果同时书面告知境内投资者、境内被投资者的主管税务机关。企业应当自主管税务机关书面告知之日起停止履行中国居民企业的所得税纳税义务与扣缴义务，同时停止享受中国居民企业税收待遇。上述主管税务机关应当依法做好减免税款追缴等后续管理工作。

第三章 税务登记管理

第十三条 非境内注册居民企业应当自收到居民身份认定书之日起30日内向主管税务机关提供以下资料申报办理税务登记，主管税务机关核发临时税务登记证及副本：

（一）居民身份认定书；

（二）境外注册登记证件；

（三）税务机关要求提供的其他资料。

第十四条 非境内注册居民企业经税务总局确认终止居民身份的，应当自收到主管税务机关书面通知之日起15日内向主管税务机关申报办理注销税务登记。

第十五条 发生本办法第四条扣缴义务的非境内注册居民企业应当自扣缴义务发生之日起30日内，向主管税务机关申报办理扣缴税款登记。

50-3 国家税务总局关于依据实际管理机构标准实施居民企业认定有关问题的公告

2014年1月29日 国家税务总局公告2014年第9号

为完善依据实际管理机构实施居民企业的认定工作，加强企业所得税征收管理，根据《国务院关于取消和下放一批行政审批项目的决定》（国发〔2013〕44号），国家税务总局对《国家税务总局关于境外注册中资控股企业依据实际管理机构标准认定为居民企业有关问题的通知》（国税发〔2009〕82号，以下简称《通知》）有关条款进行了修订，现公告如下：

一、符合《通知》第二条规定的居民企业认定条件的境外中资企业，须向其中国境内主要投资者登记注册地主管税务机关提出居民企业认定申请，主管税务机关对其居民企业身份进行初步判定后，层报省级税务机关确认。经省级税务机关确认后抄送其境内其他投资地相关省级税务机关。

二、按本公告实施居民企业认定时，经省级税务机关确认后，30日内抄报国家税务总局，由国家税务总局网站统一对外公布。国家税务总局适时开展检查，对不符合条件的，责令其纠正。

三、境外注册中资控股企业自其被认定为居民企业的年度起，从中国境内其他居民企业取得以前年度（限于2008年1月1日以后）的股息、红利等权益性投资收益，应按照《中华人民共和国企业所得税法》第二十六条及其实施条例第十七条、第八十三条的规定处理。

四、境外注册中资控股企业所得税征管的其他事项，仍按照《通知》的相关规定执行。

五、本公告适用于2013年度及以后年度企业所得税申报。

特此公告。

51. 非境内注册居民企业税收义务

【适用主体】

非境内注册居民企业。

【政策规定】

（1）非境内注册居民企业应就其来源于中国境内、境外的所得缴纳企业所得税，并适用居民企业的税收管理规定（如税务登记管理、账簿凭证管理、申报征收管理等）；

（2）非境内注册居民企业按照分季预缴、年度汇算清缴方法申报缴纳所得税，按照规定履行关联申报及同期资料准备等义务；

（3）非境内注册居民企业应当履行居民企业所得税纳税义务，并在向非居民企业支付款项时，依法代扣代缴企业所得税。

【情景问答】

问：我公司在被税务机关认定为非境内注册居民企业之后，要进行企业所得税年度申报纳税吗？

答：需要。你公司应在居民身份确认年度开始，按照境内居民企业所得税管理规定办理有关税收事项。

【政策依据】

（1）《中华人民共和国企业所得税法》（中华人民共和国主席令第 64 号）第二条（略，见文件 30 - 1）

（2）《中华人民共和国企业所得税法实施条例》（中华人民共和国国务院令第 512 号）第三条、第四条（略，见文件 30 - 2）

（3）《国家税务总局关于境外注册中资控股企业依据实际管理机构标准认定为居民企业有关问题的通知》（国税发〔2009〕82 号）第四条至第六条、第八条

（4）《国家税务总局关于印发〈境外注册中资控股居民企业所得税管理办法（试行）〉的公告》（国家税务总局公告 2011 年第 45 号）第四条

（5）《国家税务总局关于依据实际管理机构标准实施居民企业认定有关问题的公告》（国家税务总局公告 2014 年第 9 号）第三条

政策链接

51－1 《国家税务总局关于境外注册中资控股企业依据实际管理机构标准认定为居民企业有关问题的通知》第四条至第六条、第八条

2009年4月22日　国税发〔2009〕82号

四、非境内注册居民企业从中国境内其他居民企业取得的股息、红利等权益性投资收益，按照企业所得税法第二十六条和实施条例第八十三条的规定，作为其免税收入。非境内注册居民企业的投资者从该居民企业分得的股息红利等权益性投资收益，根据实施条例第七条第（四）款的规定，属于来源于中国境内的所得，应当征收企业所得税；该权益性投资收益中符合企业所得税法第二十六条和实施条例第八十三条规定的部分，可作为收益人的免税收入。

五、非境内注册居民企业在中国境内投资设立的企业，其外商投资企业的税收法律地位不变。

六、境外中资企业被判定为非境内注册居民企业的，按照企业所得税法第四十五条以及受控外国企业管理的有关规定，不视为受控外国企业，但其所控制的其他受控外国企业仍应按照有关规定进行税务处理。

……

八、境外中资企业被认定为中国居民企业后成为双重居民身份的，按照中国与相关国家（或地区）签署的税收协定（或安排）的规定执行。

51－2 《国家税务总局关于印发〈境外注册中资控股居民企业所得税管理办法（试行）〉的公告》第四条

2011年7月27日　国家税务总局公告2011年第45号

第四条　非境内注册居民企业应当按照企业所得税法及其实施条例和相关管理规定的要求，履行居民企业所得税纳税义务，并在向非居民企业支付企业所得税法第三条第三款规定的款项时，依法代扣代缴企业所得税。

51－3 《国家税务总局关于依据实际管理机构标准实施居民企业认定有关问题的公告》第三条

2014年1月29日　国家税务总局公告2014年第9号

三、境外注册中资控股企业自其被认定为居民企业的年度起，从中国境内其他居民企业取得以前年度（限于2008年1月1日以后）的股息、红利等权

益性投资收益，应按照《中华人民共和国企业所得税法》第二十六条及其实施条例第十七条、第八十三条的规定处理。

52. 金融账户涉税信息自动交换

为了履行金融账户涉税信息自动交换国际义务，规范金融机构对非居民金融账户涉税信息尽职调查行为，国家税务总局、财政部、人民银行等六部委联合发文，指导我国境内金融机构识别非居民金融账户，收集并报送相关信息。

同时，我国企业在已承诺实施金融账户涉税信息自动交换标准的国家（地区）设立的金融机构开立账户时，有义务提供税收居民身份信息。

【适用主体】

符合条件的居民企业。

【政策规定】

依法在中华人民共和国境内设立的金融机构应对在本机构开立的所有账户进行尽职调查，识别非居民金融账户，记录并报送非居民金融账户相关信息。根据账户持有人的不同，金融账户分为个人账户和机构账户。个人账户和机构账户又以 2017 年 6 月 30 日为时间点进一步划分为新开账户和存量账户。每种账户的尽职调查程序均有所不同。金融机构在执行相应的尽职调查程序后，应每年定期向主管部门报送非居民金融账户持有人的名称、纳税人识别号、地址、账号、余额、利息、股息以及出售金融资产的收入等信息，再由国家税务总局与账户持有人的居民国税务主管当局开展信息交换。

【适用条件】

从 2017 年 7 月 1 日起，个人和机构在金融机构新开立账户，包括在商业银行开立存款账户、在保险公司购买商业保险，需按照金融机构要求在开户申请书或额外的声明文件里声明其税收居民身份。如果上述个人和机构前期已经开立了账户，2017 年 7 月 1 日之后在同一金融机构开立新账户时，大部分情况下无需进行税收居民身份声明，其税收居民身份由金融机构根据留存资料来确认。

【情景问答】

（1）问：我公司是中国税收居民企业，我公司的账户信息将被报送和交换吗?

答:账户持有人为中国税收居民企业的,金融机构不会收集和报送相关账户信息,也不会交换给其他国家(地区)。账户持有企业同时构成中国税收居民和其他国家(地区)税收居民的,其中国境内的账户信息将会交换给相应的境外税收居民国(地区),其境外的账户信息也将会交换给国家税务总局。

(2)问:我公司是中国税收居民企业,我在境外开立账户应注意什么?

答:在已承诺实施金融账户涉税信息自动交换标准的国家(地区)设立的金融机构,都需要识别非居民账户,并向所在地税务当局报送账户相关信息。我国税收居民企业在这些国家(地区)开立金融账户时,需要提供税收居民身份信息,包括我国纳税人识别号。根据我国相关规定,自2015年10月起,法人和其他组织的纳税人识别号为其统一的社会信用代码。由于金融机构可能需要核验账户持有人记载纳税人识别号相关证件,我国居民企业在境外开立账户请带好税务登记证或营业执照复印件。

【政策依据】

《国家税务总局 财政部 中国人民银行 中国银行业监督管理委员会 中国证券监督管理委员会 中国保险监督管理委员会关于发布〈非居民金融账户涉税信息尽职调查管理办法〉的公告》(国家税务总局 财政部 中国人民银行 中国银行业监督管理委员会 中国证券监督管理委员会 中国保险监督管理委员会公告2017年第14号)

政策链接

52-1 《国家税务总局 财政部 中国人民银行 中国银行业监督管理委员会 中国证券监督管理委员会 中国保险监督管理委员会关于发布〈非居民金融账户涉税信息尽职调查管理办法〉的公告》

2017年5月9日 国家税务总局 财政部 中国人民银行 中国银行业监督管理委员会 中国证券监督管理委员会 中国保险监督管理委员会公告2017年第14号

为了履行金融账户涉税信息自动交换国际义务,规范金融机构对非居民金融账户涉税信息的尽职调查行为,国家税务总局、财政部、中国人民银行、中国银行业监督管理委员会、中国证券监督管理委员会、中国保险监督管理委员会制定了《非居民金融账户涉税信息尽职调查管理办法》,现予发布,自2017年7月1日起施行。

特此公告。

附件：1. 个人税收居民身份声明文件（样表）（编者略）

2. 机构税收居民身份声明文件（样表）（编者略）

3. 控制人税收居民身份声明文件（样表）（编者略）

非居民金融账户涉税信息尽职调查管理办法

第一章 总 则

第一条 为了履行《多边税收征管互助公约》和《金融账户涉税信息自动交换多边主管当局间协议》规定的义务，规范金融机构对非居民金融账户涉税信息的尽职调查行为，根据《中华人民共和国税收征收管理法》《中华人民共和国反洗钱法》等法律、法规的规定，制定本办法。

第二条 依法在中华人民共和国境内设立的金融机构开展非居民金融账户涉税信息尽职调查工作，适用本办法。

第三条 金融机构应当遵循诚实信用、谨慎勤勉的原则，针对不同类型账户，按照本办法规定，了解账户持有人或者有关控制人的税收居民身份，识别非居民金融账户，收集并报送账户相关信息。

第四条 金融机构应当建立完整的非居民金融账户尽职调查管理制度，设计合理的业务流程和操作规范，并定期对本办法执行落实情况进行评估，妥善保管尽职调查过程中收集的资料，严格进行信息保密。金融机构应当对其分支机构执行本办法规定的尽职调查工作作出统一要求并进行监督管理。

金融机构应当向账户持有人充分说明本机构需履行的信息收集和报送义务，不得明示、暗示或者帮助账户持有人隐匿身份信息，不得协助账户持有人隐匿资产。

第五条 账户持有人应当配合金融机构的尽职调查工作，真实、及时、准确、完整地向金融机构提供本办法规定的相关信息，并承担未遵守本办法规定的责任和风险。

第二章 基本定义

第六条 本办法所称金融机构，包括存款机构、托管机构、投资机构、特定的保险机构及其分支机构：

（一）存款机构是指在日常经营活动中吸收存款的机构；

（二）托管机构是指近三个会计年度总收入的百分之二十以上来源于为客户持有金融资产的机构，机构成立不满三年的，按机构存续期间计算；

（三）投资机构是指符合以下条件之一的机构：

1. 近三个会计年度总收入的百分之五十以上来源于为客户投资、运作金融资产的机构，机构成立不满三年的，按机构存续期间计算；

2. 近三个会计年度总收入的百分之五十以上来源于投资、再投资或者买卖金融资产，且由存款机构、托管机构、特定的保险机构或者本项第1目所述投资机构进行管理并作出投资决策的机构，机构成立不满三年的，按机构存续期间计算；

3. 证券投资基金、私募投资基金等以投资、再投资或者买卖金融资产为目的而设立的投资实体。

（四）特定的保险机构是指开展有现金价值的保险或者年金业务的机构。本办法所称保险机构是指上一公历年度内，保险、再保险和年金合同的收入占总收入比重百分之五十以上的机构，或者在上一公历年度末拥有的保险、再保险和年金合同的资产占总资产比重百分之五十以上的机构。

本办法所称金融资产包括证券、合伙权益、大宗商品、掉期、保险合同、年金合同或者上述资产的权益，前述权益包括期货、远期合约或者期权。金融资产不包括实物商品或者不动产非债直接权益。

第七条 下列机构属于本办法第六条规定的金融机构：

（一）商业银行、农村信用合作社等吸收公众存款的金融机构以及政策性银行；

（二）证券公司；

（三）期货公司；

（四）证券投资基金管理公司、私募基金管理公司、从事私募基金管理业务的合伙企业；

（五）开展有现金价值的保险或者年金业务的保险公司、保险资产管理公司；

（六）信托公司；

（七）其他符合条件的机构。

第八条 下列机构不属于本办法第六条规定的金融机构：

（一）金融资产管理公司；

（二）财务公司；

（三）金融租赁公司；

（四）汽车金融公司；

（五）消费金融公司；

（六）货币经纪公司；

（七）证券登记结算机构；

（八）其他不符合条件的机构。

第九条 本办法所称金融账户包括：

（一）存款账户，是指开展具有存款性质业务而形成的账户，包括活期存款、定期存款、旅行支票、带有预存功能的信用卡等。

（二）托管账户，是指开展为他人持有金融资产业务而形成的账户，包括代理客户买卖金融资产的业务以及接受客户委托、为客户管理受托资产的业务：

1. 代理客户买卖金融资产的业务包括证券经纪业务、期货经纪业务、代理客户开展贵金属、国债业务或者其他类似业务；

2. 接受客户委托、为客户管理受托资产的业务包括金融机构发起、设立或者管理不具有独立法人资格的理财产品、基金、信托计划、专户/集合类资产管理计划或者其他金融投资产品。

（三）其他账户，是指符合以下条件之一的账户：

1. 投资机构的股权或者债权权益，包括私募投资基金的合伙权益和信托的受益权；

2. 具有现金价值的保险合同或者年金合同。

第十条 本办法所称非居民是指中国税收居民以外的个人和企业（包括其他组织），但不包括政府机构、国际组织、中央银行、金融机构或者在证券市场上市交易的公司及其关联机构。前述证券市场是指被所在地政府认可和监管的证券市场。中国税收居民是指中国税法规定的居民企业或者居民个人。

本办法所称非居民金融账户是指在我国境内的金融机构开立或者保有的、由非居民或者有非居民控制人的消极非金融机构持有的金融账户。金融机构应当在识别出非居民金融账户之日起将其归入非居民金融账户进行管理。

账户持有人同时构成中国税收居民和其他国家（地区）税收居民的，金融机构应当按照本办法规定收集并报送其账户信息。

第十一条 本办法所称账户持有人是指由金融机构登记或者确认为账户所有者的个人或者机构，不包括代理人、名义持有人、授权签字人等为他人利益而持有账户的个人或者机构。

现金价值保险合同或者年金合同的账户持有人是指任何有权获得现金价值或者变更合同受益人的个人或者机构，不存在前述个人或者机构的，则为合同所有者以及根据合同条款对支付款项拥有既得权利的个人或者机构。现金价值保险合同或者年金合同到期时，账户持有人包括根据合同规定有权领取款项的个人或者机构。

第十二条 本办法所称消极非金融机构是指符合下列条件之一的机构：

（一）上一公历年度内，股息、利息、租金、特许权使用费收入等不属于积极经营活动的收入，以及据以产生前述收入的金融资产的转让收入占总收入比重百分之五十以上的非金融机构；

（二）上一公历年度末，拥有可以产生本款第一项所述收入的金融资产占总资产比重百分之五十以上的非金融机构；

（三）税收居民国（地区）不实施金融账户涉税信息自动交换标准的投资机构。

下列非金融机构不属于消极非金融机构：

（一）上市公司及其关联机构；

（二）政府机构或者履行公共服务职能的机构；

（三）仅为了持有非金融机构股权或者向其提供融资和服务而设立的控股公司；

（四）成立时间不足二十四个月且尚未开展业务的企业；

（五）正处于资产清算或者重组过程中的企业；

（六）仅与本集团（该集团内机构均为非金融机构）内关联机构开展融资或者对冲交易的企业；

（七）非营利组织。

第十三条 本办法所称控制人是指对某一机构实施控制的个人。

公司的控制人按照以下规则依次判定：

（一）直接或者间接拥有超过百分之二十五公司股权或者表决权的个人；

（二）通过人事、财务等其他方式对公司进行控制的个人；

（三）公司的高级管理人员。

合伙企业的控制人是拥有超过百分之二十五合伙权益的个人。

信托的控制人是指信托的委托人、受托人、受益人以及其他对信托实施最终有效控制的个人。

基金的控制人是指拥有超过百分之二十五权益份额或者其他对基金进行控制的个人。

第十四条 本办法所称关联机构是指一个机构控制另一个机构，或者两个机构受到共同控制，则该两个机构互为关联机构。

前款所称控制是指直接或者间接拥有机构百分之五十以上的股权和表决权。

第十五条 本办法所称金融账户包括存量账户和新开账户。

存量账户是指符合下列条件之一的账户，包括存量个人账户和存量机构账户：

（一）截至2017年6月30日由金融机构保有的、由个人或者机构持有的金融账户；

（二）2017年7月1日（含当日，下同）以后开立并同时符合下列条件的金融账户：

1. 账户持有人已在同一金融机构开立了本款第一项所述账户的；

2. 上述金融机构在确定账户加总余额时将本款第二项所述账户与本款第一项所述账户视为同一账户的；

3. 金融机构已经对本款第一项所述账户进行反洗钱客户身份识别的；

4. 账户开立时，账户持有人无需提供除本办法要求以外的其他信息的。

存量个人账户包括低净值账户和高净值账户，低净值账户是指截至2017年6月30日账户加总余额不超过相当于一百万美元（简称“一百万美元”，下同）的账户，高净值账户是指截至2017年6月30日账户加总余额超过一百万美元的账户。

新开账户是指2017年7月1日以后在金融机构开立的，除第二款第二项规定账户外，由个人或者机构持有的金融账户，包括新开个人账户和新开机构账户。

第十六条 本办法所称账户加总余额是指账户持有人在同一金融机构及其关联机构所持有的全部金融账户余额或者资产的价值之和。

金融机构需加总的账户限于通过计算机系统中客户号、纳税人识别号等关键数据项能够识别的所有金融账户。

联名账户的每一个账户持有人，在加总余额时应当计算该联名账户的全部余额。

在确定是否为高净值账户时，客户经理知道或者应当知道在其供职的金融机构内几个账户直接或者间接由同一个人拥有或者控制的，应当对这些账户进行加总。

前款所称客户经理是指由金融机构指定、与特定客户有直接联系，根据客户需求向客户介绍、推荐或者提供相关金融产品、服务或者提供其他协助的人员，但不包括符合前述条件，仅由于偶然性原因为客户提供上述服务的人员。

金融机构在计算账户加总余额时，账户币种为非美元的，应当按照计算日当日中国人民银行公布的外汇中间价折合为美元计算。折合美元时，可以根据原币种金额折算，也可以根据该金融机构记账本位币所记录的金额进行折算。

第十七条 本办法所称非居民标识是指金融机构用于检索判断存量个人账户持有人是否为非居民个人的有关要素，具体包括：

（一）账户持有人的境外身份证明；

（二）账户持有人的境外现居地址或者邮寄地址，包括邮政信箱；

（三）账户持有人的境外电话号码，且没有我国境内电话号码；

（四）存款账户以外的账户向境外账户定期转账的指令；

（五）账户代理人或者授权签字人的境外地址；

（六）境外的转交地址或者留交地址，并且是唯一地址。转交地址是指账户持有人要求将其相关信函寄给转交人的地址，转交人收到信函后再交给账户持有人。留交地址是指账户持有人要求将其相关信函暂时存放的地址。

第十八条 本办法所称证明材料是指：

（一）由政府出具的税收居民身份证明；

（二）由政府出具的含有个人姓名且通常用于身份识别的有效身份证明，或者由政府出具的含有机构名称以及主要办公地址或者注册成立地址等信息的官方文件。

第三章 个人账户尽职调查

第十九条 金融机构应当按照以下规定，对新开个人账户开展尽职调查：

（一）个人开立账户时，金融机构应当获取由账户持有人签署的税收居民身份声明文件（以下简称“声明文件”），识别账户持有人是否为非居民个人。金融机构通过本机构电子渠道接收个人账户开户申请时，应当要求账户持有人提供电子声明文件。声明文件应当作为开户资料的一部分，声明文件相关信息可并入开户申请书中。个人代理他人开立金融账户以及单位代理个人开立金融账户时，经账户持有人书面授权后可由代理人签署声明文件。

（二）金融机构应当根据开户资料（包括通过反洗钱客户身份识别程序收集的资料），对声明文件的合理性进行审核，主要确认填写信息是否与其他信息存在明显矛盾。金融机构认为声明文件存在不合理信息时，应当要求账户持有人提供有效声明文件或者进行解释。不提供有效声明文件或者合理解释的，不得开立账户。

（三）识别为非居民个人的，金融机构应当收集并记录报送所需信息。

（四）金融机构知道或者应当知道新开个人账户情况发生变化导致原有声明文件信息不准确或者不可靠的，应当要求账户持有人提供有效声明文件。账户持有人自被要求提供之日起九十日内未能提供声明文件的，金融机构应当将其账户视为非居民账户管理。

第二十条 金融机构应当于2018年12月31日前选择以下方式完成对存量个人低净值账户的尽职调查：

（一）对于在现有客户资料（包括通过反洗钱客户身份识别程序收集的资料，下同）中留有地址，且有证明材料证明是现居地址或者地址位于现居国家（地区）的账户持有人，可以根据账户持有人的地址确定是否为非居民个人。邮寄无法送达的，不得将客户资料所留地址视为现居地址。

（二）利用现有信息系统开展电子记录检索，识别账户是否存在任一非居民标识。

现有客户资料中没有现居地址信息的，或者账户情况发生变化导致现居地址证明材料不再准确的，金融机构应当采用前款第二项方式开展尽职调查。

第二十一条 金融机构应当在2017年12月31日前对存量个人高净值账户依次完成以下尽职调查程序：

（一）开展电子记录检索和纸质记录检索，识别账户是否存在任一非居民标识。应当检索的纸质记录包括过去五年中获取的、与账户有关的全部纸质资料。

金融机构利用现有信息系统可电子检索出全部非居民标识字段信息的，可以不开展纸质记录检索。

（二）询问客户经理其客户是否为非居民个人。

第二十二条 对于存量个人低净值账户，2017年6月30日之后任一公历年度末账户加总余额超过一百万美元时，金融机构应当在次年12月31日前，按照本办法第二十一条规定程序完成对账户的尽职调查。

第二十三条 对发现存在非居民标识的存量个人账户，金融机构可以通过现有客户资料确认账户持有人为非居民个人的，应当收集并记录报送所需信息。无法确认的，应当要求账户持有人提供声明文件。声明为中国税收居民个人的，金融机构应当要求其提供相应证明材料；声明为非居民个人的，金融机构应当收集并记录报送所需信息。账户持有人自被要求提供之日起九十日内未能提供声明文件的，金融机构应当将其账户视为非居民账户管理。

对未发现存在非居民标识的存量个人账户，金融机构无需作进一步处理，但应当建立持续监控机制。当账户情况变化出现非居民标识时，应当执行前款规定程序。

第二十四条 对于现金价值保险合同或者年金合同，金融机构知道或者应当知道获得死亡保险金的受益人为非居民个人的，应当将其账户视为非居民账户管理。

第四章 机构账户尽职调查

第二十五条 金融机构应当按照以下规定，对新开机构账户开展尽职调查：

（一）机构开立账户时，金融机构应当获取由该机构授权人签署的声明文件，识别账户持有人是否为非居民企业和消极非金融机构。声明文件应当作为开户资料的一部分，声明文件相关信息可并入开户申请书中。

（二）金融机构应当根据开户资料（包括通过反洗钱客户身份识别程序收集的资料）或者公开信息对声明文件的合理性进行审核，主要确认填写信息是否与其他信息存在明显矛盾。金融机构认为声明文件存在不合理信息时，应当要求账户持有人提供有效声明文件或者进行解释。不提供有效声明文件或者合理解释的，不得开立账户。

（三）识别为非居民企业的，金融机构应当收集并记录报送所需信息。合伙企业等机构声明不具有税收居民身份的，金融机构可按照其实际管理机构所在地确定其税收居民国（地区）。

（四）识别为消极非金融机构的，金融机构应当依据反洗钱客户身份识别程序收集的资料识别其控制人，并且获取机构授权人或者控制人签署的声明文件，识别控制人是否为非居民个人。识别为有非居民控制人的消极非金融机构的，金融机构应当收集并记录消极非金融机构及其控制人相关信息。

账户持有人为非居民企业的，也应当进一步识别其是否同时为有非居民控制人的消极非金融机构。

（五）金融机构知道或者应当知道新开机构账户情况发生变化导致原有声明文件信息不准确或者不可靠的，应当要求机构授权人提供有效声明文件。机构授权人自被要求提供之日起九十日内未能提供声明文件的，金融机构应当将其账户视为非居民账户管理。

第二十六条 金融机构应当根据现有客户资料或者境外机构境内外汇账户标识，识别存量机构账户持有人是否为非居民企业。

除通过机构授权人签署的声明文件或者公开信息能确认为中国税收居民企业的外，上述信息表明该机构为非居民企业的，应当识别为非居民企业。

识别为非居民企业的，金融机构应当收集并记录报送所需信息。

第二十七条 金融机构应当识别存量机构账户持有人是否为消极非金融机构。通过现有客户资料或者公开信息确认不是消极非金融机构的，无需进一步处理。无法确认的，金融机构应当获取由机构授权人签署的声明文件。声明为消极非金融机构的，应当按照第二款规定进一步识别其控制人。无法获取声明文件的，金融机构应当将账户持有人视为消极非金融机构。

识别为消极非金融机构并且截至2017年6月30日账户加总余额超过一百万美元的，金融机构应当获取由机构控制人或者授权人签署的声明文件，识别控制人是否为非居民个人。无法获取声明文件的，金融机构应当针对控制人开展非居民标识检索，识别其是否为非居民个人。账户加总余额不超过一百万美元的，金融机构可以根据现有客户资料识别消极非金融机构控制人是否为非居民个人。根据现有客户资料无法识别的，金融机构可以不收集控制人相关信息。

识别为有非居民控制人的消极非金融机构的，金融机构应当收集并记录消极非金融机构及其控制人相关信息。

第二十八条 截至2017年6月30日账户加总余额超过二十五万美元的存量机构账户，金融机构应当在2018年12月31日前完成对账户的尽职调查。

截至2017年6月30日账户加总余额不超过二十五万美元的存量机构账户，金融机构无需开展尽职调查。但当之后任一公历年度末账户加总余额超过二十五万美元时，金融机构应当在次年12月31日前，按照本办法第二十六条和第二十七条规定完成对账户的尽职调查。

第五章 其他合规要求

第二十九条 金融机构可以根据自身业务需要，将新开账户的尽职调查程序适用于存量账户。

第三十条 金融机构委托其他机构向客户销售金融产品的，代销机构应当配合委托机构开展本办法所要求的尽职调查工作，并向委托机构提供本办法要求的信息。

第三十一条 金融机构可以委托第三方开展尽职调查，但相关责任仍应当由金融机构承担。基金、信托等属于投资机构的，可以分别由基金管理公司、信托公司作为第三方完成尽职调查相关工作。

第三十二条 金融机构应当建立账户持有人信息变化监控机制，包括要求账户持有人在本办法规定的相关信息变化之日起三十日内告知金融机构。金融机构在知道或者应当知道账户持有人相关信息发生变化之日起九十日内或者本年度12月31日前根据有关尽职调查程序重新识别账户持有人或者有关控制人是否为非居民。

第三十三条 对下列账户无需开展尽职调查：

（一）同时符合下列条件的退休金账户：

1. 受政府监管；

2. 享受税收优惠；

3. 向税务机关申报账户相关信息；

4. 达到规定的退休年龄等条件时才可取款；

5. 每年缴款不超过五万美元，或者终身缴款不超过一百万美元。

（二）同时符合下列条件的社会保障类账户：

1. 受政府监管；

2. 享受税收优惠；

3. 取款应当与账户设立的目的相关，包括医疗等；

4. 每年缴款不超过五万美元。

（三）同时符合下列条件的定期人寿保险合同：

1. 在合同存续期内或者在被保险人年满九十岁之前（以较短者为准），至少按年度支付保费，且保费不随时间递减；

2. 在不终止合同的情况下，任何人均无法获取保险价值；

3. 合同解除或者终止时，应付金额（不包括死亡抚恤金）在扣除合同存续期间相关支出后，不得超过为该合同累计支付的保费总额；

4. 合同不得通过有价方式转让。

（四）为下列事项而开立的账户：

1. 法院裁定或者判决；

2. 不动产或者动产的销售、交易或者租赁；

3. 不动产抵押贷款情况下，预留部分款项便于支付与不动产相关的税款或者保险；

4. 专为支付税款。

（五）同时符合下列条件的存款账户：

1. 因信用卡超额还款或者其他还款而形成，且超额款项不会立即返还账户持有人；

2. 禁止账户持有人超额还款五万美元以上，或者账户持有人超额还款五万美元以上的款项应当在六十日内返还账户持有人。

（六）上一公历年度余额不超过一千美元的休眠账户。休眠账户是满足下列条件之一的账户（不包括年金合同）：

1. 过去三个公历年度中，账户持有人未向金融机构发起任何与账户相关的交易；

2. 过去六个公历年度中，账户持有人未与金融机构沟通任何与账户相关的事宜；

3. 对于具有现金价值的保险合同，在过去六个公历年度中，账户持有人未与金融机构沟通任何与账户相关的事宜。

（七）由我国政府机关、事业单位、军队、武警部队、居民委员会、村民委员会、社区委员会、社会团体等单位持有的账户；由军人（武装警察）持军人（武装警察）身份证件开立的账户。

（八）政策性银行为执行政府决定开立的账户。

（九）保险公司之间的补偿再保险合同。

第三十四条 金融机构应当妥善保管本办法执行过程中收集的资料，保存期限为自报送期末起至少五年。相关资料可以以电子形式保存，但应当确保能够按照相关行业监督管理部门和国家税务总局的要求提供纸质版本。

第三十五条 金融机构应当汇总报送境内分支机构的下列非居民账户信息，并注明报送信息的金融机构名称、地址以及纳税人识别号：

（一）个人账户持有人的姓名、现居地址、税收居民国（地区）、居民国（地区）纳税人识别号、出生地、出生日期；机构账户持有人的名称、地址、税收居民国（地区）、居民国（地区）纳税人识别号；机构账户持有人是有非居民控制人的消极非金融机构的，还应当报送非居民控制人的姓名、现居地址、税收居民国（地区）、居民国（地区）纳税人识别号、出生地、出生日期。

（二）账号或者类似信息。

（三）公历年度末单个非居民账户的余额或者净值（包括具有现金价值的保险合同或者年金合同的现金价值或者退保价值）。账户在本年度内注销的，余额为零，同时应当注明账户已注销。

（四）存款账户，报送公历年度内收到或者计入该账户的利息总额。

（五）托管账户，报送公历年度内收到或者计入该账户的利息总额、股息总额以及其他因被托管资产而收到或者计入该账户的收入总额。报送信息的金融机构为代理人、中间人或者名义持有人的，报送因销售或者赎回金融资产而收到或者计入该托管账户的收入总额。

（六）其他账户，报送公历年度内收到或者计入该账户的收入总额，包括赎回款项的总额。

（七）国家税务总局要求报送的其他信息。

上述信息中涉及金额的，应当按原币种报送并且标注原币种名称。

对于存量账户，金融机构现有客户资料中没有居民国（地区）纳税人识别号、出生日期或者出生地信息的，无需报送上述信息。但是，金融机构应当在上述账户被认定为非居民账户的次年 12 月 31 日前，积极采取措施，获取上述信息。

非居民账户持有人无居民国（地区）纳税人识别号的，金融机构无需收集并报送纳税人识别号信息。

第三十六条 金融机构应当于 2017 年 12 月 31 日前登录国家税务总局网

站办理注册登记，并且于每年5月31日前按要求报送第三十五条所述信息。

第六章 监督管理

第三十七条 金融机构应当建立实施监控机制，按年度评估本办法执行情况，及时发现问题、进行整改，并于次年6月30日前向相关行业监督管理部门和国家税务总局书面报告。

第三十八条 金融机构有下列情形之一的，由国家税务总局责令其限期改正：

（一）未按照本办法规定开展尽职调查的；

（二）未按照本办法建立实施监控机制的；

（三）故意错报、漏报账户持有人信息的；

（四）帮助账户持有人隐藏真实信息或者伪造信息的；

（五）其他违反本办法规定的。

逾期不改正的，税务机关将记录相关纳税信用信息，并用于纳税信用评价。有关违规情形通报相关金融主管部门。

第三十九条 对于金融机构的严重违规行为，有关金融主管部门可以采取下列措施：

（一）责令金融机构停业整顿或者吊销其经营许可证；

（二）取消金融机构直接负责的董事、高级管理人员和其他直接责任人员的任职资格、禁止其从事有关金融行业的工作；

（三）责令金融机构对直接负责的董事、高级管理人员和其他直接责任人给予纪律处分。

第四十条 对于账户持有人的严重违规行为，有关金融主管部门依据相关法律、法规进行处罚，涉嫌犯罪的，移送司法机关进行处理。

第七章 附 则

第四十一条 本办法施行前我国与相关国家（地区）已经就非居民金融账户涉税信息尽职调查事项商签双边协定的，有关要求另行规定。

第四十二条 国家税务总局与有关金融主管部门建立涉税信息共享机制，保障国家税务总局及时获取本办法规定的信息。非居民金融账户涉税信息报送要求另行规定。

第四十三条 本办法所称“以上”“以下”均含本数，“不满”“超过”均不含本数。

第四十四条 本办法自2017年7月1日起施行。

53. 居民企业参股外国企业信息报告

居民企业应当就其来源于中国境内、境外的所得缴纳企业所得税。因此，居民企业需要对其境外进行投资及取得所得情况向税务机关进行报告。

【适用主体】

成立或参股外国企业以及处置已持有的外国企业股份或有表决权股份的居民企业。

【政策规定】

符合以下情形之一，且按照中国会计制度可确认的，居民企业应当在办理企业所得税预缴申报时向主管税务机关填报《居民企业参股外国企业信息报告表》：

（1）2014 年 9 月 1 日，居民企业直接或间接持有外国企业股份或有表决权股份达到 10%（含）以上；

（2）在 2014 年 9 月 1 日后，居民企业在被投资外国企业中直接或间接持有的股份或有表决权股份自不足 10% 的状态改变为达到或超过 10% 的状态；

（3）在 2014 年 9 月 1 日后，居民企业在被投资外国企业中直接或间接持有的股份或有表决权股份自达到或超过 10% 的状态改变为不足 10% 的状态。

【情景问答】

问：我公司今年在俄罗斯收购了一家企业 100% 股权，请问需要向中国税务机关报送哪些信息？

答：境内居民企业在 2014 年 9 月 1 日后，直接或间接持有外国企业股份或有表决权股份达到 10%（含）以上的，应在办理企业所得税预缴申报时向主管税务机关填报《居民企业参股外国企业信息报告表》。你公司应该按照上述规定履行报告义务。

【政策依据】

（1）《中华人民共和国企业所得税法》（中华人民共和国主席令第 64 号）第三条

（2）《中华人民共和国企业所得税法实施条例》（中华人民共和国国务院令第 512 号）第七条

（3）《国家税务总局关于居民企业报告境外投资和所得信息有关问题的公告》（国家税务总局公告2014年第38号）第一条、第三条、第四条、第六条

政策链接

53－1 《中华人民共和国企业所得税法》第三条

2007年3月16日 中华人民共和国主席令第64号

第三条 居民企业应当就其来源于中国境内、境外的所得缴纳企业所得税。

非居民企业在中国境内设立机构、场所的，应当就其所设机构、场所取得的来源于中国境内的所得，以及发生在中国境外但与其所设机构、场所有实际联系的所得，缴纳企业所得税。

非居民企业在中国境内未设立机构、场所的，或者虽设立机构、场所但取得的所得与其所设机构、场所没有实际联系的，应当就其来源于中国境内的所得缴纳企业所得税。

53－2 《中华人民共和国企业所得税法实施条例》第七条

2007年12月6日 中华人民共和国国务院令第512号

第七条 企业所得税法第三条所称来源于中国境内、境外的所得，按照以下原则确定：

（一）销售货物所得，按照交易活动发生地确定；

（二）提供劳务所得，按照劳务发生地确定；

（三）转让财产所得，不动产转让所得按照不动产所在地确定，动产转让所得按照转让动产的企业或者机构、场所所在地确定，权益性投资资产转让所得按照被投资企业所在地确定；

（四）股息、红利等权益性投资所得，按照分配所得的企业所在地确定；

（五）利息所得、租金所得、特许权使用费所得，按照负担、支付所得的企业或者机构、场所所在地确定，或者按照负担、支付所得的个人的住所地确定；

（六）其他所得，由国务院财政、税务主管部门确定。

53 -3 《国家税务总局关于居民企业报告境外投资和所得信息有关问题的公告》第一条、第三条、第四条、第六条

2014 年 6 月 30 日　国家税务总局公告 2014 年第 38 号

一、居民企业成立或参股外国企业，或者处置已持有的外国企业股份或有表决权股份，符合以下情形之一，且按照中国会计制度可确认的，应当在办理企业所得税预缴申报时向主管税务机关填报《居民企业参股外国企业信息报告表》（附件 1）：

（一）在本公告施行之日，居民企业直接或间接持有外国企业股份或有表决权股份达到 10%（含）以上；

（二）在本公告施行之日后，居民企业在被投资外国企业中直接或间接持有的股份或有表决权股份自不足 10% 的状态改变为达到或超过 10% 的状态；

（三）在本公告施行之日后，居民企业在被投资外国企业中直接或间接持有的股份或有表决权股份自达到或超过 10% 的状态改变为不足 10% 的状态。

……

三、在税务检查（包括纳税评估、税务审计及特别纳税调整调查等）时，主管税务机关可以要求居民企业限期报告与其境外所得相关的必要信息。

四、居民企业能够提供合理理由，证明确实不能按照本办法规定期限报告境外投资和所得信息的，可以依法向主管税务机关提出延期要求。限制提供相关信息的境外法律规定、商业合同或协议，不构成合理理由。

……

六、居民企业未按照本办法规定报告境外投资和所得信息，经主管税务机关责令限期改正，逾期仍不改正的，主管税务机关可根据税收征管法及其实施细则以及其他有关法律、法规的规定，按已有信息合理认定相关事实，并据以计算或调整应纳税款。

54. 境外所得税收抵免办理

取得来源于境外的所得，可在缴纳企业所得税时按规定抵免在境外缴纳的所得税额。

【适用主体】

居民企业。

【政策规定】

（1）企业在年度汇算清缴期内，应向其主管税务机关提交如下书面资料：

①与境外所得相关的完税证明或纳税凭证（原件或复印件）。

②不同类型的境外所得申报税收抵免还需分别提供：

a. 取得境外分支机构的营业利润所得需提供境外分支机构会计报表；境外分支机构所得依照中国境内企业所得税法及实施条例的规定计算的应纳税额的计算过程及说明资料；具有资质的机构出具的有关分支机构审计报告等；

b. 取得境外股息、红利所得需提供集团组织架构图；被投资公司章程复印件；境外企业有权决定利润分配的机构作出的决定书等；

c. 取得境外利息、租金、特许权使用费、转让财产等所得需提供依照中国境内企业所得税法及实施条例规定计算的应纳税额的资料及计算过程；项目合同复印件等。

③申请享受税收饶让抵免的还需提供：

a. 本企业及其直接或间接控制的外国企业在境外所获免税及减税的依据及证明或有关审计报告披露该企业享受的优惠政策的复印件；

b. 企业在其直接或间接控制的外国企业的参股比例等情况的证明复印件；

c. 间接抵免税额或者饶让抵免税额的计算过程；

d. 由本企业直接或间接控制的外国企业的财务会计资料。

④采用简易办法计算抵免限额的还需提供：

a. 取得境外分支机构的营业利润所得需提供企业申请及有关情况说明；来源国（地区）政府机关核发的具有纳税性质的凭证和证明复印件。

b. 取得符合境外税额间接抵免条件的股息所得需提供企业申请及有关情况说明；符合企业所得税法第二十四条条件的有关股权证明的文件或凭证复印件。

⑤主管税务机关要求提供的其他资料。

（2）以上提交备案资料使用非中文的，企业应同时提交中文译本复印件。

（3）上述资料已向税务机关提供的，可不再提供；上述资料若有变更的，须重新提供；复印件须注明与原件一致，译本须注明与原本无异义，并加盖企业公章。

【情景问答】

问：我公司去年在A国有笔股息所得，符合简易办法计算抵免的相关规定，需要准备哪些材料供税务机关审批？

答：依据《国家税务总局关于企业境外所得适用简易征收和饶让抵免的核

准事项取消后有关后续管理问题的公告》（国家税务总局公告 2015 年第 70 号），对于境外所得符合《财政部 国家税务总局关于企业境外所得税收抵免有关问题的通知》（财税〔2009〕125 号）第十条规定情形的，可以采取简易办法对境外所得已纳税额计算抵免，为简化管理程序，将原税务审批规定调整为事后备案管理，即企业根据自身实际，对照现行政策规定，确定其是否符合使用简易办法条件，并在年度汇算清缴期内，向主管税务机关报送备案资料，不需要审批。

根据规定，你公司需要提供如下备案资料：

（1）与境外所得相关的完税证明或纳税凭证（原件或复印件）。

（2）取得境外股息、红利所得需提供集团组织架构图；被投资公司章程复印件；境外企业有权决定利润分配的机构作出的决定书等；

（3）企业申请及有关情况说明；符合企业所得税法第二十四条条件的有关股权证明的文件或凭证复印件。

（4）主管税务机关要求提供的其他资料。

以上提交备案资料使用非中文的，应同时提交中文译本复印件。复印件须注明与原件一致，译本须注明与原本无异义，并加盖企业公章。

【政策依据】

（1）《国家税务总局关于发布〈企业境外所得税收抵免操作指南〉的公告》（国家税务总局公告 2010 年第 1 号）第九条

（2）《国家税务总局关于企业境外所得适用简易征收和饶让抵免的核准事项取消后有关后续管理问题的公告》（国家税务总局公告 2015 年第 70 号）（略，见文件19－5）

政策链接

54－1 《国家税务总局关于发布〈企业境外所得税收抵免操作指南〉的公告》第九条

2010 年 7 月 2 日 国家税务总局公告 2010 年第 1 号

第九条 关于实际抵免境外税额的计算

在计算实际应抵免的境外已缴纳和间接负担的所得税税额时，企业在境外一国（地区）当年缴纳和间接负担的符合规定的所得税税额低于所计算的该国（地区）抵免限额的，应以该项税额作为境外所得税抵免额从企业应纳税总额中据实抵免；超过抵免限额的，当年应以抵免限额作为境外所得税抵免额进行抵免，超过抵免限额的余额允许从次年起在连续五个纳税年度内，用每年度抵免限额抵免当年应抵税额后的余额进行抵补。

55. 境内派出机构外派人员信息报告

为更好地服务与管理“走出去”个人，境内派出机构应按规定向主管税务机关报送外派人员的相关信息。

【适用主体】

有外派人员的中国境内的公司、企业和其他经济组织以及政府部门。

【政策规定】

中国境内的公司、企业和其他经济组织以及政府部门，凡有外派人员的，应在每一公历年度（以下简称年度）终了后30日内向主管税务机关报送外派人员情况。内容主要包括：外派人员的姓名、身份证或护照号码、职务、派往国家和地区、境外工作单位名称和地址、合同期限、境内外收入状况、境内住所及缴纳税收情况等。

【情景问答】

问：我公司在境外成立一家子公司，并派遣部分员工前去工作，他们的工资薪金也由该子公司负担，我公司需要向税务部门报送什么资料吗？

答：你公司负有外派人员情况报告义务，应在年度终了后30日内向你公司主管税务机关报送外派人员的相关情况。

【政策依据】

《国家税务总局关于印发〈境外所得个人所得税征收管理暂行办法〉的通知》（国税发〔1998〕126号）第十条

政策链接

55-1 《国家税务总局关于印发〈境外所得个人所得税征收管理暂行办法〉的通知》第十条

1998年8月12日 国税发〔1998〕126号

第十条 中国境内的公司、企业和其他经济组织以及政府部门，凡有外派人员的，应在每一公历年度（以下简称年度）终了后30日内向主管税务机关报送外派人员情况。内容主要包括：外派人员的姓名、身份证或护照号码、职务、派往国家和地区、境外工作单位名称和地址、合同期限、境内外收入状况、境内住所及缴纳税收情况等。

56. 境内派出机构代扣代缴

境内派出机构在向外派人员发放工资薪金时应按照相关规定履行个人所得税代扣代缴义务。

【适用主体】

有外派人员且支付或负担外派人员所得的中国境内的公司、企业和其他经济组织以及政府部门。

【政策规定】

纳税人受雇于中国境内的公司、企业和其他经济组织以及政府部门并派往境外工作，其所得由境内派出单位支付或负担的，境内派出单位为个人所得税扣缴义务人，税款由境内派出单位负责代扣代缴。其所得由境外任职、受雇的中方机构支付、负担的，可委托其境内派出（投资）机构代征税款。上述境外任职、受雇的中方机构是指中国境内的公司、企业和其他经济组织以及政府部门所属的境外分支机构、使（领）馆、子公司、代表处等。

【情景问答】

问：我公司外派人员到境外子公司工作，其基本工资由我公司发放，其他补贴津贴均由境外子公司发放，请问这些员工的个人所得税如何申报？

答：外派人员取得的境外工资薪金所得中，境内派出单位支付或负担的部分，其负有代扣代缴的义务；境外单位支付的部分，外派人员负有自行申报义务。但是，为方便外派人员申报税款，可委托其在中国境内的派出机构办理纳税申报。

【政策依据】

（1）《中华人民共和国个人所得税法》（中华人民共和国主席令第 48 号）第九条

（2）《国家税务总局关于印发〈境外所得个人所得税征收管理暂行办法〉的通知》（国税发〔1998〕126 号）第八条

政策链接

56 -1 《中华人民共和国个人所得税法》第九条

2011 年6 月30 日　中华人民共和国主席令第48 号

第九条　扣缴义务人每月所扣的税款，自行申报纳税人每月应纳的税款，都应当在次月十五日内缴入国库，并向税务机关报送纳税申报表。

工资、薪金所得应纳的税款，按月计征，由扣缴义务人或者纳税义务人在次月十五日内缴入国库，并向税务机关报送纳税申报表。特定行业的工资、薪金所得应纳的税款，可以实行按年计算、分月预缴的方式计征，具体办法由国务院规定。

个体工商户的生产、经营所得应纳的税款，按年计算，分月预缴，由纳税义务人在次月十五日内预缴，年度终了后三个月内汇算清缴，多退少补。

对企事业单位的承包经营、承租经营所得应纳的税款，按年计算，由纳税义务人在年度终了后三十日内缴入国库，并向税务机关报送纳税申报表。纳税义务人在一年内分次取得承包经营、承租经营所得的，应当在取得每次所得后的十五日内预缴，年度终了后三个月内汇算清缴，多退少补。

从中国境外取得所得的纳税义务人，应当在年度终了后三十日内，将应纳的税款缴入国库，并向税务机关报送纳税申报表。

56 -2 《国家税务总局关于印发〈境外所得个人所得税征收管理暂行办法〉的通知》第八条

1998 年8 月12 日　国税发〔1998〕126 号

第八条　纳税人受雇于中国境内的公司、企业和其他经济组织以及政府部门并派往境外工作，其所得由境内派出单位支付或负担的，境内派出单位为个人所得税扣缴义务人，税款由境内派出单位负责代扣代缴。其所得由境外任职、受雇的中方机构支付、负担的，可委托其境内派出（投资）机构代征税款。

上述境外任职、受雇的中方机构是指中国境内的公司、企业和其他经济组织以及政府部门所属的境外分支机构、使（领）馆、子公司、代表处等。

57. 对外支付扣缴税款

"走出去"企业投资设立的境外子公司，在有来源于中国境内所得时，即构成税法意义上的非居民企业。“走出去”企业在向境外子公司支付特许权使用费所得以及其他所得，应当按照非居民税收管理规定对境外子公司应缴纳的企业所得税，实行源泉扣缴。

【适用主体】

向境外子公司支付特许权使用费所得以及其他所得的居民企业。

【政策规定】

（1）居民企业在向境外子公司支付特许权使用费所得以及其他所得，按照非居民税收管理规定，境外子公司应按20%税率减按10%缴纳企业所得税，居民企业依照有关法律规定或者合同约定对其境外子公司直接负有支付相关款项义务的，则该居民企业为扣缴义务人，实行源泉扣缴。

（2）扣缴义务人与其境外子公司首次签订相关业务合同或协议（以下简称合同）的，扣缴义务人应当自合同签订之日起30日内，向其主管税务机关申报办理扣缴税款登记。

（3）扣缴义务人应当设立代扣代缴税款账簿和合同资料档案，准确记录企业所得税的扣缴情况，并接受税务机关的检查。

（4）扣缴义务人在每次向其境外子公司支付或者到期应支付相关所得时，应从支付或者到期应支付的款项中扣缴企业所得税。到期应支付的款项，是指支付人按照权责发生制原则应当计入相关成本、费用的应付款项。

（5）扣缴企业所得税应纳税额计算：

扣缴企业所得税应纳税额＝应纳税所得额×实际征收率

特许权使用费所得，以收入全额为应纳税所得额，不得扣除税法规定之外的税费支出。

其他所得，参照企业所得税法第十九条有关规定的方法计算应纳税所得额。

实际征收率是指企业所得税法及其实施条例等相关法律法规规定的税率，或者税收协定规定的更低的税率。

（6）扣缴义务人对外支付或者到期应支付的款项为人民币以外货币的，在申报扣缴企业所得税时，应当按照扣缴当日国家公布的人民币汇率中间价，折合成人民币计算应纳税所得额。

（7）扣缴义务人与其境外子公司签订相关业务合同时，凡合同中约定由扣缴义务人负担应纳税款的，应将境外子公司取得的不含税所得换算为含税所得后计算征税。

（8）按照企业所得税法及其实施条例和相关税收法规规定，给予境外子公司减免税优惠的，应按相关税收减免管理办法和行政审批程序的规定办理。对未经审批或者减免税申请未得到批准之前，扣缴义务人发生支付款项的，应按规定代扣代缴企业所得税。

（9）境外子公司可以适用的税收协定与《非居民企业所得税源泉扣缴管理暂行办法》有不同规定的，可申请执行税收协定规定；境外子公司未提出执行税收协定规定申请的，按国内税收法律法规的有关规定执行。

（10）境外子公司已按国内税收法律法规的有关规定征税后，提出享受减免税或税收协定待遇申请的，主管税务机关经审核确认应享受减免税或税收协定待遇的，对多缴纳的税款应依据税收征管法及其实施细则的有关规定予以退税。

（11）因境外子公司拒绝代扣税款的，扣缴义务人应当暂停支付相当于境外子公司应纳税款的款项，并在1日之内向其主管税务机关报告，并报送书面情况说明。

（12）扣缴义务人未依法扣缴或者无法履行扣缴义务的，境外子公司应于扣缴义务人支付或者到期应支付之日起7日内，到所得发生地主管税务机关申报缴纳企业所得税。

【情景问答】

问：我公司在某国设有一家子公司，去年，取得了这家子公司开发的一项新药的专利授权，支付给这家子公司专利使用费100万元，请问要扣缴的企业所得税是多少？

答：根据企业所得税法第三条第三款的规定，该子公司将其专利授予你公司使用，属于非居民在中国境内没有机构场所而取得来源于中国的所得，应在中国缴纳企业所得税。对此类所得减按10%税率征收企业所得税，如果这笔所得不含增值税，则应缴纳的企业所得税为100×10% =10万元，应由你公司代扣代缴。如果某国与我国有税收协定，且该子公司符合收益所有人条件，则可以申请享受我国和某国税收协定税率。

【政策依据】

（1）《中华人民共和国企业所得税法》（中华人民共和国主席令第64号）第二条至第四条

（2）《国家税务总局关于印发〈非居民企业所得税源泉扣缴管理暂行办

法〉的通知》(国税发〔2009〕3 号)(编者略)[1]

政策链接

57 -1 《中华人民共和国企业所得税法》第二条至第四条
2007 年 3 月 16 日 中华人民共和国主席令第 64 号

第二条 企业分为居民企业和非居民企业。

本法所称居民企业，是指依法在中国境内成立，或者依照外国（地区）法律成立但实际管理机构在中国境内的企业。

本法所称非居民企业，是指依照外国（地区）法律成立且实际管理机构不在中国境内，但在中国境内设立机构、场所的，或者在中国境内未设立机构、场所，但有来源于中国境内所得的企业。

第三条 居民企业应当就其来源于中国境内、境外的所得缴纳企业所得税。

非居民企业在中国境内设立机构、场所的，应当就其所设机构、场所取得的来源于中国境内的所得，以及发生在中国境外但与其所设机构、场所有实际联系的所得，缴纳企业所得税。

非居民企业在中国境内未设立机构、场所的，或者虽设立机构、场所但取得的所得与其所设机构、场所没有实际联系的，应当就其来源于中国境内的所得缴纳企业所得税。

第四条 企业所得税的税率为 25%。

非居民企业取得本法第三条第三款规定的所得，适用税率为 20%。

58. 公司间提供服务支付费用有关企业所得税处理问题

【适用主体】

中国境内属于不同独立法人的母子公司。

【政策规定】

（1）母公司为其子公司（以下简称子公司）提供各种服务而发生的费用，应按照独立企业之间公平交易原则确定服务的价格，作为企业正常的劳务费用进行税务处理。

---

① 全文废止。自 2017 年 12 月 1 日起废止。参见：《国家税务总局关于非居民企业所得税源泉扣缴有关问题的公告》，国家税务总局公告 2017 年第 37 号。

母子公司未按照独立企业之间的业务往来收取价款的，税务机关有权予以调整。

(2) 母公司向其子公司提供各项服务，双方应签订服务合同或协议，明确规定提供服务的内容、收费标准及金额等，凡按上述合同或协议规定所发生的服务费，母公司应作为营业收入申报纳税；子公司作为成本费用在税前扣除。

(3) 母公司向其多个子公司提供同类项服务，其收取的服务费可以采取分项签订合同或协议收取；也可以采取服务分摊协议的方式，即，由母公司与各子公司签订服务费用分摊合同或协议，以母公司为其子公司提供服务所发生的实际费用并附加一定比例利润作为向子公司收取的总服务费，在各服务受益子公司（包括盈利企业、亏损企业和享受减免税企业）之间按《中华人民共和国企业所得税法》第四十一条第二款规定合理分摊。

(4) 母公司以管理费形式向子公司提取费用，子公司因此支付给母公司的管理费，不得在税前扣除。

(5) 子公司申报税前扣除向母公司支付的服务费用，应向主管税务机关提供与母公司签订的服务合同或者协议等与税前扣除该项费用相关的材料。不能提供相关材料的，支付的服务费用不得税前扣除。

(6) 依据企业所得税法第四十一条，企业向境外关联方支付费用，应当符合独立交易原则，未按照独立交易原则向境外关联方支付的费用，税务机关可以进行调整。

(7) 依据企业所得税法第四十三条，企业向境外关联方支付费用，主管税务机关可以要求企业提供其与关联方签订的合同或者协议，以及证明交易真实发生并符合独立交易原则的相关资料备案。

(8) 企业向未履行功能、承担风险，无实质性经营活动的境外关联方支付的费用，在计算企业应纳税所得额时不得扣除。

(9) 企业因接受境外关联方提供劳务而支付费用，该劳务应当能够使企业获得直接或者间接经济利益。企业因接受下列劳务而向境外关联方支付的费用，在计算企业应纳税所得额时不得扣除。

①与企业承担功能风险或者经营无关的劳务活动；

②关联方为保障企业直接或者间接投资方的投资利益，对企业实施的控制、管理和监督等劳务活动；

③关联方提供的，企业已经向第三方购买或者已经自行实施的劳务活动；

④企业虽由于附属于某个集团而获得额外收益，但并未接受集团内关联方实施的针对该企业的具体劳务活动；

⑤已经在其他关联交易中获得补偿的劳务活动；

⑥其他不能为企业带来直接或者间接经济利益的劳务活动。

（10）企业使用境外关联方提供的无形资产需支付特许权使用费的，应当考虑关联各方对该无形资产价值创造的贡献程度，确定各自应当享有的经济利益。企业向仅拥有无形资产法律所有权而未对其价值创造做出贡献的关联方支付特许权使用费，不符合独立交易原则的，在计算企业应纳税所得额时不得扣除。

（11）企业以融资上市为主要目的，在境外成立控股公司或者融资公司，因融资上市活动所产生的附带利益向境外关联方支付的特许权使用费，在计算企业应纳税所得额时不得扣除。

【情景问答】

问：我公司与子公司之间提供服务支付费用企业所得税前怎样扣除？

答：《国家税务总局关于母子公司间提供服务支付费用有关企业所得税处理问题的通知》（国税发〔2008〕86号）规定：母公司为其子公司（以下简称子公司）提供各种服务而发生的费用，应按照独立企业之间公平交易原则确定服务的价格，作为企业正常的劳务费用进行税务处理。母子公司未按照独立企业之间的业务往来收取价款的，税务机关有权予以调整。母公司向其子公司提供各项服务，双方应签订服务合同或协议，明确规定提供服务的内容、收费标准及金额等，凡按上述合同或协议规定所发生的服务费，母公司应作为营业收入申报纳税；子公司作为成本费用在税前扣除。母公司以管理费形式向子公司提取费用，子公司因此支付给母公司的管理费，不得在税前扣除。

【政策依据】

《国家税务总局关于母子公司间提供服务支付费用有关企业所得税处理问题的通知》（国税发〔2008〕86号）

政策链接

58－1　国家税务总局关于母子公司间提供服务支付费用有关企业所得税处理问题的通知

2008年8月14日　国税发〔2008〕86号

各省、自治区、直辖市和计划单列市国家税务局、地方税务局：

根据《中华人民共和国企业所得税法》及其实施条例的有关规定，现就在中国境内，属于不同独立法人的母子公司之间提供服务支付费用有关企业所得税处理问题通知如下：

一、母公司为其子公司（以下简称子公司）提供各种服务而发生的费用，应按照独立企业之间公平交易原则确定服务的价格，作为企业正常的劳务费用进行税务处理。

母子公司未按照独立企业之间的业务往来收取价款的，税务机关有权予以调整。

二、母公司向其子公司提供各项服务，双方应签订服务合同或协议，明确规定提供服务的内容、收费标准及金额等，凡按上述合同或协议规定所发生的服务费，母公司应作为营业收入申报纳税；子公司作为成本费用在税前扣除。

三、母公司向其多个子公司提供同类项服务，其收取的服务费可以采取分项签订合同或协议收取；也可以采取服务分摊协议的方式，即，由母公司与各子公司签订服务费用分摊合同或协议，以母公司为其子公司提供服务所发生的实际费用并附加一定比例利润作为向子公司收取的总服务费，在各服务受益子公司（包括盈利企业、亏损企业和享受减免税企业）之间按《中华人民共和国企业所得税法》第四十一条第二款规定合理分摊。

四、母公司以管理费形式向子公司提取费用，子公司因此支付给母公司的管理费，不得在税前扣除。

五、子公司申报税前扣除向母公司支付的服务费用，应向主管税务机关提供与母公司签订的服务合同或者协议等与税前扣除该项费用相关的材料。不能提供相关材料的，支付的服务费用不得税前扣除。

59. 转让定价

转让定价是指企业与其关联方之间在销售商品、提供劳务、转让财产、提供财产所有权或资金借贷等交易中的定价行为。转让定价管理是指税务机关按照企业所得税法和税收征收管理法的有关规定，对企业与其关联方之间的业务往来是否符合独立交易原则进行审核评估和调查调整等工作的总称。

独立交易原则是指没有关联关系的交易各方，按照公平成交价格和营业常规进行业务往来遵循的原则。

【适用主体】

与关联方之间的业务往来不符合独立交易原则的企业。

【政策规定】

税务机关通过关联申报审核、同期资料管理和利润水平监控等手段，对企业实施特别纳税调整监控管理，发现企业存在特别纳税调整风险的，可以向企业送达《税务事项通知书》，提示其存在的税收风险。

企业收到特别纳税调整风险提示或者发现自身存在特别纳税调整风险的，可以自行调整补税。企业自行调整补税的，应当填报《特别纳税调整自行缴纳税款表》。

企业要求税务机关确认关联交易定价原则和方法等特别纳税调整事项的，税务机关应当启动特别纳税调查程序。

【适用条件】

企业与其关联方之间的业务往来，不符合独立交易原则而减少企业或者其关联方应纳税收入或者所得额的，税务机关有权按照合理方法调整。

【情景问答】

问：我公司有跨境的关联销售，在定价上需要注意什么问题？

答：企业与关联方在销售商品、提供劳务、转让财产、提供财产所有权或资金借贷等交易中的定价行为需要符合独立交易原则。

【政策依据】

（1）《中华人民共和国企业所得税法》（中华人民共和国主席令第 64 号）第四十一条第一款

（2）《中华人民共和国企业所得税法实施条例》（中华人民共和国国务院令第 512 号）第一百零九条、第一百一十条

（3）《中华人民共和国税收征收管理法》（中华人民共和国主席令第 23 号）第三十六条

（4）《中华人民共和国税收征收管理法实施细则》（中华人民共和国国务院令第 666 号）第五十一条至五十六条

（5）《国家税务总局关于发布〈特别纳税调查调整及相互协商程序管理办法〉的公告》（国家税务总局公告 2017 年第 6 号）（编者略）

政策链接

59 -1 《中华人民共和国企业所得税法》第四十一条第一款
2007 年 3 月 16 日　中华人民共和国主席令第 64 号

第四十一条　企业与其关联方之间的业务往来，不符合独立交易原则而减少企业或者其关联方应纳税收入或者所得额的，税务机关有权按照合理方法调整。

59 -2 《中华人民共和国企业所得税法实施条例》第一百零九条、第一百一十条
2007 年 12 月 6 日　中华人民共和国国务院令第 512 号

第一百零九条　企业所得税法第四十一条所称关联方，是指与企业有下列关联关系之一的企业、其他组织或者个人：

（一）在资金、经营、购销等方面存在直接或者间接的控制关系；

（二）直接或者间接地同为第三者控制；

（三）在利益上具有相关联的其他关系。

第一百一十条　企业所得税法第四十一条所称独立交易原则，是指没有关联关系的交易各方，按照公平成交价格和营业常规进行业务往来遵循的原则。

59 -3 《中华人民共和国税收征收管理法》第三十六条
2015 年 4 月 24 日　中华人民共和国主席令第 23 号

第三十六条　企业或者外国企业在中国境内设立的从事生产、经营的机构、场所与其关联企业之间的业务往来，应当按照独立企业之间的业务往来收取或者支付价款、费用；不按照独立企业之间的业务往来收取或者支付价款、费用，而减少其应纳税的收入或者所得额的，税务机关有权进行合理调整。

59 -4 《中华人民共和国税收征收管理法实施细则》第五十一条至五十六条
2016 年 2 月 6 日　中华人民共和国国务院令第 666 号

第五十一条　税收征管法第三十六条所称关联企业，是指有下列关系之一的公司、企业和其他经济组织：

（一）在资金、经营、购销等方面，存在直接或者间接的拥有或者控制关系；

（二）直接或者间接地同为第三者所拥有或者控制；

（三）在利益上具有相关联的其他关系。

纳税人有义务就其与关联企业之间的业务往来，向当地税务机关提供有关的价格、费用标准等资料。具体办法由国家税务总局制定。

第五十二条 税收征管法第三十六条所称独立企业之间的业务往来，是指没有关联关系的企业之间按照公平成交价格和营业常规所进行的业务往来。

第五十三条 纳税人可以向主管税务机关提出与其关联企业之间业务往来的定价原则和计算方法，主管税务机关审核、批准后，与纳税人预先约定有关定价事项，监督纳税人执行。

第五十四条 纳税人与其关联企业之间的业务往来有下列情形之一的，税务机关可以调整其应纳税额：

（一）购销业务未按照独立企业之间的业务往来作价；

（二）融通资金所支付或者收取的利息超过或者低于没有关联关系的企业之间所能同意的数额，或者利率超过或者低于同类业务的正常利率；

（三）提供劳务，未按照独立企业之间业务往来收取或者支付劳务费用；

（四）转让财产、提供财产使用权等业务往来，未按照独立企业之间业务往来作价或者收取、支付费用；

（五）未按照独立企业之间业务往来作价的其他情形。

第五十五条 纳税人有本细则第五十四条所列情形之一的，税务机关可以按照下列方法调整计税收入额或者所得额：

（一）按照独立企业之间进行的相同或者类似业务活动的价格；

（二）按照再销售给无关联关系的第三者的价格所应取得的收入和利润水平；

（三）按照成本加合理的费用和利润；

（四）按照其他合理的方法。

第五十六条 纳税人与其关联企业未按照独立企业之间的业务往来支付价款、费用的，税务机关自该业务往来发生的纳税年度起 3 年内进行调整；有特殊情况的，可以自该业务往来发生的纳税年度起 10 年内进行调整。

60. 成本分摊协议

成本分摊协议是指企业集团内部参与方签署的共同开发无形资产或参与集

团劳务活动的协议。成本分摊协议管理是指税务机关按照企业所得税法的规定，对企业与其关联方签署的成本分摊协议是否符合独立交易原则进行审核评估和调查调整等工作的总称。

【适用主体】

共同开发、受让无形资产，或者共同提供、接受劳务的关联企业。

【政策规定】

企业与其关联方签署成本分摊协议，有下列情形之一的，其自行分摊的成本不得税前扣除：

（1）不具有合理商业目的和经济实质；

（2）不符合独立交易原则；

（3）没有遵循成本与收益配比原则；

（4）未按有关规定备案或准备、保存和提供有关成本分摊协议的同期资料；

（5）自签署成本分摊协议之日起经营期限少于 20 年。

【适用条件】

企业与其关联方共同开发、受让无形资产，或者共同提供、接受劳务协议中的成本，在计算应纳税所得额时未按照独立交易原则进行分摊的，税务机关有权按照合理方法调整。

【情景问答】

问：我公司与境外子公司签订成本分摊协议，应向税务机关提供哪些资料？

答：企业应自与关联方签订（变更）成本分摊协议之日起 30 日内，向主管税务机关报送成本分摊协议副本，并在年度企业所得税纳税申报时，附送《中华人民共和国企业年度关联业务往来报告表》。税务机关对成本分摊协议进行后续管理，对不符合独立交易原则和成本与收益相匹配原则的成本分摊协议，实施特别纳税调查调整。

【政策依据】

（1）《中华人民共和国企业所得税法》（中华人民共和国主席令第 64 号）第四十一条第二款

（2）《中华人民共和国企业所得税法实施条例》（中华人民共和国国务院令第512号）第一百一十二条

（3）《国家税务总局关于印发〈特别纳税调整实施办法（试行）〉的通知》（国税发〔2009〕2号）第六十四条至第六十八条、第七十条至第七十三条、第七十五条

（4）《国家税务总局关于规范成本分摊协议管理的公告》（国家税务总局公告2015年第45号）

（5）《国家税务总局关于完善关联申报和同期资料管理有关事项的公告》（国家税务总局公告2016年第42号）（编者略）

政策链接

60－1 《中华人民共和国企业所得税法》第四十一条第二款

2007年3月16日　中华人民共和国主席令第64号

第四十一条

企业与其关联方共同开发、受让无形资产，或者共同提供、接受劳务发生的成本，在计算应纳税所得额时应当按照独立交易原则进行分摊。

60－2 《中华人民共和国企业所得税法实施条例》第一百一十二条

2007年12月6日　中华人民共和国国务院令第512号

第一百一十二条　企业可以依照企业所得税法第四十一条第二款的规定，按照独立交易原则与其关联方分摊共同发生的成本，达成成本分摊协议。

企业与其关联方分摊成本时，应当按照成本与预期收益相配比的原则进行分摊，并在税务机关规定的期限内，按照税务机关的要求报送有关资料。

企业与其关联方分摊成本时违反本条第一款、第二款规定的，其自行分摊的成本不得在计算应纳税所得额时扣除。

60－3 《国家税务总局关于印发〈特别纳税调整实施办法（试行）〉的通知》第六十四条至第六十八条、第七十条至第七十三条、第七十五条

2009年1月8日　国税发〔2009〕2号

第七章　成本分摊协议管理

第六十四条　根据所得税法第四十一条第二款及所得税法实施条例第一百

一十二条的规定，企业与其关联方签署成本分摊协议，共同开发、受让无形资产，或者共同提供、接受劳务，应符合本章规定。

第六十五条 成本分摊协议的参与方对开发、受让的无形资产或参与的劳务活动享有受益权，并承担相应的活动成本。关联方承担的成本应与非关联方在可比条件下为获得上述受益权而支付的成本相一致。

参与方使用成本分摊协议所开发或受让的无形资产不需另支付特许权使用费。

第六十六条 企业对成本分摊协议所涉及无形资产或劳务的受益权应有合理的、可计量的预期收益，且以合理商业假设和营业常规为基础。

第六十七条 涉及劳务的成本分摊协议一般适用于集团采购和集团营销策划。

第六十八条 成本分摊协议主要包括以下内容：

（一）参与方的名称、所在国家（地区）、关联关系、在协议中的权利和义务；

（二）成本分摊协议所涉及的无形资产或劳务的内容、范围，协议涉及研发或劳务活动的具体承担者及其职责、任务；

（三）协议期限；

（四）参与方预期收益的计算方法和假设；

（五）参与方初始投入和后续成本支付的金额、形式、价值确认的方法以及符合独立交易原则的说明；

（六）参与方会计方法的运用及变更说明；

（七）参与方加入或退出协议的程序及处理规定；

（八）参与方之间补偿支付的条件及处理规定；

（九）协议变更或终止的条件及处理规定；

（十）非参与方使用协议成果的规定。

……

第七十条 已经执行并形成一定资产的成本分摊协议，参与方发生变更或协议终止执行，应根据独立交易原则做如下处理：

（一）加入支付，即新参与方为获得已有协议成果的受益权应做出合理的支付；

（二）退出补偿，即原参与方退出协议安排，将已有协议成果的受益权转让给其他参与方应获得合理的补偿；

（三）参与方变更后，应对各方受益和成本分摊情况做出相应调整；

（四）协议终止时，各参与方应对已有协议成果做出合理分配。

企业不按独立交易原则对上述情况做出处理而减少其应纳税所得额的，税务机关有权做出调整。

第七十一条 成本分摊协议执行期间，参与方实际分享的收益与分摊的成本不相配比的，应根据实际情况做出补偿调整。

第七十二条 对于符合独立交易原则的成本分摊协议，有关税务处理如下：

（一）企业按照协议分摊的成本，应在协议规定的各年度税前扣除；

（二）涉及补偿调整的，应在补偿调整的年度计入应纳税所得额；

（三）涉及无形资产的成本分摊协议，加入支付、退出补偿或终止协议时对协议成果分配的，应按资产购置或处置的有关规定处理。

第七十三条 企业可根据本办法第六章的规定采取预约定价安排的方式达成成本分摊协议。

……

第七十五条 企业与其关联方签署成本分摊协议，有下列情形之一的，其自行分摊的成本不得税前扣除：

（一）不具有合理商业目的和经济实质；

（二）不符合独立交易原则；

（三）没有遵循成本与收益配比原则；

（四）未按本办法有关规定备案或准备、保存和提供有关成本分摊协议的同期资料；

（五）自签署成本分摊协议之日起经营期限少于20年。

60－4 国家税务总局关于规范成本分摊协议管理的公告

2015年6月16日 国家税务总局公告2015年第45号

为贯彻落实《国务院关于取消非行政许可审批事项的决定》（国发〔2015〕27号），规范成本分摊协议管理，依据《中华人民共和国企业所得税法》及其实施条例、《中华人民共和国税收征收管理法》及其实施细则，现就有关事项公告如下：

一、企业应自与关联方签订（变更）成本分摊协议之日起30日内，向主管税务机关报送成本分摊协议副本，并在年度企业所得税纳税申报时，附送《中华人民共和国企业年度关联业务往来报告表》。

二、税务机关应当加强成本分摊协议的后续管理，对不符合独立交易原则和成本与收益相匹配原则的成本分摊协议，实施特别纳税调查调整。

三、企业执行成本分摊协议期间，参与方实际分享的收益与分摊的成本不配比的，应当根据实际情况做出补偿调整。参与方未做补偿调整的，税务机关应当实施特别纳税调查调整。

四、本公告自2015年7月16日起施行。《特别纳税调整实施办法（试行)》（国税发〔2009〕2号文件印发）第六十九条同时废止。

特此公告。

61. 受控外国企业

【适用主体】

设立在低税率国家（地区）外国企业的居民企业股东。

【政策规定】

受控外国企业是指由居民企业，或者由居民企业和居民个人（以下统称中国居民股东）控制的设立在实际税负低于12.5%的国家（地区），并非出于合理经营需要对利润不作分配或减少分配的外国企业。

（1）前述所称"控制"，包括：

①居民企业或者中国居民直接或者间接单一持有外国企业10%以上有表决权股份，且由其共同持有该外国企业50%以上股份；

②居民企业，或者居民企业和中国居民持股比例没有达到上述规定的标准，但在股份、资金、经营、购销等方面对该外国企业构成实质控制。

（2）前述所称"居民个人"，是指根据《中华人民共和国个人所得税法》的规定，就其从中国境内、境外取得的所得在中国缴纳个人所得税的个人。

【适用条件】

（1）中国居民企业股东能够提供资料证明其控制的外国企业满足以下条件之一的，可免于将外国企业不作分配或减少分配的利润视同股息分配额，计入中国居民企业股东的当期所得：

①设立在国家税务总局指定的非低税率国家（地区）；

②主要取得积极经营活动所得；

③年度利润总额低于500万元人民币。

（2）居民企业和居民个人在实际税负低于所得税法规定税率水平50%的国家（地区）设立公司，该公司主要取得的是股息、利息、特许权使用费等消极所得，年度利润总额达到500万人民币以上，并非出于合理经营需要对利润不作分配或减少分配，需要进行特别纳税调整。

【情景问答】

问：我公司在美国和卡塔尔两个国家设立了子公司，子公司的主营业务为对外进行贷款收取利息，2016 年两个公司的利润总额都在 500 万以上，且利润没有进行股息分配，是不是都要按照受控外国企业进行调整缴税？

答：由于卡塔尔子公司的所得不属于从事积极生产经营活动所取得的“积极所得”，而是利息类的“消极所得”，且利润总额超过了 500 万元，在并非出于合理经营需要对利润不作分配或减少分配时，该利润中归属于你公司的部分，应视同股息分配计入你公司 2016 年的收入。

税务总局列出了 12 个非低税率国家，分别为：美国、英国、法国、德国、日本、意大利、加拿大、澳大利亚、印度、南非、新西兰和挪威。由中国居民企业和居民个人设立在这些国家的外国公司，不分配利润或减少分配利润，税务机关予以认可，不计入中国居民企业股东视同受控外国企业股息分配的当期所得。

因此，美国子公司的利润可不计入你公司的当期收入，卡塔尔子公司的利润归属于你公司的部分应计入你公司的当期收入。

【政策依据】

（1）《中华人民共和国企业所得税法》（中华人民共和国主席令第 64 号）第四十五条

（2）《中华人民共和国企业所得税法实施条例》（中华人民共和国国务院令第 512 号）第一百一十六条至第一百一十八条

（3）《国家税务总局关于印发〈特别纳税调整实施办法（试行）〉的通知》（国税发〔2009〕2 号）第八章

（4）《国家税务总局关于居民企业报告境外投资和所得信息有关问题的公告》（国家税务总局公告 2014 年第 38 号）第二条至第六条

政策链接

61－1 《中华人民共和国企业所得税法》第四十五条

2007 年 3 月 16 日　中华人民共和国主席令第 64 号

第四十五条　由居民企业，或者由居民企业和中国居民控制的设立在实际税负明显低于本法第四条第一款规定税率水平的国家（地区）的企业，并非由于合理的经营需要而对利润不作分配或者减少分配的，上述利润中应归属于该居民企业的部分，应当计入该居民企业的当期收入。

61－2 《中华人民共和国企业所得税法实施条例》第一百一十六条至第一百一十八条

2007年12月6日　中华人民共和国国务院令第512号

第一百一十六条　企业所得税法第四十五条所称中国居民，是指根据《中华人民共和国个人所得税法》的规定，就其从中国境内、境外取得的所得在中国缴纳个人所得税的个人。

第一百一十七条　企业所得税法第四十五条所称控制，包括：

（一）居民企业或者中国居民直接或者间接单一持有外国企业10%以上有表决权股份，且由其共同持有该外国企业50%以上股份；

（二）居民企业，或者居民企业和中国居民持股比例没有达到第（一）项规定的标准，但在股份、资金、经营、购销等方面对该外国企业构成实质控制。

第一百一十八条　企业所得税法第四十五条所称实际税负明显低于企业所得税法第四条第一款规定税率水平，是指低于企业所得税法第四条第一款规定税率的50%。

61－3 《国家税务总局关于印发〈特别纳税调整实施办法（试行）〉的通知》第八章

2009年1月8日　国税发〔2009〕2号

第八章　受控外国企业管理

第七十六条　受控外国企业是指根据所得税法第四十五条的规定，由居民企业，或者由居民企业和居民个人（以下统称中国居民股东，包括中国居民企业股东和中国居民个人股东）控制的设立在实际税负低于所得税法第四条第一款规定税率水平50%的国家（地区），并非出于合理经营需要对利润不作分配或减少分配的外国企业。

第七十七条　本办法第七十六条所称控制，是指在股份、资金、经营、购销等方面构成实质控制。其中，股份控制是指由中国居民股东在纳税年度任何一天单层直接或多层间接单一持有外国企业10%以上有表决权股份，且共同持有该外国企业50%以上股份。

中国居民股东多层间接持有股份按各层持股比例相乘计算，中间层持有股份超过50%的，按100%计算。

第七十八条 中国居民企业股东应在年度企业所得税纳税申报时提供对外投资信息，附送《对外投资情况表》。

第七十九条 税务机关应汇总、审核中国居民企业股东申报的对外投资信息，向受控外国企业的中国居民企业股东送达《受控外国企业中国居民股东确认通知书》。中国居民企业股东符合所得税法第四十五条征税条件的，按照有关规定征税。

第八十条 计入中国居民企业股东当期的视同受控外国企业股息分配的所得，应按以下公式计算：

中国居民企业股东当期所得 = 视同股息分配额 × 实际持股天数 ÷ 受控外国企业纳税年度天数 × 股东持股比例

中国居民股东多层间接持有股份的，股东持股比例按各层持股比例相乘计算。

第八十一条 受控外国企业与中国居民企业股东纳税年度存在差异的，应将视同股息分配所得计入受控外国企业纳税年度终止日所属的中国居民企业股东的纳税年度。

第八十二条 计入中国居民企业股东当期所得已在境外缴纳的企业所得税税款，可按照所得税法或税收协定的有关规定抵免。

第八十三条 受控外国企业实际分配的利润已根据所得税法第四十五条规定征税的，不再计入中国居民企业股东的当期所得。

第八十四条 中国居民企业股东能够提供资料证明其控制的外国企业满足以下条件之一的，可免于将外国企业不作分配或减少分配的利润视同股息分配额，计入中国居民企业股东的当期所得：

（一）设立在国家税务总局指定的非低税率国家（地区）；

（二）主要取得积极经营活动所得；

（三）年度利润总额低于500万元人民币。

61－4 《国家税务总局关于居民企业报告境外投资和所得信息有关问题的公告》第二条至第六条

2014年6月30日 国家税务总局公告2014年第38号

二、居民企业在办理企业所得税年度申报时，还应附报以下与境外所得相关的资料信息：

（一）有适用企业所得税法第四十五条情形或者需要适用《特别纳税调整实施办法（试行）》（国税发〔2009〕2号文件印发）第八十四条规定的居民

企业填报《受控外国企业信息报告表》(附件2);

(二)纳入企业所得税法第二十四条规定抵免范围的外国企业或符合企业所得税法第四十五条规定的受控外国企业按照中国会计制度编报的年度独立财务报表。

三、在税务检查(包括纳税评估、税务审计及特别纳税调整调查等)时,主管税务机关可以要求居民企业限期报告与其境外所得相关的必要信息。

四、居民企业能够提供合理理由,证明确实不能按照本办法规定期限报告境外投资和所得信息的,可以依法向主管税务机关提出延期要求。限制提供相关信息的境外法律规定、商业合同或协议,不构成合理理由。

五、主管税务机关应当为纳税人报告境外投资和所得信息提供便利,及时受理纳税人报告的各类信息,并依法保密。

六、居民企业未按照本办法规定报告境外投资和所得信息,经主管税务机关责令限期改正,逾期仍不改正的,主管税务机关可根据税收征管法及其实施细则以及其他有关法律、法规的规定,按已有信息合理认定相关事实,并据以计算或调整应纳税款。

62. 受控外国企业信息报告

【适用主体】

受控外国企业的中国居民企业股东。

【政策规定】

受控外国企业中国居民企业股东在办理企业所得税年度申报时,应附报以下与境外所得相关的资料信息:

(1)《受控外国企业信息报告表》;

(2)受控外国企业按照中国会计制度编报的年度独立财务报表等。

【情景问答】

问:居民企业在哪些情形下需要填报《受控外国企业信息报告表》?

答:居民企业发生下列情形,应填报《受控外国企业信息报告表》:

(1)符合企业所得税法第四十五条规定情形的居民企业,即由居民企业,或者由居民企业和中国居民控制的设立在实际税负明显低于企业所得税法第四条第一款规定税率水平(25%)的国家(地区)的企业,并非由于合理的经营需要而对利润不作分配或减少分配的,上述利润中应归属于该居民企业的部分，应计入该居民企业当期收入。

（2）适用《特别纳税调整实施办法（试行）》（国税发〔2009〕2 号文）第八十四条规定的居民企业，即中国居民企业股东能够提供资料证明其控制的外国企业满足以下条件之一的，可免于将外国企业不作分配或减少分配的利润视同股息分配额，计入居民企业股东当期所得：

①设立在国家税务总局指定的非低税率国家（地区）；

②主要取得积极经营活动所得；

③年度利润总额低于 500 万元人民币。

【政策依据】

（1）《中华人民共和国企业所得税法》（中华人民共和国主席令第 64 号）第四十五条（略，见文件 61 - 1）

（2）《中华人民共和国企业所得税法实施条例》（中华人民共和国国务院令第 512 号）第一百一十六条至第一百一十八条（略，见文件 61 - 2）

（3）《国家税务总局关于居民企业报告境外投资和所得信息有关问题的公告》（国家税务总局公告 2014 年第 38 号）第二条至第六条（略，见文件 61 - 4）

63. 资本弱化

资本弱化管理是指税务机关按照所得税法规定，对企业接受关联方债权性投资与企业接受的权益性投资的比例是否符合规定比例或独立交易原则进行审核评估和调查调整等工作的总称。对“走出去”企业来说，要关注投资所在国相关法律关于资本弱化的规定，避免因投资方式选择带来的不利影响。

【适用主体】

接受关联方债权性投资与权益性投资的企业。

【政策规定】

我国企业所得税政策规定，企业从其关联方接受的债权性投资与权益性投资的比例超过标准而发生的利息支出，不得在税前扣除。企业实际支付给关联方的利息支出，其接受关联方债权性投资与其权益性投资比例为：

（1）金融企业，为 5∶1；

（2）其他企业，为 2∶1。

但企业如果能提供相关资料，并证明相关交易活动符合独立交易原则的；

或者该企业的实际税负不高于境内关联方的，其实际支付给境内关联方的利息支出，在计算应纳税所得额时准予扣除。

【适用条件】

居民企业对境外子公司的债权性投资与权益性投资不符合境外子公司所在国家法律规定的比例，需要进行特别纳税调整。

【情景问答】

问：债权性投资和权益性投资各包括哪些内容？

答：企业所得税法所称债权性投资，是指企业直接或者间接从关联方获得的，需要偿还本金和支付利息或者需要以其他具有支付利息性质的方式予以补偿的融资。

企业间接从关联方获得的债权性投资，包括：

1. 关联方通过无关联第三方提供的债权性投资；

2. 无关联第三方提供的、由关联方担保且负有连带责任的债权性投资；

3. 其他间接从关联方获得的具有负债实质的债权性投资。

企业所得税法所称权益性投资，是指企业接受的不需要偿还本金和支付利息，投资人对企业净资产拥有所有权的投资。

【政策依据】

（1）《中华人民共和国企业所得税法》（中华人民共和国主席令第 64 号）第四十六条

（2）《中华人民共和国企业所得税法实施条例》（中华人民共和国国务院令第 512 号）第一百一十九条

（3）《财政部　国家税务总局关于企业关联方利息支出税前扣除标准有关税收政策问题的通知》（财税〔2008〕121 号）

（4）《国家税务总局关于完善关联申报和同期资料管理有关事项的公告》（国家税务总局公告 2016 年第 42 号）（编者略）

（5）《国家税务总局关于印发〈特别纳税调整实施办法（试行）〉的通知》（国税发〔2009〕2 号）第八十五至第八十八条、第九十至第九十一条

政策链接

63-1 《中华人民共和国企业所得税法》第四十六条
2007年3月16日　中华人民共和国主席令第64号

第四十六条　企业从其关联方接受的债权性投资与权益性投资的比例超过规定标准而发生的利息支出，不得在计算应纳税所得额时扣除。

63-2 《中华人民共和国企业所得税法实施条例》第一百一十九条
2007年12月6日　中华人民共和国国务院令第512号

第一百一十九条　企业所得税法第四十六条所称债权性投资，是指企业直接或者间接从关联方获得的，需要偿还本金和支付利息或者需要以其他具有支付利息性质的方式予以补偿的融资。

企业间接从关联方获得的债权性投资，包括：

（一）关联方通过无关联第三方提供的债权性投资；

（二）无关联第三方提供的、由关联方担保且负有连带责任的债权性投资；

（三）其他间接从关联方获得的具有负债实质的债权性投资。

企业所得税法第四十六条所称权益性投资，是指企业接受的不需要偿还本金和支付利息，投资人对企业净资产拥有所有权的投资。

企业所得税法第四十六条所称标准，由国务院财政、税务主管部门另行规定。

63-3 财政部　国家税务总局关于企业关联方利息支出税前扣除标准有关税收政策问题的通知
2008年9月23日　财税〔2008〕121号

各省、自治区、直辖市、计划单列市财政厅（局）、国家税务局、地方税务局，新疆生产建设兵团财务局：

为规范企业利息支出税前扣除，加强企业所得税管理，根据《中华人民共和国企业所得税法》（以下简称税法）第四十六条和《中华人民共和国企业所得税法实施条例》（国务院令第512号，以下简称实施条例）第一百一十九条的规定，现将企业接受关联方债权性投资利息支出税前扣除的政策问题通知如下：

一、在计算应纳税所得额时，企业实际支付给关联方的利息支出，不超过以下规定比例和税法及其实施条例有关规定计算的部分，准予扣除，超过的部分不得在发生当期和以后年度扣除。

企业实际支付给关联方的利息支出，除符合本通知第二条规定外，其接受关联方债权性投资与其权益性投资比例为：

（一）金融企业，为5:1；

（二）其他企业，为2:1。

二、企业如果能够按照税法及其实施条例的有关规定提供相关资料，并证明相关交易活动符合独立交易原则的；或者该企业的实际税负不高于境内关联方的，其实际支付给境内关联方的利息支出，在计算应纳税所得额时准予扣除。

三、企业同时从事金融业务和非金融业务，其实际支付给关联方的利息支出，应按照合理方法分开计算；没有按照合理方法分开计算的，一律按本通知第一条有关其他企业的比例计算准予税前扣除的利息支出。

四、企业自关联方取得的不符合规定的利息收入应按照有关规定缴纳企业所得税。

63－4 《国家税务总局关于印发〈特别纳税调整实施办法（试行）〉的通知》第八十五至第八十八条、第九十至第九十一条

2009年1月8日　国税发〔2009〕2号

第八十五条 所得税法第四十六条所称不得在计算应纳税所得额时扣除的利息支出应按以下公式计算：

不得扣除利息支出＝年度实际支付的全部关联方利息×（1－标准比例/关联债资比例）

其中：

标准比例是指《财政部、国家税务总局关于企业关联方利息支出税前扣除标准有关税收政策问题的通知》（财税〔2008〕121号）规定的比例。

关联债资比例是指根据所得税法第四十六条及所得税法实施条例第一百一十九条的规定，企业从其全部关联方接受的债权性投资（以下简称关联债权投资）占企业接受的权益性投资（以下简称权益投资）的比例，关联债权投资包括关联方以各种形式提供担保的债权性投资。

第八十六条 关联债资比例的具体计算方法如下：

关联债资比例＝年度各月平均关联债权投资之和/年度各月平均权益投资之和

其中：

各月平均关联债权投资 =（关联债权投资月初账面余额 + 月末账面余额）/2

各月平均权益投资 =（权益投资月初账面余额 + 月末账面余额）/2

权益投资为企业资产负债表所列示的所有者权益金额。如果所有者权益小于实收资本（股本）与资本公积之和，则权益投资为实收资本（股本）与资本公积之和；如果实收资本（股本）与资本公积之和小于实收资本（股本）金额，则权益投资为实收资本（股本）金额。

第八十七条 所得税法第四十六条所称的利息支出包括直接或间接关联债权投资实际支付的利息、担保费、抵押费和其他具有利息性质的费用。

第八十八条 所得税法第四十六条规定不得在计算应纳税所得额时扣除的利息支出，不得结转到以后纳税年度；应按照实际支付给各关联方利息占关联方利息总额的比例，在各关联方之间进行分配，其中，分配给实际税负高于企业的境内关联方的利息准予扣除；直接或间接实际支付给境外关联方的利息应视同分配的股息，按照股息和利息分别适用的所得税税率差补征企业所得税，如已扣缴的所得税税款多于按股息计算应征所得税税款，多出的部分不予退税。

……

第九十条 企业未按规定准备、保存和提供同期资料证明关联债权投资金额、利率、期限、融资条件以及债资比例等符合独立交易原则的，其超过标准比例的关联方利息支出，不得在计算应纳税所得额时扣除。

第九十一条 本章所称“实际支付利息”是指企业按照权责发生制原则计入相关成本、费用的利息。

企业实际支付关联方利息存在转让定价问题的，税务机关应首先按照本办法第五章的有关规定实施转让定价调查调整。

64. 一般反避税

一般反避税是指税务机关按照企业所得税法第四十七条、企业所得税法实施条例第一百二十条的规定，对企业实施的不具有合理商业目的而获取税收利益的避税安排，实施的特别纳税调整。

税收利益是指减少、免除或者推迟缴纳企业所得税应纳税额。

【适用主体】

实施了不具有合理商业目的的安排而获取税收利益的企业。

【政策规定】

税务机关通过企业所得税汇算清缴、纳税评估、同期资料管理、对外支付税务管理、股权转让交易管理、税收协定执行等信息资源，发现企业是否存在一般反避税风险问题。

存在以下避税安排的企业，税务机关将启动一般反避税调查：

（1）滥用税收优惠；

（2）滥用税收协定；

（3）滥用公司组织形式；

（4）利用避税港避税；

（5）其他不具有合理商业目的的安排。

【适用条件】

对企业实施的不具有合理商业目的而获取税收利益的避税安排，税务机关有权按照合理方法实施调整。

【情景问答】

（1）问：什么样的安排属于不具有合理商业目的的安排？

答：不具有合理商业目的的避税安排具有以下特征：

①以获取税收利益为唯一目的或者主要目的；

②以形式符合税法规定、但与其经济实质不符的方式获取税收利益。

（2）问：我国企业对外投资时，如何避免一般反避税风险？

答：走出去企业对外投资时，可以借鉴我国一般反避税规定《一般反避税管理办法（试行）》（国家税务总局2014年32号令）、《国家税务总局关于印发〈特别纳税调整实施办法（试行）〉的通知》（国税发〔2009〕2号）第十章，梳理自身对外投资架构，同时充分了解投资所在国关于一般反避税管理的规定，避免被投资国税务机关实施一般反避税调查。

【政策依据】

（1）《中华人民共和国企业所得税法》（中华人民共和国主席令第64号）第四十七条

（2）《中华人民共和国企业所得税法实施条例》（中华人民共和国国务院令第512号）第一百二十条

（3）《国家税务总局关于印发〈特别纳税调整实施办法（试行）〉的通

知》（国税发〔2009〕2号）第十章

（4）《一般反避税管理办法（试行）》（国家税务总局2014年32号令）

政策链接

64－1 《中华人民共和国企业所得税法》第四十七条

2007年3月16日 中华人民共和国主席令第64号

第四十七条 企业实施其他不具有合理商业目的的安排而减少其应纳税收入或者所得额的，税务机关有权按照合理方法调整。

64－2 《中华人民共和国企业所得税法实施条例》第一百二十条

2007年12月6日 中华人民共和国国务院令第512号

第一百二十条 企业所得税法第四十七条所称不具有合理商业目的，是指以减少、免除或者推迟缴纳税款为主要目的。

64－3 《国家税务总局关于印发〈特别纳税调整实施办法（试行）〉的通知》第十章

2009年1月8日 国税发〔2009〕2号

第十章 一般反避税管理

第九十二条 税务机关可依据所得税法第四十七条及所得税法实施条例第一百二十条的规定对存在以下避税安排的企业，启动一般反避税调查：

（一）滥用税收优惠；

（二）滥用税收协定；

（三）滥用公司组织形式；

（四）利用避税港避税；

（五）其他不具有合理商业目的的安排。

第九十三条 税务机关应按照实质重于形式的原则审核企业是否存在避税安排，并综合考虑安排的以下内容：

（一）安排的形式和实质；

（二）安排订立的时间和执行期间；

（三）安排实现的方式；

（四）安排各个步骤或组成部分之间的联系；

（五）安排涉及各方财务状况的变化；

（六）安排的税收结果。

第九十四条 税务机关应按照经济实质对企业的避税安排重新定性，取消企业从避税安排获得的税收利益。对于没有经济实质的企业，特别是设在避税港并导致其关联方或非关联方避税的企业，可在税收上否定该企业的存在。

第九十五条 税务机关启动一般反避税调查时，应按照征管法及其实施细则的有关规定向企业送达《税务检查通知书》。企业应自收到通知书之日起60日内提供资料证明其安排具有合理的商业目的。企业未在规定期限内提供资料，或提供资料不能证明安排具有合理商业目的的，税务机关可根据已掌握的信息实施纳税调整，并向企业送达《特别纳税调查调整通知书》。

第九十六条 税务机关实施一般反避税调查，可按照征管法第五十七条的规定要求避税安排的筹划方如实提供有关资料及证明材料。

第九十七条 一般反避税调查及调整须层报国家税务总局批准。

64－4 一般反避税管理办法（试行）

2014年12月2日 国家税务总局令第32号

第一章 总 则

第一条 为规范一般反避税管理，根据《中华人民共和国企业所得税法》（以下简称企业所得税法）及其实施条例、《中华人民共和国税收征收管理法》（以下简称税收征管法）及其实施细则，制定本办法。

第二条 本办法适用于税务机关按照企业所得税法第四十七条、企业所得税法实施条例第一百二十条的规定，对企业实施的不具有合理商业目的而获取税收利益的避税安排，实施的特别纳税调整。

下列情况不适用本办法：

（一）与跨境交易或者支付无关的安排；

（二）涉嫌逃避缴纳税款、逃避追缴欠税、骗税、抗税以及虚开发票等税收违法行为。

第三条 税收利益是指减少、免除或者推迟缴纳企业所得税应纳税额。

第四条 避税安排具有以下特征：

（一）以获取税收利益为唯一目的或者主要目的；

（二）以形式符合税法规定、但与其经济实质不符的方式获取税收利益。

第五条 税务机关应当以具有合理商业目的和经济实质的类似安排为基

准，按照实质重于形式的原则实施特别纳税调整。调整方法包括：

（一）对安排的全部或者部分交易重新定性；

（二）在税收上否定交易方的存在，或者将该交易方与其他交易方视为同一实体；

（三）对相关所得、扣除、税收优惠、境外税收抵免等重新定性或者在交易各方间重新分配；

（四）其他合理方法。

第六条 企业的安排属于转让定价、成本分摊、受控外国企业、资本弱化等其他特别纳税调整范围的，应当首先适用其他特别纳税调整相关规定。

企业的安排属于受益所有人、利益限制等税收协定执行范围的，应当首先适用税收协定执行的相关规定。

第二章 立 案

第七条 各级税务机关应当结合工作实际，应用各种数据资源，如企业所得税汇算清缴、纳税评估、同期资料管理、对外支付税务管理、股权转让交易管理、税收协定执行等，及时发现一般反避税案源。

第八条 主管税务机关发现企业存在避税嫌疑的，层报省、自治区、直辖市和计划单列市（以下简称省）税务机关复核同意后，报税务总局申请立案。

第九条 省税务机关应当将税务总局形成的立案申请审核意见转发主管税务机关。税务总局同意立案的，主管税务机关实施一般反避税调查。

第三章 调 查

第十条 主管税务机关实施一般反避税调查时，应当向被调查企业送达《税务检查通知书》。

第十一条 被调查企业认为其安排不属于本办法所称避税安排的，应当自收到《税务检查通知书》之日起60日内提供下列资料：

（一）安排的背景资料；

（二）安排的商业目的等说明文件；

（三）安排的内部决策和管理资料，如董事会决议、备忘录、电子邮件等；

（四）安排涉及的详细交易资料，如合同、补充协议、收付款凭证等；

（五）与其他交易方的沟通信息；

（六）可以证明其安排不属于避税安排的其他资料；

（七）税务机关认为有必要提供的其他资料。

企业因特殊情况不能按期提供的，可以向主管税务机关提交书面延期申请，经批准可以延期提供，但是最长不得超过30日。主管税务机关应当自收到企业延期申请之日起15日内书面回复。逾期未回复的，视同税务机关同意企业的延期申请。

第十二条 企业拒绝提供资料的，主管税务机关可以按照税收征管法第三十五条的规定进行核定。

第十三条 主管税务机关实施一般反避税调查时，可以要求为企业筹划安排的单位或者个人（以下简称筹划方）提供有关资料及证明材料。

第十四条 一般反避税调查涉及向筹划方、关联方以及与关联业务调查有关的其他企业调查取证的，主管税务机关应当送达《税务事项通知书》。

第十五条 主管税务机关审核企业、筹划方、关联方以及与关联业务调查有关的其他企业提供的资料，可以采用现场调查、发函协查和查阅公开信息等方式核实。需取得境外有关资料的，可以按有关规定启动税收情报交换程序，或者通过我驻外机构调查收集有关信息。涉及境外关联方相关资料的，主管税务机关也可以要求企业提供公证机构的证明。

第四章 结 案

第十六条 主管税务机关根据调查过程中获得的相关资料，自税务总局同意立案之日起9个月内进行审核，综合判断企业是否存在避税安排，形成案件不予调整或者初步调整方案的意见和理由，层报省税务机关复核同意后，报税务总局申请结案。

第十七条 主管税务机关应当根据税务总局形成的结案申请审核意见，分别以下情况进行处理：

（一）同意不予调整的，向被调查企业下发《特别纳税调查结论通知书》；

（二）同意初步调整方案的，向被调查企业下发《特别纳税调查初步调整通知书》；

（三）税务总局有不同意见的，按照税务总局的意见修改后再次层报审核。

被调查企业在收到《特别纳税调查初步调整通知书》之日起7日内未提出异议的，主管税务机关应当下发《特别纳税调查调整通知书》。

被调查企业在收到《特别纳税调查初步调整通知书》之日起7日内提出异议，但是主管税务机关经审核后认为不应采纳的，应将被调查企业的异议及不应采纳的意见和理由层报省税务机关复核同意后，报税务总局再次申请结案。

被调查企业在收到《特别纳税调查初步调整通知书》之日起7日内提出异议，主管税务机关经审核后认为确需对调整方案进行修改的，应当将被调查企业的异议及修改后的调整方案层报省税务机关复核同意后，报税务总局再次申请结案。

第十八条 主管税务机关应当根据税务总局考虑企业异议形成的结案申请审核意见，分别以下情况进行处理：

（一）同意不应采纳企业所提异议的，向被调查企业下发《特别纳税调查调整通知书》；

（二）同意修改后调整方案的，向被调查企业下发《特别纳税调查调整通知书》；

（三）税务总局有不同意见的，按照税务总局的意见修改后再次层报审核。

第五章 争议处理

第十九条 被调查企业对主管税务机关作出的一般反避税调整决定不服的，可以按照有关法律法规的规定申请法律救济。

第二十条 主管税务机关作出的一般反避税调整方案导致国内双重征税的，由税务总局统一组织协调解决。

第二十一条 被调查企业认为我国税务机关作出的一般反避税调整，导致国际双重征税或者不符合税收协定规定征税的，可以按照税收协定及其相关规定申请启动相互协商程序。

第六章 附 则

第二十二条 本办法自2015年2月1日起施行。2015年2月1日前税务机关尚未结案处理的避税安排适用本办法。

65. 关联申报

我国企业与境外投资方、境外被投资企业或者在境外设立的分支机构、从事生产经营的场所之间的关联交易，应当符合独立交易原则。对于上述关联交易，应当进行关联申报。

【适用主体】

纳税年度内与其境外关联方发生业务往来的，实行企业所得税查账征收的居民企业。

【政策规定】

企业向税务机关报送年度企业所得税纳税申报表时，应当就其与关联方之间的业务往来进行关联申报，附送《中华人民共和国企业年度关联业务往来报告表（2016 年版）》。

（1）关联方是指具有关联关系的双方

企业与其他企业、组织或者个人具有下列关系之一的，构成关联关系：

①一方直接或者间接持有另一方的股份总和达到 25% 以上；双方直接或者间接同为第三方所持有的股份达到 25% 以上。

如果一方通过中间方对另一方间接持有股份，只要其对中间方持股比例达到 25% 以上，则其对另一方的持股比例按照中间方对另一方的持股比例计算。

两个以上具有夫妻、直系血亲、兄弟姐妹以及其他抚养、赡养关系的自然人共同持股同一企业，在判定关联关系时持股比例合并计算。

②双方存在持股关系或者同为第三方持股，虽持股比例未达到第一条规定，但双方之间借贷资金总额占任一方实收资本比例达到 50% 以上，或者一方全部借贷资金总额的 10% 以上由另一方担保（与独立金融机构之间的借贷或者担保除外）。

借贷资金总额占实收资本比例 = 年度加权平均借贷资金/年度加权平均实收资本，其中：

年度加权平均借贷资金 $= \sum_{i=1}^{n}$ i 笔借入或者贷出资金账面金额 $\times i$ 笔借入或者贷出资金年度实际占用天数/365

年度加权平均实收资本 $= \sum_{i=1}^{n}$ i 笔实收资本账面金额 $\times i$ 笔实收资本年度实际占用天数/365

③双方存在持股关系或者同为第三方持股，虽持股比例未达到第一条规定，但一方的生产经营活动必须由另一方提供专利权、非专利技术、商标权、著作权等特许权才能正常进行。

④双方存在持股关系或者同为第三方持股，虽持股比例未达到第一条规定，但一方的购买、销售、接受劳务、提供劳务等经营活动由另一方控制。

上述控制是指一方有权决定另一方的财务和经营政策，并能据以从另一方的经营活动中获取利益。

⑤一方半数以上董事或者半数以上高级管理人员（包括上市公司董事会秘书、经理、副经理、财务负责人和公司章程规定的其他人员）由另一方任命或者委派，或者同时担任另一方的董事或者高级管理人员；或者双方各自半数以上董事或者半数以上高级管理人员同为第三方任命或者委派。

⑥具有夫妻、直系血亲、兄弟姐妹以及其他抚养、赡养关系的两个自然人分别与双方具有第一至第五条关系之一。

⑦双方在实质上具有其他共同利益。

除第二条规定外，上述关联关系年度内发生变化的，关联关系按照实际存续期间认定。

仅因国家持股或者由国有资产管理部门委派董事、高级管理人员而存在上述第一至五条关系的，不构成关联关系。

（2）关联交易主要包括：

①有形资产使用权或者所有权的转让。有形资产包括商品、产品、房屋建筑物、交通工具、机器设备、工具器具等。

②金融资产的转让。金融资产包括应收账款、应收票据、其他应收款项、股权投资、债权投资和衍生金融工具形成的资产等。

③无形资产使用权或者所有权的转让。无形资产包括专利权、非专利技术、商业秘密、商标权、品牌、客户名单、销售渠道、特许经营权、政府许可、著作权等。

④资金融通。资金包括各类长短期借贷资金（含集团资金池）、担保费、各类应计息预付款和延期收付款等。

⑤劳务交易。劳务包括市场调查、营销策划、代理、设计、咨询、行政管理、技术服务、合约研发、维修、法律服务、财务管理、审计、招聘、培训、集中采购等。

【情景问答】

问：我公司产品出口波兰，为开拓当地市场，拟在当地设立一家全资子公司，销售我公司的产品。请问我公司和波兰子公司之间的销售业务需要进行关联申报吗？

答：按照《国家税务总局关于完善关联申报和同期资料管理有关事项的公告》（国家税务总局公告2016年第42号）规定，你公司和波兰子公司之间的关联交易需要进行关联申报。

【政策依据】

(1)《中华人民共和国企业所得税法》(中华人民共和国主席令第64号)第四十三条、第四十四条

(2)《中华人民共和国企业所得税法实施条例》(中华人民共和国国务院令第512号)第一百一十四条

(3)《国家税务总局关于完善关联申报和同期资料管理有关事项的公告》(国家税务总局公告2016年第42号)第一条至第四条、第九条

政策链接

65 -1 《中华人民共和国企业所得税法》第四十三条、第四十四条

2007年3月16日 中华人民共和国主席令第64号

第四十三条 企业向税务机关报送年度企业所得税纳税申报表时，应当就其与关联方之间的业务往来，附送年度关联业务往来报告表。

税务机关在进行关联业务调查时，企业及其关联方，以及与关联业务调查有关的其他企业，应当按照规定提供相关资料。

第四十四条 企业不提供与其关联方之间业务往来资料，或者提供虚假、不完整资料，未能真实反映其关联业务往来情况的，税务机关有权依法核定其应纳税所得额。

65 -2 《中华人民共和国企业所得税法实施条例》第一百一十四条

2007年12月6日 中华人民共和国国务院令第512号

第一百一十四条 企业所得税法第四十三条所称相关资料，包括：

(一)与关联业务往来有关的价格、费用的制定标准、计算方法和说明等同期资料；

(二)关联业务往来所涉及的财产、财产使用权、劳务等的再销售(转让)价格或者最终销售(转让)价格的相关资料；

(三)与关联业务调查有关的其他企业应当提供的与被调查企业可比的产品价格、定价方式以及利润水平等资料；

(四)其他与关联业务往来有关的资料。

企业所得税法第四十三条所称与关联业务调查有关的其他企业，是指与被调查企业在生产经营内容和方式上相类似的企业。

企业应当在税务机关规定的期限内提供与关联业务往来有关的价格、费用

的制定标准、计算方法和说明等资料。关联方以及与关联业务调查有关的其他企业应当在税务机关与其约定的期限内提供相关资料。

65－3 《国家税务总局关于完善关联申报和同期资料管理有关事项的公告》第一条至第四条、第九条

2016年6月29日　国家税务总局公告2016年第42号

一、实行查账征收的居民企业和在中国境内设立机构、场所并据实申报缴纳企业所得税的非居民企业向税务机关报送年度企业所得税纳税申报表时，应当就其与关联方之间的业务往来进行关联申报，附送《中华人民共和国企业年度关联业务往来报告表（2016年版）》。

二、企业与其他企业、组织或者个人具有下列关系之一的，构成本公告所称关联关系：

（一）一方直接或者间接持有另一方的股份总和达到25%以上；双方直接或者间接同为第三方所持有的股份达到25%以上。

如果一方通过中间方对另一方间接持有股份，只要其对中间方持股比例达到25%以上，则其对另一方的持股比例按照中间方对另一方的持股比例计算。

两个以上具有夫妻、直系血亲、兄弟姐妹以及其他抚养、赡养关系的自然人共同持股同一企业，在判定关联关系时持股比例合并计算。

（二）双方存在持股关系或者同为第三方持股，虽持股比例未达到本条第（一）项规定，但双方之间借贷资金总额占任一方实收资本比例达到50%以上，或者一方全部借贷资金总额的10%以上由另一方担保（与独立金融机构之间的借贷或者担保除外）。

借贷资金总额占实收资本比例＝年度加权平均借贷资金/年度加权平均实收资本，其中：

年度加权平均借贷资金 $= \sum_{i=1}^{n}$ i 笔借入或者贷出资金账面金额 $\times i$ 笔借入或者贷出资金年度实际占用天数/365

年度加权平均实收资本 $= \sum_{i=1}^{n}$ i 笔实收资本账面金额 $\times i$ 笔实收资本年度实际占用天数/365

（三）双方存在持股关系或者同为第三方持股，虽持股比例未达到本条第（一）项规定，但一方的生产经营活动必须由另一方提供专利权、非专利技术、商标权、著作权等特许权才能正常进行。

（四）双方存在持股关系或者同为第三方持股，虽持股比例未达到本条第（一）项规定，但一方的购买、销售、接受劳务、提供劳务等经营活动由另一方控制。

上述控制是指一方有权决定另一方的财务和经营政策，并能据以从另一方的经营活动中获取利益。

（五）一方半数以上董事或者半数以上高级管理人员（包括上市公司董事会秘书、经理、副经理、财务负责人和公司章程规定的其他人员）由另一方任命或者委派，或者同时担任另一方的董事或者高级管理人员；或者双方各自半数以上董事或者半数以上高级管理人员同为第三方任命或者委派。

（六）具有夫妻、直系血亲、兄弟姐妹以及其他抚养、赡养关系的两个自然人分别与双方具有本条第（一）至（五）项关系之一。

（七）双方在实质上具有其他共同利益。

除本条第（二）项规定外，上述关联关系年度内发生变化的，关联关系按照实际存续期间认定。

三、仅因国家持股或者由国有资产管理部门委派董事、高级管理人员而存在本公告第二条第（一）至（五）项关系的，不构成本公告所称关联关系。

四、关联交易主要包括：

（一）有形资产使用权或者所有权的转让。有形资产包括商品、产品、房屋建筑物、交通工具、机器设备、工具器具等。

（二）金融资产的转让。金融资产包括应收账款、应收票据、其他应收款项、股权投资、债权投资和衍生金融工具形成的资产等。

（三）无形资产使用权或者所有权的转让。无形资产包括专利权、非专利技术、商业秘密、商标权、品牌、客户名单、销售渠道、特许经营权、政府许可、著作权等。

（四）资金融通。资金包括各类长短期借贷资金（含集团资金池）、担保费、各类应计息预付款和延期收付款等。

（五）劳务交易。劳务包括市场调查、营销策划、代理、设计、咨询、行政管理、技术服务、合约研发、维修、法律服务、财务管理、审计、招聘、培训、集中采购等。

……

九、企业在规定期限内报送年度关联业务往来报告表确有困难，需要延期的，应当按照税收征管法及其实施细则的有关规定办理。

66. 国别报告义务

国别报告是 BEPS 第 13 项行动计划《转让定价文档和国别报告》中的一项重要内容。国别报告主要披露最终控股企业所属跨国企业集团所有成员实体的全球所得、税收和业务活动的国别分布情况。国别报告作为中华人民共和国企业年度关联业务往来报告表的附表，在年度企业所得税申报时一并报送。

【适用主体】

符合国别报告报送条件的居民企业。

【政策规定】

存在下列情形之一的居民企业，应当在报送年度关联业务往来报告表时，填报国别报告：

（1）该居民企业为跨国企业集团的最终控股企业，且其上一会计年度合并财务报表中的各类收入金额合计超过 55 亿元。

（2）该居民企业被跨国企业集团指定为国别报告的报送企业。

国别报告包括《国别报告—所得、税收和业务活动国别分布表》《国别报告—所得、税收和业务活动国别分布表（英文）》《国别报告—跨国企业集团成员实体名单》《国别报告—跨国企业集团成员实体名单（英文）》《国别报告—附加说明表》以及《国别报告—附加说明表（英文）》，共 6 张表。

【情景问答】

问：请问如何理解提供国别报告的“跨国企业集团的最终控股企业”？

答：最终控股企业，是指能够合并其所属跨国企业集团所有成员实体财务报表，且不能被其他企业纳入合并财务报表的企业。

上述成员实体包括：

（1）实际已被纳入跨国企业集团合并财务报表的任一实体；

（2）跨国企业集团持有该实体股权且按公开证券市场交易要求应被纳入但实际未被纳入跨国企业集团合并财务报表的任一实体；

（3）仅由于业务规模或者重要性程度而未被纳入跨国企业集团合并财务报表的任一实体；

（4）独立核算并编制财务报表的常设机构。

【政策依据】

(1)《中华人民共和国企业所得税法》(中华人民共和国主席令第64号)第四十三条

(2)《国家税务总局关于完善关联申报和同期资料管理有关事项的公告》(国家税务总局公告2016年第42号)第五条至第八条

政策链接

66-1 《中华人民共和国企业所得税法》第四十三条

2007年3月16日　中华人民共和国主席令第64号

第四十三条　企业向税务机关报送年度企业所得税纳税申报表时，应当就其与关联方之间的业务往来，附送年度关联业务往来报告表。

税务机关在进行关联业务调查时，企业及其关联方，以及与关联业务调查有关的其他企业，应当按照规定提供相关资料。

66-2 《国家税务总局关于完善关联申报和同期资料管理有关事项的公告》第五条至第八条

2016年6月29日　国家税务总局公告2016年第42号

五、存在下列情形之一的居民企业，应当在报送年度关联业务往来报告表时，填报国别报告：

(一)该居民企业为跨国企业集团的最终控股企业，且其上一会计年度合并财务报表中的各类收入金额合计超过55亿元。

最终控股企业是指能够合并其所属跨国企业集团所有成员实体财务报表的，且不能被其他企业纳入合并财务报表的企业。

成员实体应当包括：

1. 实际已被纳入跨国企业集团合并财务报表的任一实体。

2. 跨国企业集团持有该实体股权且按公开证券市场交易要求应被纳入但实际未被纳入跨国企业集团合并财务报表的任一实体。

3. 仅由于业务规模或者重要性程度而未被纳入跨国企业集团合并财务报表的任一实体。

4. 独立核算并编制财务报表的常设机构。

(二)该居民企业被跨国企业集团指定为国别报告的报送企业。

国别报告主要披露最终控股企业所属跨国企业集团所有成员实体的全球所

得、税收和业务活动的国别分布情况。

六、最终控股企业为中国居民企业的跨国企业集团，其信息涉及国家安全的，可以按照国家有关规定，豁免填报部分或者全部国别报告。

七、税务机关可以按照我国对外签订的协定、协议或者安排实施国别报告的信息交换。

八、企业虽不属于本公告第五条规定填报国别报告的范围，但其所属跨国企业集团按照其他国家有关规定应当准备国别报告，且符合下列条件之一的，税务机关可以在实施特别纳税调查时要求企业提供国别报告：

（一）跨国企业集团未向任何国家提供国别报告。

（二）虽然跨国企业集团已向其他国家提供国别报告，但我国与该国尚未建立国别报告信息交换机制。

（三）虽然跨国企业集团已向其他国家提供国别报告，且我国与该国已建立国别报告信息交换机制，但国别报告实际未成功交换至我国。

67. 主体文档准备

企业应当依据企业所得税法实施条例第一百一十四条的规定，按纳税年度准备并按税务机关要求提供其关联交易的同期资料。同期资料包括主体文档、本地文档和特殊事项文档。主体文档主要披露最终控股企业所属企业集团的全球业务整体情况。

【适用主体】

达到主体文档准备条件的企业。

【政策规定】

符合下列条件之一的企业，应当准备主体文档：

（1）年度发生跨境关联交易，且合并该企业财务报表的最终控股企业所属企业集团已准备主体文档。

（2）年度关联交易总额超过10亿元。

主体文档主要披露最终控股企业所属企业集团的全球业务整体情况，包括以下内容：

（1）组织架构

以图表形式说明企业集团的全球组织架构、股权结构和所有成员实体的地理分布。成员实体是指企业集团内任一营运实体，包括公司制企业、合伙企业和常设机构等。

（2）企业集团业务

①企业集团业务描述，包括利润的重要价值贡献因素。

②企业集团营业收入前五位以及占营业收入超过5%的产品或者劳务的供应链及其主要市场地域分布情况。供应链情况可以采用图表形式进行说明。

③企业集团除研发外的重要关联劳务及简要说明，说明内容包括主要劳务提供方提供劳务的胜任能力、分配劳务成本以及确定关联劳务价格的转让定价政策。

④企业集团内各成员实体主要价值贡献分析，包括执行的关键功能、承担的重大风险，以及使用的重要资产。

⑤企业集团会计年度内发生的业务重组，产业结构调整，集团内企业功能、风险或者资产的转移。

⑥企业集团会计年度内发生的企业法律形式改变、债务重组、股权收购、资产收购、合并、分立等。

（3）无形资产

①企业集团开发、应用无形资产及确定无形资产所有权归属的整体战略，包括主要研发机构所在地和研发管理活动发生地及其主要功能、风险、资产和人员情况。

②企业集团对转让定价安排有显著影响的无形资产或者无形资产组合，以及对应的无形资产所有权人。

③企业集团内各成员实体与其关联方的无形资产重要协议清单，重要协议包括成本分摊协议、主要研发服务协议和许可协议等。

④企业集团内与研发活动及无形资产相关的转让定价政策。

⑤企业集团会计年度内重要无形资产所有权和使用权关联转让情况，包括转让涉及的企业、国家以及转让价格等。

（4）融资活动

①企业集团内部各关联方之间的融资安排以及与非关联方的主要融资安排。

②企业集团内提供集中融资功能的成员实体情况，包括其注册地和实际管理机构所在地。

③企业集团内部各关联方之间融资安排的总体转让定价政策。

（5）财务与税务状况

①企业集团最近一个会计年度的合并财务报表。

②企业集团内各成员实体签订的单边预约定价安排、双边预约定价安排以

及涉及国家之间所得分配的其他税收裁定的清单及简要说明。

③报送国别报告的企业名称及其所在地。

企业仅与境内关联方发生关联交易的，可以不准备主体文档。

主体文档应当在企业集团最终控股企业会计年度终了之日起12个月内准备完毕，并自税务机关要求之日起30日内提供。企业因不可抗力无法按期提供的，应当在不可抗力消除后30日内提供。

主体文档应当使用中文，并标明引用信息资料的出处来源；应当加盖企业印章，并由法定代表人或者法定代表人授权的代表签章。

主体文档应当自税务机关要求的准备完毕之日起保存10年。企业合并、分立的，应当由合并、分立后的企业保存。

【政策依据】

（1）《中华人民共和国企业所得税法实施条例》（中华人民共和国国务院令第512号）第一百一十四条（略，见文件65-2）

（2）《国家税务总局关于完善关联申报和同期资料管理有关事项的公告》（国家税务总局公告2016年第42号）第十条至第二十四条

政策链接

67-1 《国家税务总局关于完善关联申报和同期资料管理有关事项的公告》第十条至第二十四条

2016年6月29日　国家税务总局公告2016年第42号

十、企业应当依据企业所得税法实施条例第一百一十四条的规定，按纳税年度准备并按税务机关要求提供其关联交易的同期资料。

同期资料包括主体文档、本地文档和特殊事项文档。

十一、符合下列条件之一的企业，应当准备主体文档：

（一）年度发生跨境关联交易，且合并该企业财务报表的最终控股企业所属企业集团已准备主体文档。

（二）年度关联交易总额超过10亿元。

十二、主体文档主要披露最终控股企业所属企业集团的全球业务整体情况，包括以下内容：

（一）组织架构

以图表形式说明企业集团的全球组织架构、股权结构和所有成员实体的地理分布。成员实体是指企业集团内任一营运实体，包括公司制企业、合伙企业和常设机构等。

（二）企业集团业务

1. 企业集团业务描述，包括利润的重要价值贡献因素。

2. 企业集团营业收入前五位以及占营业收入超过5%的产品或者劳务的供应链及其主要市场地域分布情况。供应链情况可以采用图表形式进行说明。

3. 企业集团除研发外的重要关联劳务及简要说明，说明内容包括主要劳务提供方提供劳务的胜任能力、分配劳务成本以及确定关联劳务价格的转让定价政策。

4. 企业集团内各成员实体主要价值贡献分析，包括执行的关键功能、承担的重大风险、以及使用的重要资产。

5. 企业集团会计年度内发生的业务重组，产业结构调整，集团内企业功能、风险或者资产的转移。

6. 企业集团会计年度内发生的企业法律形式改变、债务重组、股权收购、资产收购、合并、分立等。

（三）无形资产

1. 企业集团开发、应用无形资产及确定无形资产所有权归属的整体战略，包括主要研发机构所在地和研发管理活动发生地及其主要功能、风险、资产和人员情况。

2. 企业集团对转让定价安排有显著影响的无形资产或者无形资产组合，以及对应的无形资产所有权人。

3. 企业集团内各成员实体与其关联方的无形资产重要协议清单，重要协议包括成本分摊协议、主要研发服务协议和许可协议等。

4. 企业集团内与研发活动及无形资产相关的转让定价政策。

5. 企业集团会计年度内重要无形资产所有权和使用权关联转让情况，包括转让涉及的企业、国家以及转让价格等。

（四）融资活动

1. 企业集团内部各关联方之间的融资安排以及与非关联方的主要融资安排。

2. 企业集团内提供集中融资功能的成员实体情况，包括其注册地和实际管理机构所在地。

3. 企业集团内部各关联方之间融资安排的总体转让定价政策。

（五）财务与税务状况

1. 企业集团最近一个会计年度的合并财务报表。

2. 企业集团内各成员实体签订的单边预约定价安排、双边预约定价安排以及涉及国家之间所得分配的其他税收裁定的清单及简要说明。

3. 报送国别报告的企业名称及其所在地。

十三、年度关联交易金额符合下列条件之一的企业，应当准备本地文档：

（一）有形资产所有权转让金额（来料加工业务按照年度进出口报关价格计算）超过2亿元。

（二）金融资产转让金额超过1亿元。

（三）无形资产所有权转让金额超过1亿元。

（四）其他关联交易金额合计超过4000万元。

十四、本地文档主要披露企业关联交易的详细信息，包括以下内容：

（一）企业概况

1. 组织结构，包括企业各职能部门的设置、职责范围和雇员数量等。

2. 管理架构，包括企业各级管理层的汇报对象以及汇报对象主要办公所在地等。

3. 业务描述，包括企业所属行业的发展概况、产业政策、行业限制等影响企业和行业的主要经济和法律问题，主要竞争者等。

4. 经营策略，包括企业各部门、各环节的业务流程，运营模式，价值贡献因素等。

5. 财务数据，包括企业不同类型业务及产品的收入、成本、费用及利润。

6. 涉及本企业或者对本企业产生影响的重组或者无形资产转让情况，以及对本企业的影响分析。

（二）关联关系

1. 关联方信息，包括直接或者间接拥有企业股权的关联方，以及与企业发生交易的关联方，内容涵盖关联方名称、法定代表人、高级管理人员的构成情况、注册地址、实际经营地址，以及关联个人的姓名、国籍、居住地等情况。

2. 上述关联方适用的具有所得税性质的税种、税率及相应可享受的税收优惠。

3. 本会计年度内，企业关联关系的变化情况。

（三）关联交易

1. 关联交易概况

（1）关联交易描述和明细，包括关联交易相关合同或者协议副本及其执行情况的说明，交易标的的特性，关联交易的类型、参与方、时间、金额、结算货币、交易条件、贸易形式，以及关联交易与非关联交易业务的异同等。

（2）关联交易流程，包括关联交易的信息流、物流和资金流，与非关联交易业务流程的异同。

（3）功能风险描述，包括企业及其关联方在各类关联交易中执行的功能、承担的风险和使用的资产。

（4）交易定价影响要素，包括关联交易涉及的无形资产及其影响，成本节约、市场溢价等地域特殊因素。地域特殊因素应从劳动力成本、环境成本、市场规模、市场竞争程度、消费者购买力、商品或者劳务的可替代性、政府管制等方面进行分析。

（5）关联交易数据，包括各关联方、各类关联交易涉及的交易金额。分别披露关联交易和非关联交易的收入、成本、费用和利润，不能直接归集的，按照合理比例划分，并说明该划分比例的依据。

2. 价值链分析

（1）企业集团内业务流、物流和资金流，包括商品、劳务或者其他交易标的从设计、开发、生产制造、营销、销售、交货、结算、消费、售后服务、循环利用等各环节及其参与方。

（2）上述各环节参与方最近会计年度的财务报表。

（3）地域特殊因素对企业创造价值贡献的计量及其归属。

（4）企业集团利润在全球价值链条中的分配原则和分配结果。

3. 对外投资

（1）对外投资基本信息，包括对外投资项目的投资地区、金额、主营业务及战略规划。

（2）对外投资项目概况，包括对外投资项目的股权架构、组织结构，高级管理人员的雇佣方式，项目决策权限的归属。

（3）对外投资项目数据，包括对外投资项目的营运数据。

4. 关联股权转让

（1）股权转让概况，包括转让背景、参与方、时间、价格、支付方式，以及影响股权转让的其他因素。

（2）股权转让标的的相关信息，包括股权转让标的所在地，出让方获取该股权的时间、方式和成本，股权转让收益等信息。

（3）尽职调查报告或者资产评估报告等与股权转让相关的其他信息。

5. 关联劳务

（1）关联劳务概况，包括劳务提供方和接受方，劳务的具体内容、特性、开展方式、定价原则、支付形式，以及劳务发生后各方受益情况等。

（2）劳务成本费用的归集方法、项目、金额、分配标准、计算过程及结果等。

(3) 企业及其所属企业集团与非关联方存在相同或者类似劳务交易的，还应当详细说明关联劳务与非关联劳务在定价原则和交易结果上的异同。

6. 与企业关联交易直接相关的，中国以外其他国家税务主管当局签订的预约定价安排和作出的其他税收裁定。

(四) 可比性分析

1. 可比性分析考虑的因素，包括交易资产或者劳务特性，交易各方功能、风险和资产，合同条款，经济环境，经营策略等。

2. 可比企业执行的功能、承担的风险以及使用的资产等相关信息。

3. 可比对象搜索方法、信息来源、选择条件及理由。

4. 所选取的内部或者外部可比非受控交易信息和可比企业的财务信息。

5. 可比数据的差异调整及理由。

(五) 转让定价方法的选择和使用

1. 被测试方的选择及理由。

2. 转让定价方法的选用及理由，无论选择何种转让定价方法，均须说明企业对集团整体利润或者剩余利润所做的贡献。

3. 确定可比非关联交易价格或者利润的过程中所做的假设和判断。

4. 运用合理的转让定价方法和可比性分析结果，确定可比非关联交易价格或者利润。

5. 其他支持所选用转让定价方法的资料。

6. 关联交易定价是否符合独立交易原则的分析及结论。

十五、特殊事项文档包括成本分摊协议特殊事项文档和资本弱化特殊事项文档。

企业签订或者执行成本分摊协议的，应当准备成本分摊协议特殊事项文档。

企业关联债资比例超过标准比例需要说明符合独立交易原则的，应当准备资本弱化特殊事项文档。

十六、成本分摊协议特殊事项文档包括以下内容：

(一) 成本分摊协议副本。

(二) 各参与方之间达成的为实施成本分摊协议的其他协议。

(三) 非参与方使用协议成果的情况、支付的金额和形式，以及支付金额在参与方之间的分配方式。

(四) 本年度成本分摊协议的参与方加入或者退出的情况，包括加入或者退出的参与方名称、所在国家和关联关系，加入支付或者退出补偿的金额及形式。

（五）成本分摊协议的变更或者终止情况，包括变更或者终止的原因、对已形成协议成果的处理或者分配。

（六）本年度按照成本分摊协议发生的成本总额及构成情况。

（七）本年度各参与方成本分摊的情况，包括成本支付的金额、形式和对象，作出或者接受补偿支付的金额、形式和对象。

（八）本年度协议预期收益与实际收益的比较以及由此作出的调整。

（九）预期收益的计算，包括计量参数的选取、计算方法和改变理由。

十七、资本弱化特殊事项文档包括以下内容：

（一）企业偿债能力和举债能力分析。

（二）企业集团举债能力及融资结构情况分析。

（三）企业注册资本等权益投资的变动情况说明。

（四）关联债权投资的性质、目的及取得时的市场状况。

（五）关联债权投资的货币种类、金额、利率、期限及融资条件。

（六）非关联方是否能够并且愿意接受上述融资条件、融资金额及利率。

（七）企业为取得债权性投资而提供的抵押品情况及条件。

（八）担保人状况及担保条件。

（九）同类同期贷款的利率情况及融资条件。

（十）可转换公司债券的转换条件。

（十一）其他能够证明符合独立交易原则的资料。

十八、企业执行预约定价安排的，可以不准备预约定价安排涉及关联交易的本地文档和特殊事项文档，且关联交易金额不计入本公告第十三条规定的关联交易金额范围。

企业仅与境内关联方发生关联交易的，可以不准备主体文档、本地文档和特殊事项文档。

十九、主体文档应当在企业集团最终控股企业会计年度终了之日起12个月内准备完毕；本地文档和特殊事项文档应当在关联交易发生年度次年6月30日之前准备完毕。同期资料应当自税务机关要求之日起30日内提供。

二十、企业因不可抗力无法按期提供同期资料的，应当在不可抗力消除后30日内提供同期资料。

二十一、同期资料应当使用中文，并标明引用信息资料的出处来源。

二十二、同期资料应当加盖企业印章，并由法定代表人或者法定代表人授权的代表签章。

二十三、企业合并、分立的，应当由合并、分立后的企业保存同期资料。

二十四、同期资料应当自税务机关要求的准备完毕之日起保存10年。

68. 本地文档准备

企业按税务机关要求提供的其关联交易的同期资料中，本地文档主要披露企业关联交易的详细信息。

【适用主体】

达到本地文档准备条件的企业。

【政策规定】

符合下列条件之一的企业，应当准备本地文档：

（1）有形资产所有权转让金额（来料加工业务按照年度进出口报关价格计算）超过2亿元。

（2）金融资产转让金额超过1亿元。

（3）无形资产所有权转让金额超过1亿元。

（4）其他关联交易金额合计超过4000万元。

本地文档主要披露企业关联交易的详细信息，包括以下内容：

（1）企业概况

①组织结构，包括企业各职能部门的设置、职责范围和雇员数量等。

②管理架构，包括企业各级管理层的汇报对象以及汇报对象主要办公所在地等。

③业务描述，包括企业所属行业的发展概况、产业政策、行业限制等影响企业和行业的主要经济和法律问题，主要竞争者等。

④经营策略，包括企业各部门、各环节的业务流程，运营模式，价值贡献因素等。

⑤财务数据，包括企业不同类型业务及产品的收入、成本、费用及利润。

⑥涉及本企业或者对本企业产生影响的重组或者无形资产转让情况，以及对本企业的影响分析。

（2）关联关系

①关联方信息，包括直接或者间接拥有企业股权的关联方，以及与企业发生交易的关联方，内容涵盖关联方名称、法定代表人、高级管理人员的构成情况、注册地址、实际经营地址，以及关联个人的姓名、国籍、居住地等情况。

②上述关联方适用的具有所得税性质的税种、税率及相应可享受的税收优惠。

③本会计年度内，企业关联关系的变化情况。

（3）关联交易

①关联交易概况

a. 关联交易描述和明细，包括关联交易相关合同或者协议副本及其执行情况的说明，交易标的的特性，关联交易的类型、参与方、时间、金额、结算货币、交易条件、贸易形式，以及关联交易与非关联交易业务的异同等。

b. 关联交易流程，包括关联交易的信息流、物流和资金流，与非关联交易业务流程的异同。

c. 功能风险描述，包括企业及其关联方在各类关联交易中执行的功能、承担的风险和使用的资产。

d. 交易定价影响要素，包括关联交易涉及的无形资产及其影响，成本节约、市场溢价等地域特殊因素。地域特殊因素应从劳动力成本、环境成本、市场规模、市场竞争程度、消费者购买力、商品或者劳务的可替代性、政府管制等方面进行分析。

e. 关联交易数据，包括各关联方、各类关联交易涉及的交易金额。分别披露关联交易和非关联交易的收入、成本、费用和利润，不能直接归集的，按照合理比例划分，并说明该划分比例的依据。

②价值链分析

a. 企业集团内业务流、物流和资金流，包括商品、劳务或者其他交易标的从设计、开发、生产制造、营销、销售、交货、结算、消费、售后服务、循环利用等各环节及其参与方。

b. 上述各环节参与方最近会计年度的财务报表。

c. 地域特殊因素对企业创造价值贡献的计量及其归属。

d. 企业集团利润在全球价值链条中的分配原则和分配结果。

③对外投资

a. 对外投资基本信息，包括对外投资项目的投资地区、金额、主营业务及战略规划。

b. 对外投资项目概况，包括对外投资项目的股权架构、组织结构，高级管理人员的雇佣方式，项目决策权限的归属。

c. 对外投资项目数据，包括对外投资项目的营运数据。

④关联股权转让

a. 股权转让概况，包括转让背景、参与方、时间、价格、支付方式，以及影响股权转让的其他因素。

b. 股权转让标的的相关信息，包括股权转让标的所在地，出让方获取该股权的时间、方式和成本，股权转让收益等信息。

c. 尽职调查报告或者资产评估报告等与股权转让相关的其他信息。

⑤关联劳务

a. 关联劳务概况，包括劳务提供方和接受方，劳务的具体内容、特性、开展方式、定价原则、支付形式，以及劳务发生后各方受益情况等。

b. 劳务成本费用的归集方法、项目、金额、分配标准、计算过程及结果等。

c. 企业及其所属企业集团与非关联方存在相同或者类似劳务交易的，还应当详细说明关联劳务与非关联劳务在定价原则和交易结果上的异同。

⑥与企业关联交易直接相关的，中国以外其他国家税务主管当局签订的预约定价安排和作出的其他税收裁定。

（4）可比性分析

①可比性分析考虑的因素，包括交易资产或者劳务特性，交易各方功能、风险和资产，合同条款，经济环境，经营策略等。

②可比企业执行的功能、承担的风险以及使用的资产等相关信息。

③可比对象搜索方法、信息来源、选择条件及理由。

④所选取的内部或者外部可比非受控交易信息和可比企业的财务信息。

⑤可比数据的差异调整及理由。

（5）转让定价方法的选择和使用

①被测试方的选择及理由。

②转让定价方法的选用及理由，无论选择何种转让定价方法，均须说明企业对集团整体利润或者剩余利润所做的贡献。

③确定可比非关联交易价格或者利润的过程中所做的假设和判断。

④运用合理的转让定价方法和可比性分析结果，确定可比非关联交易价格或者利润。

⑤其他支持所选用转让定价方法的资料。

⑥关联交易定价是否符合独立交易原则的分析及结论。

企业执行预约定价安排的，可以不准备预约定价安排涉及关联交易的本地文档，且关联交易金额不计入 42 号公告第十三条规定的关联交易金额范围。

企业仅与境内关联方发生关联交易的，可以不准备本地文档。

本地文档应当在关联交易发生年度次年 6 月 30 日之前准备完毕，并自税务机关要求之日起 30 日内提供。企业因不可抗力无法按期提供的，应当在不可抗力消除后 30 日内提供。

本地文档应当使用中文，并标明引用信息资料的出处来源；应当加盖企业印章，并由法定代表人或者法定代表人授权的代表签章。

本地文档应当自税务机关要求的准备完毕之日起保存 10 年。企业合并、分立的，应当由合并、分立后的企业保存。

【政策依据】

（1）《中华人民共和国企业所得税法实施条例》（中华人民共和国国务院令第 512 号）第一百一十四条（略，见文件 65－2）

（2）《国家税务总局关于完善关联申报和同期资料管理有关事项的公告》（国家税务总局公告 2016 年第 42 号）第十条至第二十四条（略，见文件 67－1）

69. 特殊事项文档准备

企业按税务机关要求提供的其关联交易的同期资料中，特殊事项文档包括成本分摊协议特殊事项文档和资本弱化特殊事项文档两类。

【适用主体】

达到特殊事项文档准备条件的企业。

【政策规定】

企业签订或者执行成本分摊协议的，应当准备成本分摊协议特殊事项文档。

成本分摊协议特殊事项文档包括以下内容：

（1）成本分摊协议副本。

（2）各参与方之间达成的为实施成本分摊协议的其他协议。

（3）非参与方使用协议成果的情况、支付的金额和形式，以及支付金额在参与方之间的分配方式。

（4）本年度成本分摊协议的参与方加入或者退出的情况，包括加入或者退出的参与方名称、所在国家和关联关系，加入支付或者退出补偿的金额及形式。

（5）成本分摊协议的变更或者终止情况，包括变更或者终止的原因、对已形成协议成果的处理或者分配。

（6）本年度按照成本分摊协议发生的成本总额及构成情况。

（7）本年度各参与方成本分摊的情况，包括成本支付的金额、形式和对象，作出或者接受补偿支付的金额、形式和对象。

（8）本年度协议预期收益与实际收益的比较以及由此作出的调整。

（9）预期收益的计算，包括计量参数的选取、计算方法和改变理由。

企业关联债资比例超过标准比例需要说明符合独立交易原则的，应当准备资本弱化特殊事项文档。

资本弱化特殊事项文档包括以下内容：

（1）企业偿债能力和举债能力分析。

（2）企业集团举债能力及融资结构情况分析。

（3）企业注册资本等权益投资的变动情况说明。

（4）关联债权投资的性质、目的及取得时的市场状况。

（5）关联债权投资的货币种类、金额、利率、期限及融资条件。

（6）非关联方是否能够并且愿意接受上述融资条件、融资金额及利率。

（7）企业为取得债权性投资而提供的抵押品情况及条件。

（8）担保人状况及担保条件。

（9）同类同期贷款的利率情况及融资条件。

（10）可转换公司债券的转换条件。

（11）其他能够证明符合独立交易原则的资料。

企业执行预约定价安排的，可以不准备预约定价安排涉及关联交易的特殊事项文档，且关联交易金额不计入 42 号公告第十三条规定的关联交易金额范围。

企业仅与境内关联方发生关联交易的，可以不准备特殊事项文档。

特殊事项文档应当在关联交易发生年度次年 6 月 30 日之前准备完毕，并自税务机关要求之日起 30 日内提供。企业因不可抗力无法按期提供的，应当在不可抗力消除后 30 日内提供。

特殊事项文档应当使用中文，并标明引用信息资料的出处来源；应当加盖企业印章，并由法定代表人或者法定代表人授权的代表签章。

特殊事项文档应当自税务机关要求的准备完毕之日起保存 10 年。企业合并、分立的，应当由合并、分立后的企业保存。

【情景问答】

问：同期资料准备和提供的期限是如何规定的？

答：同期资料主体文档应当在企业集团最终控股企业会计年度终了之日起 12 个月内准备完毕；本地文档和特殊事项文档应当在关联交易发生年度次年 6 月 30 日之前准备完毕。

同期资料应当自税务机关要求之日起 30 日内提供。企业因不可抗力无法按期提供同期资料的，应当在不可抗力消除后 30 日内提供同期资料。

【政策依据】

（1）《中华人民共和国企业所得税法实施条例》（中华人民共和国国务院令第 512 号）第一百一十四条（略，见文件 65－2）

（2）《国家税务总局关于完善关联申报和同期资料管理有关事项的公告》（国家税务总局公告 2016 年第 42 号）第十条至第二十四条（略，见文件 67－1）

四、服务举措

70. 出口退（免）税无纸化申报

【服务内容】

为支持外贸稳增长，进一步加快出口退税进度，创建优质便捷的退税服务体系，服务“走出去”企业，天津、江苏、浙江等11个省（市）的部分地区开展出口退（免）税无纸化申报试点工作，并逐步在全国范围内推进扩大。

试点企业通过提供数字签名证书签名后的正式申报电子数据，可以办理出口退（免）税正式申报以及申请办理出口退（免）税相关证明，不再需要报送纸质申报表和纸质凭证，原规定向主管税务机关报送的纸质凭证留存备查。

【更多资讯】

符合以下条件的出口企业，可确定为试点企业：

（1）自愿申请开展出口退（免）税无纸化管理试点工作，且向主管国税机关承诺能够按规定将有关申报资料留存企业备案；

（2）出口退（免）税企业分类管理类别为一类、二类、三类；

（3）有税控数字签名证书或主管国税机关认可的其他数字签名证书；

（4）能够按规定报送经数字签名后的出口退（免）税全部申报资料的电子数据。

出口企业和其他单位视同出口货物，在提供退（免）税申报资料时，存在无法生成电子数据情形的，不影响该企业申请成为无纸化申报试点企业，该项视同出口业务仍可按现行规定报送纸质申报资料办理退（免）税。

71. “走出去”企业开具《中国税收居民身份证明》

为享受我国对外签署的税收协定（含与香港、澳门和台湾签署的税收安排或者协议）、航空协定税收条款、海运协定税收条款、汽车运输协定税收条款、互免国际运输收入税收协议或者换函待遇，“走出去”企业可以向税务机关申请开具《中国税收居民身份证明》。

【适用主体】

居民企业及其分支机构。

【服务内容】

（1）企业可以就其构成中国税收居民的任一公历年度申请开具《中国税收居民身份证明》。

（2）缔约对方税务主管当局对《中国税收居民身份证明》样式有特殊要求的，申请人应当提供书面说明以及《中国税收居民身份证明》样式，主管税务机关可以按照上述规定予以办理。

（3）申请人申请开具《中国税收居民身份证明》应当提交以下申请表和资料：

①《中国税收居民身份证明》申请表；

②与拟享受税收协定待遇的收入有关的合同、协议、董事会或者股东会决议、支付凭证等证明资料；

③境内、外分支机构通过其总机构提出申请时，还需提供总分机构的登记注册情况；

④以合伙企业的中国居民合伙人提出申请时，还需提供合伙企业登记注册情况。

上述填报或报送的资料应当采用中文文本。相关资料原件为外文文本的，应当同时提供中文译本。申请人可以向主管税务机关提交上述资料的复印件，但是应当在复印件上加盖申请人印章或签章，并按照主管税务机关要求报验原件。

【情景问答】

（1）问：我是一家“走出去”企业，在境外取得所得，在享受我国与对方国家签署的税收协定优惠待遇时，对方国家要求我提供《中国税收居民身份证明》，请问我去哪里开具？

答：可以去主管你企业所得税的县级国家税务局、地方税务局申请开具《中国税收居民身份证明》。

（2）问：我公司境外设立的分支机构如何开具《中国税收居民身份证明》？

答：居民企业的境内、外分支机构应通过总机构向总机构主管税务机关提出申请，即你公司向企业所得税主管税务机关申请开具。

【政策依据】

（1）《中华人民共和国企业所得税法》（中华人民共和国主席令第64号）第五十八条

（2）《中华人民共和国企业所得税法实施条例》（中华人民共和国国务院令第512号）第一百三十二条

（3）《国家税务总局关于开具〈中国税收居民身份证明〉有关事项的公告》（国家税务总局公告2016年第40号）

政策链接

71－1 《中华人民共和国企业所得税法》第五十八条

2007年3月16日　中华人民共和国主席令第64号

第五十八条　中华人民共和国政府同外国政府订立的有关税收的协定与本法有不同规定的，依照协定的规定办理。

71－2 《中华人民共和国企业所得税法实施条例》第一百三十二条

2007年12月6日　中华人民共和国国务院令第512号

第一百三十二条　在香港特别行政区、澳门特别行政区和台湾地区成立的企业，参照适用企业所得税法第二条第二款、第三款的有关规定。

71－3 国家税务总局关于开具《中国税收居民身份证明》有关事项的公告

2016年6月28日　国家税务总局公告2016年第40号

根据《中华人民共和国税收征收管理法》及其实施细则、《中华人民共和国企业所得税法》及其实施条例、《中华人民共和国个人所得税法》及其实施条例以及相关法律法规，为服务企业和个人开展对外投资、经营和提供劳务活动，便利《中国税收居民身份证明》（以下简称《税收居民证明》，见附件1）开具，现就有关事项公告如下：

一、企业或者个人（以下统称申请人）为享受中国政府对外签署的税收协定（含与香港、澳门和台湾签署的税收安排或者协议）、航空协定税收条款、海运协定税收条款、汽车运输协定税收条款、互免国际运输收入税收协议或者换函（以下统称税收协定）待遇，可以向税务机关申请开具《税收居民证明》。

二、申请人向主管其所得税的县国家税务局、地方税务局（以下统称主管税务机关）申请开具《税收居民证明》。

中国居民企业的境内、外分支机构应当通过其总机构向总机构主管税务机关提出申请。合伙企业应当以其中国居民合伙人作为申请人，向中国居民合伙人主管税务机关提出申请。

三、申请人可以就其构成中国税收居民的任一公历年度申请开具《税收居民证明》。

四、申请人申请开具《税收居民证明》应当提交以下申请表和资料：

（一）《中国税收居民身份证明》申请表（见附件2）；

（二）与拟享受税收协定待遇的收入有关的合同、协议、董事会或者股东会决议、支付凭证等证明资料；

（三）申请人为个人且在中国境内有住所的，提供因户籍、家庭、经济利益关系而在中国境内习惯性居住的证明材料，证明材料包括申请人身份信息、说明材料或者其他材料；

（四）申请人为个人且无住所、在中国境内居住满一年的，提供在中国境内实际居住时间的相关证明材料，证明材料包括护照信息、说明材料或者其他材料；

（五）境内、外分支机构通过其总机构提出申请时，还需提供总分机构的登记注册情况；

（六）以合伙企业的中国居民合伙人提出申请时，还需提供合伙企业登记注册情况。

上述填报或报送的资料应当采用中文文本。相关资料原件为外文文本的，应当同时提供中文译本。申请人可以向主管税务机关提交上述资料的复印件，但是应当在复印件上加盖申请人印章或签章，并按照主管税务机关要求报验原件。

五、申请人提交资料齐全的，主管税务机关应当按规定当场受理；资料不齐全的，主管税务机关不予受理，并一次性告知申请人应补正内容。

六、主管税务机关根据《中华人民共和国企业所得税法》及其实施条例、《中华人民共和国个人所得税法》及其实施条例等规定，结合纳税人登记注册、在中国境内住所及居住时间等情况对居民身份进行判定。

七、主管税务机关在受理申请之日起10个工作日内，由负责人签发《税收居民证明》并加盖公章或者将不予开具的理由书面告知申请人。

主管税务机关无法准确判断居民身份的，应当及时报告上级税务机关。需要报告上级税务机关的，主管税务机关应当在受理申请之日起20个工作日内办结。

八、主管税务机关或者上级税务机关根据申请人提交资料无法作出判断的，可以要求申请人补充提供相关资料，需要补充的内容应当一次性书面告知。申请人补充资料的时间不计入上述工作时限。

九、主管税务机关对开具的《税收居民证明》进行统一编号，编号格式为：税务机构代码（前7位）＋年份（4位）＋顺序号（5位）。“年份”为开具《税收居民证明》的公历年度，“顺序号”为本年度主管税务机关开具的自然顺序号。

十、缔约对方税务主管当局对《税收居民证明》样式有特殊要求的，申请人应当提供书面说明以及《税收居民证明》样式，主管税务机关可以按照上述规定予以办理。

十一、各地税务机关可以进一步拓展或者优化服务方式，提高信息化水平和办理时效，为申请人享受税收协定待遇提供便利。各地税务机关要加强对开具《税收居民证明》的申请人来源于境外所得的税收管理，帮助其降低税收风险。

十二、本公告自2016年10月1日起施行。《国家税务总局关于做好〈中国税收居民身份证明〉开具工作的通知》（国税函〔2008〕829号）、《国家税务总局关于做好〈中国税收居民身份证明〉开具工作的补充通知》（国税函〔2010〕218号）、《国家税务总局关于印发〈境外注册中资控股居民企业所得税管理办法（试行）〉的公告》（国家税务总局公告2011年第45号）第二十八条同时废止。

特此公告。

附件：1. 中国税收居民身份证明（编者略）

2.《中国税收居民身份证明》申请表（编者略）

72. 单边预约定价安排

预约定价安排是企业与税务机关就企业未来年度关联交易的定价原则和计算方法所达成的一致安排。预约定价安排可以帮助企业提高关联交易的税收确定性，降低“走出去”企业在生产经营、境外投资时被实施转让定价调查的风险。

预约定价安排包括单边、双边和多边三种类型。

单边预约定价安排是企业与一国税务机关就企业未来年度关联交易的定价原则和计算方法达成一致后签订的安排。单边预约定价安排可以帮助企业提高关联交易的税收确定性，降低“走出去”企业在生产经营、境外投资时被实施转让定价调查的风险。

【适用主体】

需要与一国税务机关就其未来年度关联交易的定价原则和计算方法达成预约定价安排的企业。

【服务内容】

（1）预约定价安排适用于主管税务机关向企业送达接收其谈签意向的《税务事项通知书》之日所属纳税年度起 3 至 5 个年度的关联交易。

（2）企业以前年度的关联交易与预约定价安排适用年度相同或者类似的，经企业申请，税务机关可以将预约定价安排确定的定价原则和计算方法追溯适用于以前年度该关联交易的评估和调整。追溯期最长为 10 年。

（3）预约定价安排一般适用于主管税务机关向企业送达接收其谈签意向的《税务事项通知书》之日所属纳税年度前 3 个年度每年度发生的关联交易金额 4000 万元人民币以上的企业。

（4）预约定价安排的谈签与执行经过预备会谈、谈签意向、分析评估、正式申请、协商签署和监控执行 6 个阶段。

（5）在预约定价安排签署前，税务机关和企业均可暂停、终止预约定价安排程序。

（6）企业有谈签单边预约定价安排意向的，应当向主管税务机关书面提出预备会谈申请，提交《预约定价安排预备会谈申请书》。

（7）税务机关和企业在预备会谈期间达成一致意见的，企业收到主管税务机关送达的同意其提交谈签意向的《税务事项通知书》后，应当向主管税务机关提交《预约定价安排谈签意向书》，并附送单边预约定价安排申请草案。

（8）分析评估阶段，企业应当配合税务机关分析评估其单边预约定价安排申请草案是否符合独立交易原则。

（9）企业收到主管税务机关送达的同意其提交正式申请的《税务事项通知书》后，可以向税务机关提交《预约定价安排正式申请书》，并附送预约定价安排正式申请报告。

（10）主管税务机关与企业就单边预约定价安排文本达成一致后，双方的法定代表人或者法定代表人授权的代表签署单边预约定价安排。

（11）预约定价安排执行期满后自动失效。企业申请续签的，应当在预约定价安排执行期满之日前90日内向税务机关提出续签申请，报送《预约定价安排续签申请书》。

【情景问答】

问：我们是一家“走出去”企业，与境外子公司的关联交易很多，但不知道我们的定价原则是否符合中国税务机关的要求，听说可以通过签订单边、双边或者多边“预约定价安排”提供税收确定性，请问我们公司应该签订哪种预约定价安排呢？

答：企业与境外子公司之间关联交易的转让定价问题，是“走出去”企业值得关注的一个重要问题。预约定价安排是企业与税务机关就企业未来年度关联交易的定价原则和计算方法达成一致后签订的安排，最大的好处是提供税收确定性和合规性。它是通过税企合作解决转让定价潜在争议的有效手段，能降低纳税人的税收风险，对税企双方都很有益。作为“走出去”企业，在与境外子公司存在多种关联交易的情况下，可考虑与税务机关签订单边预约定价安排，从而规范集团的转让定价政策，为未来年度的关联交易提供税收确定性。单边预约定价安排只涉及企业与一方税务机关，相对于双边或者多边预约定价安排，更容易达成共识，所需时间较少、效率较高。预约定价安排的谈签与执行的具体流程和规定比较复杂，如果想进一步了解的话，可以参考《国家税务总局关于完善预约定价安排管理有关事项的公告》（国家税务总局公告2016年第64号）等有关法律、法规或者规范性文件。

【政策依据】

（1）中国政府与其他国家（地区）签署的避免双重征税协定、协议或者安排的有关规定（编者略）

（2）《中华人民共和国企业所得税法》（中华人民共和国主席令第64号）第四十二条

（3）《中华人民共和国企业所得税法实施条例》（中华人民共和国国务院令第512号）第一百一十三条

（4）《中华人民共和国税收征收管理法实施细则》（中华人民共和国国务院令第666号）第五十三条

（5）《国家税务总局关于完善预约定价安排管理有关事项的公告》（国家

税务总局公告2016年第64号）

（6）《国家税务总局关于发布〈特别纳税调查调整及相互协商程序管理办法〉的公告》（国家税务总局公告2017年第6号）第五条、第四十七条至第六十一条

政策链接

72-1 《中华人民共和国企业所得税法》第四十二条
2007年3月16日 中华人民共和国主席令第64号

第四十二条 企业可以向税务机关提出与其关联方之间业务往来的定价原则和计算方法，税务机关与企业协商、确认后，达成预约定价安排。

72-2 《中华人民共和国企业所得税法实施条例》第一百一十三条
2007年12月6日 中华人民共和国国务院令第512号

第一百一十三条 企业所得税法第四十二条所称预约定价安排，是指企业就其未来年度关联交易的定价原则和计算方法，向税务机关提出申请，与税务机关按照独立交易原则协商、确认后达成的协议。

72-3 《中华人民共和国税收征收管理法实施细则》第五十三条
2016年2月6日 中华人民共和国国务院令第666号

第五十三条 纳税人可以向主管税务机关提出与其关联企业之间业务往来的定价原则和计算方法，主管税务机关审核、批准后，与纳税人预先约定有关定价事项，监督纳税人执行。

72-4 国家税务总局关于完善预约定价安排管理有关事项的公告
2016年10月11日 国家税务总局公告2016年第64号

为进一步完善预约定价安排管理，执行我国政府对外签署的避免双重征税协定、协议或者安排（以下简称“税收协定”），根据《中华人民共和国企业所得税法》（以下简称“企业所得税法”）及其实施条例、《中华人民共和国税收征收管理法》（以下简称“税收征管法”）及其实施细则的有关规定，现就有关事项公告如下：

一、企业可以与税务机关就其未来年度关联交易的定价原则和计算方法达

成预约定价安排。

二、预约定价安排的谈签与执行经过预备会谈、谈签意向、分析评估、正式申请、协商签署和监控执行6个阶段。预约定价安排包括单边、双边和多边3种类型。

三、预约定价安排适用于主管税务机关向企业送达接收其谈签意向的《税务事项通知书》之日所属纳税年度起3至5个年度的关联交易。

企业以前年度的关联交易与预约定价安排适用年度相同或者类似的，经企业申请，税务机关可以将预约定价安排确定的定价原则和计算方法追溯适用于以前年度该关联交易的评估和调整。追溯期最长为10年。

预约定价安排的谈签不影响税务机关对企业不适用预约定价安排的年度及关联交易的特别纳税调查调整和监控管理。

四、预约定价安排一般适用于主管税务机关向企业送达接收其谈签意向的《税务事项通知书》之日所属纳税年度前3个年度每年度发生的关联交易金额4000万元人民币以上的企业。

五、企业有谈签预约定价安排意向的，应当向税务机关书面提出预备会谈申请。税务机关可以与企业开展预备会谈。

（一）企业申请单边预约定价安排的，应当向主管税务机关书面提出预备会谈申请，提交《预约定价安排预备会谈申请书》（附件1）。主管税务机关组织与企业开展预备会谈。

企业申请双边或者多边预约定价安排的，应当同时向国家税务总局和主管税务机关书面提出预备会谈申请，提交《预约定价安排预备会谈申请书》。国家税务总局统一组织与企业开展预备会谈。

（二）预备会谈期间，企业应当就以下内容作出简要说明：

1. 预约定价安排的适用年度；

2. 预约定价安排涉及的关联方及关联交易；

3. 企业及其所属企业集团的组织结构和管理架构；

4. 企业最近3至5个年度生产经营情况、同期资料等；

5. 预约定价安排涉及各关联方功能和风险的说明，包括功能和风险划分所依据的机构、人员、费用、资产等；

6. 市场情况的说明，包括行业发展趋势和竞争环境等；

7. 是否存在成本节约、市场溢价等地域特殊优势；

8. 预约定价安排是否追溯适用以前年度；

9. 其他需要说明的情况。

企业申请双边或者多边预约定价安排的，说明内容还应当包括：

1. 向税收协定缔约对方税务主管当局提出预约定价安排申请的情况；

2. 预约定价安排涉及的关联方最近3至5个年度生产经营情况及关联交易情况；

3. 是否涉及国际重复征税及其说明。

（三）预备会谈期间，企业应当按照税务机关的要求补充资料。

六、税务机关和企业在预备会谈期间达成一致意见的，主管税务机关向企业送达同意其提交谈签意向的《税务事项通知书》。企业收到《税务事项通知书》后向税务机关提出谈签意向。

（一）企业申请单边预约定价安排的，应当向主管税务机关提交《预约定价安排谈签意向书》（附件2），并附送单边预约定价安排申请草案。

企业申请双边或者多边预约定价安排的，应当同时向国家税务总局和主管税务机关提交《预约定价安排谈签意向书》，并附送双边或者多边预约定价安排申请草案。

（二）单边预约定价安排申请草案应当包括以下内容：

1. 预约定价安排的适用年度；

2. 预约定价安排涉及的关联方及关联交易；

3. 企业及其所属企业集团的组织结构和管理架构；

4. 企业最近3至5个年度生产经营情况、财务会计报告、审计报告、同期资料等；

5. 预约定价安排涉及各关联方功能和风险的说明，包括功能和风险划分所依据的机构、人员、费用、资产等；

6. 预约定价安排使用的定价原则和计算方法，以及支持这一定价原则和计算方法的功能风险分析、可比性分析和假设条件等；

7. 价值链或者供应链分析，以及对成本节约、市场溢价等地域特殊优势的考虑；

8. 市场情况的说明，包括行业发展趋势和竞争环境等；

9. 预约定价安排适用期间的年度经营规模、经营效益预测以及经营规划等；

10. 预约定价安排是否追溯适用以前年度；

11. 对预约定价安排有影响的境内、外行业相关法律、法规；

12. 企业关于不存在本条第（三）项所列举情形的说明；

13. 其他需要说明的情况。

双边或者多边预约定价安排申请草案还应当包括：

1. 向税收协定缔约对方税务主管当局提出预约定价安排申请的情况；

2. 预约定价安排涉及的关联方最近3至5个年度生产经营情况及关联交易情况；

3. 是否涉及国际重复征税及其说明。

（三）有下列情形之一的，税务机关可以拒绝企业提交谈签意向：

1. 税务机关已经对企业实施特别纳税调整立案调查或者其他涉税案件调查，且尚未结案的；

2. 未按照有关规定填报年度关联业务往来报告表；

3. 未按照有关规定准备、保存和提供同期资料；

4. 预备会谈阶段税务机关和企业无法达成一致意见。

七、企业提交谈签意向后，税务机关应当分析预约定价安排申请草案内容，评估其是否符合独立交易原则。根据分析评估的具体情况可以要求企业补充提供有关资料。

税务机关可以从以下方面进行分析评估：

（一）功能和风险状况。分析评估企业与其关联方之间在供货、生产、运输、销售等各环节以及在研究、开发无形资产等方面各自作出的贡献、执行的功能以及在存货、信贷、外汇、市场等方面承担的风险。

（二）可比交易信息。分析评估企业提供的可比交易信息，对存在的实质性差异进行调整。

（三）关联交易数据。分析评估预约定价安排涉及的关联交易的收入、成本、费用和利润是否单独核算或者按照合理比例划分。

（四）定价原则和计算方法。分析评估企业在预约定价安排中采用的定价原则和计算方法。如申请追溯适用以前年度的，应当作出说明。

（五）价值链分析和贡献分析。评估企业对价值链或者供应链的分析是否完整、清晰，是否充分考虑成本节约、市场溢价等地域特殊优势，是否充分考虑本地企业对价值创造的贡献等。

（六）交易价格或者利润水平。根据上述分析评估结果，确定符合独立交易原则的价格或者利润水平。

（七）假设条件。分析评估影响行业利润水平和企业生产经营的因素及程度，合理确定预约定价安排适用的假设条件。

八、分析评估阶段，税务机关可以与企业就预约定价安排申请草案进行讨论。税务机关可以进行功能和风险实地访谈。税务机关认为预约定价安排申请草案不符合独立交易原则的，企业应当与税务机关协商，并进行调整；税务机关认为预约定价安排申请草案符合独立交易原则的，主管税务机关向企业送达同意其提交正式申请的《税务事项通知书》，企业收到通知后，可以向税务机关提交《预约定价安排正式申请书》(附件3)，并附送预约定价安排正式申请报告。

(一) 企业申请单边预约定价安排的，应当向主管税务机关提交上述资料。企业申请双边或者多边预约定价安排的，应当同时向国家税务总局和主管税务机关提交上述资料，并按照有关规定提交启动特别纳税调整相互协商程序的申请。

(二) 有下列情形之一的，税务机关可以拒绝企业提交正式申请：

1. 预约定价安排申请草案拟采用的定价原则和计算方法不合理，且企业拒绝协商调整；

2. 企业拒不提供有关资料或者提供的资料不符合税务机关要求，且不按时补正或者更正；

3. 企业拒不配合税务机关进行功能和风险实地访谈；

4. 其他不适合谈签预约定价安排的情况。

九、税务机关应当在分析评估的基础上形成协商方案，并据此开展协商工作。

(一) 主管税务机关与企业开展单边预约定价安排协商，协商达成一致的，拟定单边预约定价安排文本 (参照文本见附件4)。

国家税务总局与税收协定缔约对方税务主管当局开展双边或者多边预约定价安排协商，协商达成一致的，拟定双边或者多边预约定价安排文本。

(二) 预约定价安排文本可以包括以下内容：

1. 企业及其关联方名称、地址等基本信息；

2. 预约定价安排涉及的关联交易及适用年度；

3. 预约定价安排选用的定价原则和计算方法，以及可比价格或者可比利润水平等；

4. 与转让定价方法运用和计算基础相关的术语定义；

5. 假设条件及假设条件变动通知义务；

6. 企业年度报告义务；

7. 预约定价安排的效力；

8. 预约定价安排的续签；

9. 预约定价安排的生效、修订和终止；

10. 争议的解决；

11. 文件资料等信息的保密义务；

12. 单边预约定价安排的信息交换；

13. 附则。

（三）主管税务机关与企业就单边预约定价安排文本达成一致后，双方的法定代表人或者法定代表人授权的代表签署单边预约定价安排。

国家税务总局与税收协定缔约对方税务主管当局就双边或者多边预约定价安排文本达成一致后，双方或者多方税务主管当局授权的代表签署双边或者多边预约定价安排。国家税务总局应当将预约定价安排转发主管税务机关。主管税务机关应当向企业送达《税务事项通知书》，附送预约定价安排，并做好执行工作。

（四）预约定价安排涉及适用年度或者追溯年度补（退）税款的，税务机关应当按照纳税年度计算应补征或者退还的税款，并向企业送达《预约定价安排补（退）税款通知书》（附件5）。

十、税务机关应当监控预约定价安排的执行情况。

（一）预约定价安排执行期间，企业应当完整保存与预约定价安排有关的文件和资料，包括账簿和有关记录等，不得丢失、销毁和转移。

企业应当在纳税年度终了后6个月内，向主管税务机关报送执行预约定价安排情况的纸质版和电子版年度报告，主管税务机关将电子版年度报告报送国家税务总局；涉及双边或者多边预约定价安排的，企业应当向主管税务机关报送执行预约定价安排情况的纸质版和电子版年度报告，同时将电子版年度报告报送国家税务总局。

年度报告应当说明报告期内企业经营情况以及执行预约定价安排的情况。需要修订、终止预约定价安排，或者有未决问题或者预计将要发生问题的，应当作出说明。

（二）预约定价安排执行期间，主管税务机关应当每年监控企业执行预约定价安排的情况。监控内容主要包括：企业是否遵守预约定价安排条款及要求；年度报告是否反映企业的实际经营情况；预约定价安排所描述的假设条件是否仍然有效等。

（三）预约定价安排执行期间，企业发生影响预约定价安排的实质性变化，应当在发生变化之日起30日内书面报告主管税务机关，详细说明该变化对执行预约定价安排的影响，并附送相关资料。由于非主观原因而无法按期报告的，可以延期报告，但延长期限不得超过30日。

税务机关应当在收到企业书面报告后，分析企业实质性变化情况，根据实质性变化对预约定价安排的影响程度，修订或者终止预约定价安排。签署的预约定价安排终止执行的，税务机关可以和企业按照本公告规定的程序和要求，重新谈签预约定价安排。

（四）国家税务局和地方税务局与企业共同签署的预约定价安排，在执行期间，企业应当分别向国家税务局和地方税务局报送年度报告和实质性变化报告。国家税务局和地方税务局应当对企业执行预约定价安排的情况，实施联合监控。

十一、预约定价安排执行期满后自动失效。企业申请续签的，应当在预约定价安排执行期满之日前90日内向税务机关提出续签申请，报送《预约定价安排续签申请书》（附件6），并提供执行现行预约定价安排情况的报告，现行预约定价安排所述事实和经营环境是否发生实质性变化的说明材料以及续签预约定价安排年度的预测情况等相关资料。

十二、预约定价安排采用四分位法确定价格或者利润水平，在预约定价安排执行期间，如果企业当年实际经营结果在四分位区间之外，税务机关可以将实际经营结果调整到四分位区间中位值。预约定价安排执行期满，企业各年度经营结果的加权平均值低于区间中位值，且未调整至中位值的，税务机关不再受理续签申请。

双边或者多边预约定价安排执行期间存在上述问题的，主管税务机关应当及时将有关情况层报国家税务总局。

十三、预约定价安排执行期间，主管税务机关与企业发生分歧的，双方应当进行协商。协商不能解决的，可以报上一级税务机关协调；涉及双边或者多边预约定价安排的，必须层报国家税务总局协调。对上一级税务机关或者国家税务总局的决定，下一级税务机关应当予以执行。企业仍不能接受的，可以终止预约定价安排的执行。

十四、在预约定价安排签署前，税务机关和企业均可暂停、终止预约定价安排程序。税务机关发现企业或者其关联方故意不提供与谈签预约定价安排有关的必要资料，或者提供虚假、不完整资料，或者存在其他不配合的情形，使预约定价安排难以达成一致的，可以暂停、终止预约定价安排程序。涉及双边或者多边预约定价安排的，经税收协定缔约各方税务主管当局协商，可以暂停、终止预约定价安排程序。税务机关暂停、终止预约定价安排程序的，应当向企业送达《税务事项通知书》，并说明原因；企业暂停、终止预约定价安排程序的，应当向税务机关提交书面说明。

十五、没有按照规定的权限和程序签署预约定价安排，或者税务机关发现企业隐瞒事实的，应当认定预约定价安排自始无效，并向企业送达《税务事项通知书》，说明原因；发现企业拒不执行预约定价安排或者存在违反预约定价安排的其他情况，可以视情况进行处理，直至终止预约定价安排。

十六、有下列情形之一的，税务机关可以优先受理企业提交的申请：

（一）企业关联申报和同期资料完备合理，披露充分；

（二）企业纳税信用级别为 A 级；

（三）税务机关曾经对企业实施特别纳税调查调整，并已经结案；

（四）签署的预约定价安排执行期满，企业申请续签，且预约定价安排所述事实和经营环境没有发生实质性变化；

（五）企业提交的申请材料齐备，对价值链或者供应链的分析完整、清晰，充分考虑成本节约、市场溢价等地域特殊因素，拟采用的定价原则和计算方法合理；

（六）企业积极配合税务机关开展预约定价安排谈签工作；

（七）申请双边或者多边预约定价安排的，所涉及的税收协定缔约对方税务主管当局有较强的谈签意愿，对预约定价安排的重视程度较高；

（八）其他有利于预约定价安排谈签的因素。

十七、预约定价安排同时涉及两个或者两个以上省、自治区、直辖市和计划单列市税务机关的，或者同时涉及国家税务局和地方税务局的，由国家税务总局统一组织协调。

企业申请上述单边预约定价安排的，应当同时向国家税务总局及其指定的税务机关提出谈签预约定价安排的相关申请。国家税务总局可以与企业统一签署单边预约定价安排，或者指定税务机关与企业统一签署单边预约定价安排，也可以由各主管税务机关与企业分别签署单边预约定价安排。

十八、单边预约定价安排涉及一个省、自治区、直辖市和计划单列市内两个或者两个以上主管税务机关，且仅涉及国家税务局或者地方税务局的，由省、自治区、直辖市和计划单列市相应税务机关统一组织协调。

十九、税务机关与企业在预约定价安排谈签过程中取得的所有信息资料，双方均负有保密义务。除依法应当向有关部门提供信息的情况外，未经纳税人同意，税务机关不得以任何方式泄露预约定价安排相关信息。

税务机关与企业不能达成预约定价安排的，税务机关在协商过程中所取得的有关企业的提议、推理、观念和判断等非事实性信息，不得用于对该预约定价安排涉及关联交易的特别纳税调查调整。

二十、除涉及国家安全的信息以外，国家税务总局可以按照对外缔结的国际公约、协定、协议等有关规定，与其他国家（地区）税务主管当局就 2016 年 4 月 1 日以后签署的单边预约定价安排文本实施信息交换。企业应当在签署单边预约定价安排时提供其最终控股公司、上一级直接控股公司及单边预约定价安排涉及的境外关联方所在国家（地区）的名单。

二十一、本公告所称主管税务机关是指负责特别纳税调整事项的税务机关。

二十二、本公告自2016年12月1日起施行。《特别纳税调整实施办法（试行）》（国税发〔2009〕2号文件印发）第六章同时废止。本公告施行前税务机关未接受正式申请的预约定价安排，适用本公告的规定。

特此公告。

附件：1. 预约定价安排预备会谈申请书（编者略）

2. 预约定价安排谈签意向书（编者略）

3. 预约定价安排正式申请书（编者略）

4. 单边预约定价安排（参照文本）（编者略）

5. 预约定价安排补（退）税款通知书（编者略）

6. 预约定价安排续签申请书（编者略）

72-5 《国家税务总局关于发布〈特别纳税调查调整及相互协商程序管理办法〉的公告》第五条、第四十七条至第六十一条

2017年3月17日 国家税务总局公告2017年第6号

第五条 税务机关应当向已确定立案调查的企业送达《税务检查通知书（一）》。被立案调查企业为非居民企业的，税务机关可以委托境内关联方或者与调查有关的境内企业送达《税务检查通知书（一）》。

经预备会谈与税务机关达成一致意见，已向税务机关提交《预约定价安排谈签意向书》，并申请预约定价安排追溯适用以前年度的企业，或者已向税务机关提交《预约定价安排续签申请书》的企业，可以暂不作为特别纳税调整的调查对象。预约定价安排未涉及的年度和关联交易除外。

……

第四十七条 根据我国对外签署的税收协定的有关规定，国家税务总局可以依据企业申请或者税收协定缔约对方税务主管当局请求启动相互协商程序，与税收协定缔约对方税务主管当局开展协商谈判，避免或者消除由特别纳税调整事项引起的国际重复征税。

相互协商内容包括：

（一）双边或者多边预约定价安排的谈签；

（二）税收协定缔约一方实施特别纳税调查调整引起另一方相应调整的协商谈判。

第四十八条 企业申请启动相互协商程序的，应当在税收协定规定期限内，向国家税务总局书面提交《启动特别纳税调整相互协商程序申请表》和特别纳税调整事项的有关说明。企业当面报送上述资料的，以报送日期为申请

日期；邮寄报送的，以国家税务总局收到上述资料的日期为申请日期。

国家税务总局收到企业提交的上述资料后，认为符合税收协定有关规定的，可以启动相互协商程序；认为资料不全的，可以要求企业补充提供资料。

第四十九条 税收协定缔约对方税务主管当局请求启动相互协商程序的，国家税务总局收到正式来函后，认为符合税收协定有关规定的，可以启动相互协商程序。

国家税务总局认为税收协定缔约对方税务主管当局提供的资料不完整、事实不清晰的，可以要求对方补充提供资料，或者通过主管税务机关要求涉及的境内企业协助核实。

第五十条 国家税务总局决定启动相互协商程序的，应当书面通知省税务机关，并告知税收协定缔约对方税务主管当局。负责特别纳税调整事项的主管税务机关应当在收到书面通知后15个工作日内，向企业送达启动相互协商程序的《税务事项通知书》。

第五十一条 在相互协商过程中，税务机关可以要求企业进一步补充提供资料，企业应当在规定的时限内提交。

第五十二条 有下列情形之一的，国家税务总局可以拒绝企业申请或者税收协定缔约对方税务主管当局启动相互协商程序的请求：

（一）企业或者其关联方不属于税收协定任一缔约方的税收居民；

（二）申请或者请求不属于特别纳税调整事项；

（三）申请或者请求明显缺乏事实或者法律依据；

（四）申请不符合税收协定有关规定；

（五）特别纳税调整案件尚未结案或者虽然已经结案但是企业尚未缴纳应纳税款。

第五十三条 有下列情形之一的，国家税务总局可以暂停相互协商程序：

（一）企业申请暂停相互协商程序；

（二）税收协定缔约对方税务主管当局请求暂停相互协商程序；

（三）申请必须以另一被调查企业的调查调整结果为依据，而另一被调查企业尚未结束调查调整程序；

（四）其他导致相互协商程序暂停的情形。

第五十四条 有下列情形之一的，国家税务总局可以终止相互协商程序：

（一）企业或者其关联方不提供与案件有关的必要资料，或者提供虚假、不完整资料，或者存在其他不配合的情形；

（二）企业申请撤回或者终止相互协商程序；

（三）税收协定缔约对方税务主管当局撤回或者终止相互协商程序；

（四）其他导致相互协商程序终止的情形。

第五十五条 国家税务总局决定暂停或者终止相互协商程序的，应当书面通知省税务机关。负责特别纳税调整事项的主管税务机关应当在收到书面通知后15个工作日内，向企业送达暂停或者终止相互协商程序的《税务事项通知书》。

第五十六条 国家税务总局与税收协定缔约对方税务主管当局签署相互协商协议后，应当书面通知省税务机关，附送相互协商协议。负责特别纳税调整事项的主管税务机关应当在收到书面通知后15个工作日内，向企业送达《税务事项通知书》，附送相互协商协议。需要补（退）税的，应当附送《特别纳税调整相互协商协议补（退）税款通知书》或者《预约定价安排补（退）税款通知书》，并监控执行补（退）税款情况。

应纳税收入或者所得额以外币计算的，应当按照相互协商协议送达企业之日上月最后一日人民币汇率中间价折合成人民币，计算应补缴或者应退还的税款。

补缴税款应当加收利息的，按照《中华人民共和国企业所得税法实施条例》第一百二十二条规定的人民币贷款基准利率执行。

第五十七条 各级税务机关应当对税收协定缔约对方税务主管当局、企业或者其扣缴义务人、代理人等在相互协商中提供的有关资料保密。

第五十八条 企业或者其扣缴义务人、代理人等在相互协商中弄虚作假，或者有其他违法行为的，税务机关应当按照税收征管法及其实施细则的有关规定处理。

第五十九条 企业按照本办法规定向国家税务总局提起相互协商申请的，提交的资料应当同时采用中文和英文文本，企业向税收协定缔约双方税务主管当局提交资料内容应当保持一致。

第六十条 涉及税收协定条款解释或者执行的相互协商程序，按照《国家税务总局关于发布〈税收协定相互协商程序实施办法〉的公告》（国家税务总局公告2013年第56号）的有关规定执行。

第六十一条 本办法施行前已受理但尚未达成一致的相互协商案件，适用本办法的规定。

73. 双边或者多边预约定价安排

双边或者多边预约定价安排是企业与税收协定缔约两国（多国）的税务机关就企业未来年度关联交易的定价原则和计算方法达成一致后签订的安排。

双边或者多边预约定价安排既可以为“走出去”企业有效避免或消除国际重复征税，也能为纳税人提供税收确定性。

【适用主体】

需要与税收协定缔约两国或者多国税务机关就其未来年度关联交易的定价原则和计算方法达成预约定价安排的企业。

【服务内容】

（1）预约定价安排适用于主管税务机关向企业送达接收其谈签意向的《税务事项通知书》之日所属纳税年度起3至5个年度的关联交易。

（2）企业以前年度的关联交易与预约定价安排适用年度相同或者类似的，经企业申请，税务机关可以将预约定价安排确定的定价原则和计算方法追溯适用于以前年度该关联交易的评估和调整。追溯期最长为10年。

（3）预约定价安排一般适用于主管税务机关向企业送达接收其谈签意向的《税务事项通知书》之日所属纳税年度前3个年度每年度发生的关联交易金额4000万元人民币以上的企业。

（4）预约定价安排的谈签与执行经过预备会谈、谈签意向、分析评估、正式申请、协商签署和监控执行6个阶段。

（5）在预约定价安排签署前，税务机关和企业均可暂停、终止预约定价安排程序。

（6）企业有谈签双边或者多边预约定价安排意向的，应当同时向国家税务总局和主管税务机关书面提出预备会谈申请，提交《预约定价安排预备会谈申请书》。

（7）税务机关和企业在预备会谈期间达成一致意见的，企业收到主管税务机关送达的同意其提交谈签意向的《税务事项通知书》后，应当同时向国家税务总局和主管税务机关提交《预约定价安排谈签意向书》，并附送双边或者多边预约定价安排申请草案。

（8）分析评估阶段，企业应当配合税务机关分析评估其双边或者多边预约定价安排申请草案是否符合独立交易原则。

（9）企业收到主管税务机关送达的同意其提交正式申请的《税务事项通知书》后，应当同时向国家税务总局和主管税务机关提交《预约定价安排正式申请书》，附送预约定价安排正式申请报告，并按照有关规定提交启动特别纳税调整相互协商程序的申请。

（10）国家税务总局与税收协定缔约对方税务主管当局授权的代表签署双

边或者多边预约定价安排后，主管税务机关应当向企业送达《税务事项通知书》，附送预约定价安排。

（11）预约定价安排执行期满后自动失效。企业申请续签的，应当在预约定价安排执行期满之日前90日内向税务机关提出续签申请，报送《预约定价安排续签申请书》。

【情景问答】

问：作为一家“走出去”企业，我们与B国的子公司存在着较多的关联交易，我们担心目前的关联交易定价政策不符合B国的要求，面临双重征税的风险，对此情况，请问我们公司应该如何处理？有没有什么办法可以避免双重征税？

答：“走出去”如果不重视关联交易定价政策，很有可能面临转让定价调查的风险。针对此种情况，申请双边预约定价安排能帮助企业降低面临的双重征税风险，又能保证企业的转让定价政策符合B国和我国的要求，是避免和解决转让定价争议的有效方法，大大降低企业税收风险和纳税成本，营造税企三方共赢局面。双边预约定价安排的前提是两国必须存在着税收协定，B国与我国是否存在着税收协定是首要判断的问题。双边预约定价安排除了企业的积极配合之外，需要两国税务机关协商达成一致，因此，影响因素较多，所需时间较长。预约定价安排的谈签与执行的具体流程和规定比较复杂，如果想进一步了解的话，可以参考《国家税务总局关于完善预约定价安排管理有关事项的公告》（国家税务总局公告2016年第64号）等有关法律、法规或者规范性文件。

【政策依据】

（1）中国政府与其他国家（地区）签署的避免双重征税协定、协议或者安排的有关规定（编者略）

（2）《中华人民共和国企业所得税法》（中华人民共和国主席令第64号）第四十二条（略，见文件72-1）

（3）《中华人民共和国企业所得税法实施条例》（中华人民共和国国务院令第512号）第一百一十三条（略，见文件72-2）

（4）《中华人民共和国税收征收管理法实施细则》（中华人民共和国国务院令第666号）第五十三条（略，见文件72-3）

（5）《国家税务总局关于完善预约定价安排管理有关事项的公告》（国家税务总局公告2016年第64号）（略，见文件72-4）

（6）《国家税务总局关于发布〈特别纳税调查调整及相互协商程序管理办法〉的公告》（国家税务总局公告 2017 年第 6 号）第五条、第四十七条至第六十一条（略，见文件 72 - 5）

74. 中国预约定价安排年度报告

【服务内容】

截至 2017 年 8 月，国家税务总局已发布 7 期《中国预约定价安排年度报告》，介绍了中国预约定价安排最新税收政策，执行程序及工作开展情况，并对相关统计数据进行了梳理、分析。这是增加预约定价安排工作透明度的重要举措之一，旨在为有意与税务机关达成预约定价安排的企业提供有益指导，也为其他国家和地区税务主管当局及社会各界了解中国预约定价安排工作提供参考。

【更多资讯】

《中国预约定价安排年度报告（2015）》下载地址：

http：//www. chinatax. gov. cn/n810214/n810606/c2420314/content. html

75. 协定条款相关的涉税争议双边协商

根据我国对外签署的税收协定的有关规定，国家税务总局可以依据企业申请或者税收协定缔约对方税务主管当局请求启动相互协商程序，与税收协定缔约对方税务主管当局开展协商谈判，解决国际税收争议，维护中国居民企业在境外的合法利益和国家税收权益。

涉税争议双边协商应遵循相互协商程序。相互协商程序，是指我国主管当局根据税收协定有关条款规定，与缔约对方主管当局之间，通过协商共同处理涉及税收协定解释和适用问题，以避免或消除国际重复征税问题的过程。

【适用主体】

居民企业。

【服务内容】

如果中国居民（国民）认为，税收协定缔约对方所采取的措施，已经或将会导致不符合税收协定所规定的征税行为，可以按规定向省税务机关提出申请，请求税务总局与缔约对方主管当局通过相互协商程序解决有关问题。根据有关协定条款的规定，相互协商程序应在第一次被通知该征税措施之日起三年之内提起申请。可以申请启动相互协商程序的情形包括：

（1）对居民身份的认定存有异议，特别是相关税收协定规定双重居民身份情况下需要通过相互协商程序进行最终确认的；

（2）对常设机构的判定，或者常设机构的利润归属和费用扣除存有异议的；

（3）对各项所得或财产的征免税或适用税率存有异议的；

（4）违反税收协定非歧视待遇（无差别待遇）条款的规定，可能或已经形成税收歧视的；

（5）对税收协定其他条款的理解和适用出现争议而不能自行解决的；

（6）其他可能或已经形成不同税收管辖权之间重复征税的。

我国负责相互协商工作的主管当局为国家税务总局（以下简称税务总局）；处理相互协商程序事务的税务总局授权代表为税务总局国际税务司司长或副司长，以及税务总局指定的其他人员。

省、自治区、直辖市和计划单列市国家税务局或地方税务局（以下简称省税务机关）及以下各级税务机关负责协助税务总局处理相互协商程序涉及的本辖区内事务。

【情景问答】

（1）问：我们集团2015年在埃塞俄比亚设立了一家公司。由于该公司的实际管理机构在中国境内，被境内主管税务机关认定为非境内注册居民企业，并被要求按照居民企业履行全面的企业所得税税收义务。同时，埃塞俄比亚税务当局也要求该公司在当地缴税。请问，可以申请启动税收协定相互协商程序吗？

答：中国政府和埃塞俄比亚联邦民主共和国政府签订的税收协定已于2012年12月25日生效。按照该协定及我国国内有关税收政策的规定，中国居民企业在境外遇到对居民身份的认定存有异议，特别是相关税收协定规定双重居民身份情况时，可以申请启动相互协商程序，通过相互协商程序进行最终确认。

（2）问：申请启动税收协定相互协商程序需提供哪些资料？

答：中国居民申请启动税收协定相互协商程序，应按照《税收协定相互协商程序实施办法》（国家税务总局公告2013年第56号）的规定，向省税务机关提交《启动税收协定相互协商程序申请表》纸质和电子版。

【政策依据】

（1）中国政府与其他国家（地区）签署的避免双重征税协定、协议或者安排的有关规定（编者略）

（2）《国家税务总局关于发布〈税收协定相互协商程序实施办法〉的公告》（国家税务总局公告2013年第56号）

政策链接

75－1 国家税务总局关于发布《税收协定相互协商程序实施办法》的公告

2013年9月24日　国家税务总局公告2013年第56号

为正确适用税收协定，避免双重征税，解决国际税收争议，维护中国居民（国民）的合法利益和国家税收权益，规范与外国（地区）税务主管当局涉及税收协定的相互协商工作，国家税务总局制定了《税收协定相互协商程序实施办法》。现予发布，自2013年11月1日起施行。

特此公告。

附件：1. 启动税收协定相互协商程序申请表（编者略）

2. 税收协定相互协商程序异议申请表（编者略）

税收协定相互协商程序实施办法

第一章　总　　则

第一条　为正确适用税收协定，避免双重征税，解决国际税收争议，维护中国居民（国民）的合法利益和国家税收权益，规范税务机关的相互协商工作，根据中华人民共和国政府对外签署的避免双重征税协定（含内地与香港、澳门特别行政区签署的税收安排，以下统称税收协定）、《中华人民共和国税收征收管理法》（以下简称税收征管法）及其实施细则以及其他有关法律法规规定，结合中国税收征管工作实际，制定本办法。

第二条　本办法所称相互协商程序，是指我国主管当局根据税收协定有关条款规定，与缔约对方主管当局之间，通过协商共同处理涉及税收协定解释和适用问题的过程。

相互协商程序的主要目的在于确保税收协定正确和有效适用，切实避免双重征税，消除缔约双方对税收协定的解释或适用产生的分歧。

第三条 相互协商的事项限于税收协定适用范围内的事项，但超出税收协定适用范围，且会造成双重征税后果或对缔约一方或双方利益产生重大影响的事项，经我国主管当局和缔约对方主管当局同意，也可以进行相互协商。

第四条 我国负责相互协商工作的主管当局为国家税务总局（以下简称税务总局）；处理相互协商程序事务的税务总局授权代表为税务总局国际税务司司长或副司长，以及税务总局指定的其他人员。

省、自治区、直辖市和计划单列市国家税务局或地方税务局（以下简称省税务机关）及以下各级税务机关负责协助税务总局处理相互协商程序涉及的本辖区内事务。

第五条 各级税务机关应对缔约对方主管当局与相关纳税人、扣缴义务人、代理人等在相互协商程序中提供的资料保密。

第六条 本办法所称缔约对方，是指与中国签订税收协定，且该税收协定已经生效执行的国家或地区。

第二章 中国居民（国民）申请启动的相互协商程序

第七条 如果中国居民（国民）认为，缔约对方所采取的措施，已经或将会导致不符合税收协定所规定的征税行为，可以按本办法的规定向省税务机关提出申请，请求税务总局与缔约对方主管当局通过相互协商程序解决有关问题。

第八条 本办法所称中国居民，是指按照《中华人民共和国个人所得税法》和《中华人民共和国企业所得税法》，就来源于中国境内境外的所得在中国负有纳税义务的个人、法人或其他组织。

本办法所称中国国民，是指具有中国国籍的个人，以及依照中国法律成立的法人或其他组织。

第九条 中国居民有下列情形之一的，可以申请启动相互协商程序：

（一）对居民身份的认定存有异议，特别是相关税收协定规定双重居民身份情况下需要通过相互协商程序进行最终确认的；

（二）对常设机构的判定，或者常设机构的利润归属和费用扣除存有异议的；

（三）对各项所得或财产的征免税或适用税率存有异议的；

（四）违反税收协定非歧视待遇（无差别待遇）条款的规定，可能或已经形成税收歧视的；

（五）对税收协定其他条款的理解和适用出现争议而不能自行解决的；

（六）其他可能或已经形成不同税收管辖权之间重复征税的。

第十条 中国国民认为缔约对方违背了税收协定非歧视待遇（无差别待遇）条款的规定，对其可能或已经形成税收歧视时，可以申请启动相互协商程序。

第十一条 申请人应在有关税收协定规定的期限内，以书面形式向省税务机关提出启动相互协商程序的申请（附件1，需提供纸质版和电子版）。

第十二条 负责申请人个人所得税或企业所得税征管的省税务机关为受理申请的税务机关。申请人就缔约对方征收的非所得税类税收提出相互协商申请的，负责与该税收相同或相似的国内税收征收的省税务机关为受理申请的税务机关。国内没有征收相同或相似税收的，省国家税务局为受理申请的税务机关。

第十三条 申请人依本办法第十条申请启动相互协商程序，且未构成我国税收居民的，个人户籍所在地、法人或其他组织设立地的省税务机关为受理申请的税务机关。

第十四条 申请人按本章规定提出的相互协商申请符合以下全部条件的，税务机关应当受理：

（一）申请人为按照本办法第九条或第十条规定可以提起相互协商请求的中国居民或中国国民；

（二）提出申请的时间没有超过税收协定规定的时限；

（三）申请协商的事项为缔约对方已经或有可能发生的违反税收协定规定的行为；

（四）申请人提供的事实和证据能够证实或者不能合理排除缔约对方的行为存在违反税收协定规定的嫌疑；

（五）申请相互协商的事项不存在本办法第十九条规定的情形。

对于不符合上款规定全部条件的申请，税务机关认为涉及严重双重征税或损害我国税收权益、有必要进行相互协商的，也可以决定受理。

第十五条 受理申请的省税务机关应在十五个工作日内，将申请上报税务总局，并将情况告知申请人，同时通知省以下主管税务机关。

第十六条 因申请人提交的信息不全等原因导致申请不具备启动相互协商程序条件的，省税务机关可以要求申请人补充材料。申请人补充材料后仍不具备启动相互协商程序条件的，省税务机关可以拒绝受理，并以书面形式告知申请人。

申请人对省税务机关拒绝受理的决定不服的，可在收到书面告知之日起十五个工作日内向省税务机关或税务总局提出异议申请（附件2，需提供纸质版和电子版）。省税务机关收到异议后，应在五个工作日内将申请人的材料，连同省税务机关的意见和依据上报税务总局。

第十七条 税务总局收到省税务机关上报的申请后，应在二十个工作日内按下列情况分别处理：

（一）申请具备启动相互协商程序条件的，决定启动相互协商程序，并将情况告知受理申请的省税务机关，省税务机关应告知申请人；

（二）申请已超过税收协定规定的期限，或申请人的申请明显缺乏事实法律依据，或出现其他不具备相互协商条件情形的，不予启动相互协商程序，并以书面形式告知受理申请的省税务机关，省税务机关应告知申请人；

（三）因申请人提交的信息不全等原因导致申请不具备启动相互协商程序条件的，通过受理申请的省税务机关要求申请人补充材料或说明情况。申请人补充材料或说明情况后，再按前两项规定处理。

第十八条 税务总局启动相互协商程序后，可通过受理申请的省税务机关要求申请人进一步补充材料或说明情况，申请人应在规定的时间内提交，并确保材料的真实与全面。

对于紧急案件，税务总局可以直接与申请人联系。

第十九条 发生下列情形之一的，税务总局可以决定终止相互协商程序，并以书面形式告知省税务机关，省税务机关应告知申请人：

（一）申请人故意隐瞒重要事实，或在提交的资料中弄虚作假的；

（二）申请人拒绝提供税务机关要求的、与案件有关的必要资料的；

（三）因各种原因，申请人与税务机关均无法取得必要的证据，导致相关事实或申请人立场无法被证明，相互协商程序无法继续进行的；

（四）缔约对方主管当局单方拒绝或终止相互协商程序的；

（五）其他导致相互协商程序无法进行、或相互协商程序无法达到预期目标的。

第二十条 在两国主管当局达成一致意见之前，申请人可以以书面方式撤回相互协商申请。申请人撤回申请或者拒绝接受缔约双方主管当局达成一致的相互协商结果的，税务机关不再受理基于同一事实和理由的申请。

第二十一条 对于相互协商结果，税务总局应以书面形式告知受理申请的省税务机关，省税务机关应告知申请人。

第三章 缔约对方主管当局请求启动的相互协商程序

第二十二条 税务总局接受缔约对方主管当局的相互协商请求的范围参照本办法第九条、第十条的规定执行。

第二十三条 发生下列情形之一的，税务总局可以拒绝缔约对方主管当局启动相互协商程序的请求，或者要求缔约对方主管当局补充材料：

（一）请求相互协商的事项不属于税收协定适用范围的；

（二）纳税人提出相互协商的申请超过了税收协定规定时限的；

（三）缔约对方主管当局的请求明显缺乏事实或法律依据的；

（四）缔约对方主管当局提供的事实和材料不完整、不清楚，使税务机关无法进行调查或核实的；

虽属于上款规定的一种或多种情形，但税务总局认为有利于避免双重征税、维护我国税收权益或促进经济合作的，仍可决定接受缔约对方启动相互协商程序的请求。

第二十四条 税务总局在收到缔约对方启动相互协商程序的函后，查清事实，决定是否同意启动相互协商程序，并书面回复对方。在做出是否同意启动相互协商程序决定前，认为需要征求相关省税务机关意见的，可以将相关情况和要求告知省税务机关，省税务机关应在税务总局要求的时间内予以回复。

第二十五条 税务总局在收到缔约对方主管当局提出的启动相互协商程序的请求时，相关税务机关的处理决定尚未做出的，税务总局应将对方提起相互协商程序的情况告知相关税务机关。相互协商程序不影响相关税务机关对有关案件的调查与处理，但税务总局认为需要停止调查和处理的除外。

第二十六条 相互协商程序进行期间，不停止税务机关已生效决定的执行，税务机关或者税务总局认为需要停止执行的除外。

第二十七条 在相互协商过程中，如果缔约对方主管当局撤回相互协商请求，或出现其他情形致使相互协商程序无法进行的，税务总局可以终止相互协商程序。

第二十八条 税务总局决定启动相互协商程序后，如有必要，可将缔约对方主管当局提交的相互协商请求所涉及的案件基本情况、主要证据等以书面形式下达给相关省税务机关，要求其在规定期限内完成核查。

第二十九条 接受任务的省税务机关应组织专人对案件进行核查，并在税务总局要求的期限内将核查结果以公文形式上报税务总局。对复杂或重大的案件，不能在期限内完成核查的，应在核查期限截止日期前五个工作日内向税务总局提出延期申请，经税务总局同意后，上报核查结果的时间可适当延长，但延长时间不超过一个月。

第三十条 接受任务的省税务机关认为核查缔约对方主管当局提交的案件需要对方补充材料或就某一事项做出进一步说明的，应及时向税务总局提出。税务总局同意向缔约对方主管当局提出补充要求的，等待对方回复的时间不计入核查时间。缔约对方主管当局在回复中改变立场，或提出新的请求的，核查时间重新计算。

第三十一条 省税务机关上报的核查结果，应包括案件调查的过程、对所涉案件的观点、事实根据和法律依据等内容。

第四章 税务总局主动向缔约对方请求启动的相互协商程序

第三十二条 税务总局在下列情况下可以主动向缔约对方主管当局提出相互协商请求：

（一）发现过去相互协商达成一致的案件或事项存在错误，或有新情况需要变更处理的；

（二）对税收协定中某一问题的解释及相关适用程序需要达成一致意见的；

（三）税务总局认为有必要与缔约对方主管当局对其他税收协定适用问题进行相互协商的。

第三十三条 省以下税务机关在适用税收协定时，发现本办法第三十二条规定的情形，认为有必要向缔约对方主管当局提起相互协商请求的，应层报税务总局。

第五章 协议的执行及法律责任

第三十四条 双方主管当局经过相互协商达成一致意见的，分别按不同情况处理如下：

（一）双方就协定的某一条文解释或某一事项的理解达成共识的，税务总局应将结果以公告形式发布；

（二）双方就具体案件的处理达成共识，需要涉案税务机关执行的，税务总局应将结果以书面形式通知相关税务机关。

第三十五条 经双方主管当局相互协商达成一致的案件，涉及我国税务机关退税或其他处理的，相关税务机关应在收到通知之日起三个月内执行完毕，并将情况报告税务总局。

第三十六条 纳税人、扣缴义务人、代理人等在税务机关对相互协商案件的核查中弄虚作假，或有其他违法行为的，税务机关应按税收征管法等有关规定处理。

第三十七条 省税务机关在相互协商程序实施过程中存在下列情形之一的，税务总局除发文催办或敦促补充核查、重新核查外，视具体情况予以通报：

（一）未按规定程序受理，或未在规定期限内向税务总局上报我国居民

（国民）相互协商请求的；

（二）未按规定时间上报相互协商案件核查报告的；

（三）上报的核查报告内容不全、数据不准，不能满足税务总局对外回复需要的；

（四）未按规定时间执行相互协商达成的协议的。

第六章 附 则

第三十八条 申请人依照本办法第七条的规定向省税务机关提起相互协商程序申请的，填报或提交的资料应采用中文文本。相关资料原件为外文文本且税务机关根据有关规定要求翻译成中文文本的，申请人应按照税务机关的要求翻译成中文文本。

第三十九条 关于特别纳税调整的相互协商程序实施办法，另行规定。

第四十条 本办法由税务总局负责解释。

第四十一条 本办法自2013年11月1日起施行。《国家税务总局关于印发〈中国居民（国民）申请启动税务相互协商程序暂行办法〉的通知》（国税发〔2005〕115号）同时废止。

本办法施行前已按国税发〔2005〕115号受理但尚未处理完毕的相互协商案件，适用本办法的规定。

76. 特别纳税调整相互协商

【适用主体】

居民企业。

【服务内容】

根据我国对外签署的税收协定的有关规定，国家税务总局可以依据企业申请或者税收协定缔约对方税务主管当局请求启动相互协商程序，与税收协定缔约对方税务主管当局开展协商谈判，避免或者消除由特别纳税调整事项引起的国际重复征税。

企业申请启动相互协商程序的，应当在税收协定规定期限内，向国家税务总局书面提交《启动特别纳税调整相互协商程序申请表》和特别纳税调整事项的有关说明。

【情景问答】

问：企业按照规定向国家税务总局提起特别纳税调整相互协商申请时，应注意哪些问题?

答：按照《国家税务总局关于发布〈特别纳税调查调整及相互协商程序管理办法〉的公告》（国家税务总局公告2017年第6号）规定，企业向国家税务总局提起相互协商申请的，需要注意：

（1）应在税收协定规定期限内，向国家税务总局书面提交《启动特别纳税调整相互协商程序申请表》和特别纳税调整事项的有关说明；

（2）如税务机关在相互协商过程中要求企业进一步补充提供资料，企业应在规定时限内提交；

（3）提交的资料应同时采用中文和英文文本，并与企业向税收协定缔约双方税务主管当局提交资料的内容保持一致。

【政策依据】

（1）中国政府与其他国家（地区）签署的避免双重征税协定、协议或者安排的有关规定（编者略）

（2）《中华人民共和国企业所得税法》（中华人民共和国主席令第64号）第五十八条（略，见文件71－1）

（3）《国家税务总局关于发布〈特别纳税调查调整及相互协商程序管理办法〉的公告》（国家税务总局公告2017年第6号）（编者略）

77. “一带一路”税收服务网页

【服务内容】

国家税务总局网站上开辟了税收服务“一带一路”专题，专题涵盖税收协定、工作动态、政策法规、相关案例、媒体资讯、国际税讯、国别投资税收指南等内容。专题内容将及时更新，帮助企业全面了解“一带一路”的税收信息。

【更多资讯】

欢迎访问国家税务总局“一带一路”税收服务网页：

http：//www. chinatax. gov. cn/n810219/n810744/n1671176/index. html

78. 12366纳税服务热线“走出去”企业政策咨询专席

【服务内容】

2015年6月起，全国税务系统依托12366纳税服务热线设立12366纳税服务热线“走出去”企业政策咨询专席，负责“走出去”企业的政策咨询，回应服务诉求。

【更多资讯】

目前，拨打各地的12366纳税服务热线，选择“走出去”企业服务专席即可进行咨询。

79. 12366纳税服务双语热线

【服务内容】

2016年1月，国家税务总局12366上海（国际）纳税服务中心正式挂牌成立，11月，开通中国国际税收服务热线，可为国内外纳税人提供中英文专业税收咨询、办税指引等纳税服务。截至2017年5月，已累计向纳税人提供咨询服务73413次，服务对象覆盖美国、澳大利亚、新加坡、中国香港等许多国家和地区的纳税人，其中英语服务千余人次，纳税人满意度达99.89%。

【更多资讯】

欢迎拨打中国国际税收服务热线：021－12366

80. 12366纳税服务双语网站

【服务内容】

2016年1月，国家税务总局12366上海（国际）纳税服务中心正式挂牌成立，上海中心双语网站同时开通。双语网站立足国际化发展战略，开设“一带一路”、长江经济带、自由贸易试验区等专栏，可为“走出去”纳税人提供专业税收指引。

【更多资讯】

欢迎访问12366上海（国际）纳税服务中心网页：

http：//www.tax.sh.gov.cn/12366gjsy/indexChinese.html

81. 国别投资税收指南

【服务内容】

截至2017年8月，税务总局共发布了59份国别指南，涵盖以下59个国家（地区）：

美国、俄罗斯、香港、印度、文莱、蒙古国、加拿大、日本、尼泊尔、阿尔巴尼亚共和国、埃塞俄比亚、韩国、拉脱维亚、墨西哥、摩尔多瓦、保加利亚、奥地利共和国、菲律宾、德国、澳大利亚、巴林王国、不丹、法国、格鲁吉亚、吉尔吉斯斯坦、卡塔尔、科威特、立陶宛、秘鲁、缅甸、尼日利亚、挪威王国、沙特阿拉伯王国、斯里兰卡国、塔吉克斯坦、坦桑尼亚、土耳其、乌兹别克斯坦、新西兰、匈牙利、亚美尼亚、以色列、阿联酋、巴基斯坦、巴西、波兰、哈萨克斯坦、柬埔寨、捷克、肯尼亚、罗马尼亚、孟加拉国、南非、塞尔维亚、泰国、乌克兰、新加坡、印度尼西亚、越南。

国别投资指南涵盖国家（地区）的基本情况、与我国双边经贸往来情况、现行税收制度、税收征管体制、投资涉税风险、税收协定、税收争议解决方法等主要信息，具有内容丰富、专业性强的特点。

【更多资讯】

欢迎访问国家税务总局“一带一路”税收服务网页国别（地区）指南模块：

http：//www. chinatax. gov. cn/n810219/n810744/n1671176/n1671206/index. html

82. 在线访谈

【服务内容】

全国税务机关聚焦税收热点难点、积极回应社会关切，2015 年起，在税务总局门户网站开展了一系列围绕“走出去”的专题在线访谈活动，就网民关心的问题与网友在线交流。

【更多资讯】

税收服务“一带一路”主题在线访谈网页链接：

http：//www. chinatax. gov. cn/fangtan/170414fangtan/index. html

http：//www. chinatax. gov. cn/fangtan/151110fangtan/index. html

各地在线访谈网页链接：

http：//www. chinatax. gov. cn/n810356/n810946/n842954/index. html

83. “国家税务总局”微信公众号

【服务内容】

国家税务总局依托微信平台，开通“国家税务总局”微信公众号，向纳税人开放信息获取渠道，提供政策咨询服务，回应纳税人诉求。

【更多资讯】

欢迎访问国家税务总局微信公众号：

chinatax008

微信二维码：

欢迎访问中国税务出版社税收资讯网：

http：//www. taxation. cn/

中国税务出版社微信公众号：

zgswcbs

微信二维码：

索　　引[①]

① 本索引就本书所有政策链接内容按编码排序，以方便读者检索。

办法〉的补充公告》（国家税务总局公告2015年第88号）

8－1　《财政部　国家税务总局关于全面推开营业税改征增值税试点的通知》（财税〔2016〕36号）附件四《跨境应税行为适用增值税零税率和免税政策的规定》第二条

8－2　《国家税务总局关于发布〈营业税改征增值税跨境应税行为增值税免税管理办法（试行）〉的公告》（国家税务总局公告2016年第29号）第二条至第十九条

8－3　《国家税务总局关于在境外提供建筑服务等有关问题的公告》（国家税务总局公告2016年第69号）第一条

8－4　《国家税务总局关于跨境应税行为免税备案等增值税问题的公告》（国家税务总局公告2017年第30号）第一条

12－1　《财政部　国家税务总局关于进一步明确全面推开营改增试点有关再保险、不动产租赁和非学历教育等政策的通知》（财税〔2016〕68号）第一条

13－1　《财政部　国家税务总局关于全面推开营业税改征增值税试点的通知》（财税〔2016〕36号）附件四《跨境应税行为适用增值税零税率和免税政策的规定》第三条

16－1　《中华人民共和国企业所得税法》（中华人民共和国主席令第64号）第三条、第二十三条、第二十四条、第四十五条

16－2　《中华人民共和国企业所得税法实施条例》（中华人民共和国国务院令第512号）第六条、第七条、第七十七条至第七十九条、第一百一十七条、第一百一十八条

16－3　《财政部　国家税务总局关于企业境外所得税收抵免有关问题的通知》（财税〔2009〕125号）第一条、第三条、第五条、第八条、第九条、第十一条至第十三条

16－4　《国家税务总局关于发布〈企业境外所得税收抵免操作指南〉的公告》（国家税务总局公告2010年第1号）第一条至第三条

17－1　《中华人民共和国企业所得税法》（中华人民共和国主席令第64号）第十七条、第十八条

17－2　《财政部　国家税务总局关于企业境外所得税收抵免有关问题的通知》（财税〔2009〕125号）第三条、第八条、第九条、第十一条、第十三条

19－1　《中华人民共和国企业所得税法》（中华人民共和国主席令第64号）第三条、第四条、第十七条、第二十三条、第二十四条

19－2 《中华人民共和国企业所得税法实施条例》（中华人民共和国国务院令第512号）第六条、第七条、第七十七条至第七十九条、第八十一条

19－3 《财政部 国家税务总局关于企业境外所得税收抵免有关问题的通知》（财税〔2009〕125号）第一条至第四条、第十二条

19－4 《国家税务总局关于发布〈企业境外所得税收抵免操作指南〉的公告》（国家税务总局公告2010年第1号）第一条至第四条、第八条

19－5 《国家税务总局关于企业境外所得适用简易征收和饶让抵免的核准事项取消后有关后续管理问题的公告》（国家税务总局公告2015年第70号）

20－1 《中华人民共和国企业所得税法》（中华人民共和国主席令第64号）第四条

20－2 《财政部 国家税务总局关于企业境外所得税收抵免有关问题的通知》（财税〔2009〕125号）第八条

20－3 《财政部 国家税务总局关于我国石油企业在境外从事油（气）资源开采所得税收抵免有关问题的通知》（财税〔2011〕23号）第一条、第三条

21－1 《中华人民共和国企业所得税法》（中华人民共和国主席令第64号）第二十三条、第二十四条

21－2 《中华人民共和国企业所得税法实施条例》（中华人民共和国国务院令第512号）第八十条

21－3 《财政部 国家税务总局关于企业境外所得税收抵免有关问题的通知》（财税〔2009〕125号）第一条、第五条、第六条

21－4 《国家税务总局关于发布〈企业境外所得税收抵免操作指南〉的公告》（国家税务总局公告2010年第1号）第一条、第五条、第六条

22－1 《财政部 国家税务总局关于企业境外所得税收抵免有关问题的通知》（财税〔2009〕125号）第五条

22－2 《财政部 国家税务总局关于我国石油企业在境外从事油（气）资源开采所得税收抵免有关问题的通知》（财税〔2011〕23号）第二条、第三条

23－1 《财政部 国家税务总局关于企业境外所得税收抵免有关问题的通知》（财税〔2009〕125号）第七条

23－2　《国家税务总局关于发布〈企业境外所得税收抵免操作指南〉的公告》（国家税务总局公告2010年第1号）第七条
24－1　《财政部　国家税务总局关于企业境外所得税收抵免有关问题的通知》（财税〔2009〕125号）第十条
24－2　《国家税务总局关于发布〈企业境外所得税收抵免操作指南〉的公告》（国家税务总局公告2010年第1号）第十条
26－1　《中华人民共和国企业所得税法》（中华人民共和国主席令第64号）第二十三条、第二十八条
26－2　《中华人民共和国企业所得税法实施条例》（中华人民共和国国务院令第512号）第七十七条至第七十九条、第九十三条
26－3　《财政部　国家税务总局关于高新技术企业境外所得适用税率及税收抵免问题的通知》（财税〔2011〕47号）
26－4　《科技部　财政部　国家税务总局关于修订印发〈高新技术企业认定管理办法〉的通知》（国科发火〔2016〕32号）
26－5　《科技部　财政部　国家税务总局关于修订印发〈高新技术企业认定管理工作指引〉的通知》（国科发火〔2016〕195号）
27－1　《中华人民共和国企业所得税法》（中华人民共和国主席令第64号）第二条、第二十六条
27－2　《中华人民共和国企业所得税法实施条例》（中华人民共和国国务院令第512号）第八十三条
27－3　《国家税务总局关于境外注册中资控股企业依据实际管理机构标准认定为居民企业有关问题的通知》（国税发〔2009〕82号）第四条
27－4　《国家税务总局关于印发〈境外注册中资控股居民企业所得税管理办法（试行）〉的公告》（国家税务总局公告2011年第45号）
28－1　《中华人民共和国企业所得税法》（中华人民共和国主席令第64号）第二十条
28－2　《中华人民共和国企业所得税法实施条例》（中华人民共和国国务院令第512号）第七十五条
28－3　《财政部　国家税务总局关于企业重组业务企业所得税处理若干问题的通知》（财税〔2009〕59号）第五条、第七条
28－4　《国家税务总局关于发布〈企业重组业务企业所得税管理办法〉的公告》（国家税务总局公告2010年第4号）第四章
28－5　《国家税务总局关于企业重组业务企业所得税征收管理若干问题的

公告》（国家税务总局公告 2015 年第 48 号）第九条、第十条
29－1 《中华人民共和国企业所得税法》（中华人民共和国主席令第 64 号）第二十六条
29－2 《中华人民共和国企业所得税法实施条例》（中华人民共和国国务院令第 512 号）第八十三条
29－3 《财政部　国家税务总局　证监会关于沪港股票市场交易互联互通机制试点有关税收政策的通知》（财税〔2014〕81 号）第一条
29－4 《财政部　国家税务总局　证监会关于深港股票市场交易互联互通机制试点有关税收政策的通知》（财税〔2016〕127 号）第一条
30－1 《中华人民共和国企业所得税法》（中华人民共和国主席令第 64 号）第二条
30－2 《中华人民共和国企业所得税法实施条例》（中华人民共和国国务院令第 512 号）第三条、第四条
30－3 《国家税务总局关于印发〈中华人民共和国政府和新加坡共和国政府关于对所得避免双重征税和防止偷漏税的协定及议定书条文解释〉的通知》（国税发〔2010〕75 号）第五条
31－1 《国家税务总局关于印发〈中华人民共和国政府和新加坡共和国政府关于对所得避免双重征税和防止偷漏税的协定及议定书条文解释〉的通知》（国税发〔2010〕75 号）第七条第二款
33－1 《国家税务总局关于印发〈中华人民共和国政府和新加坡共和国政府关于对所得避免双重征税和防止偷漏税的协定及议定书条文解释〉的通知》（国税发〔2010〕75 号）第十条第二款
35－1 《国家税务总局关于印发〈中华人民共和国政府和新加坡共和国政府关于对所得避免双重征税和防止偷漏税的协定及议定书条文解释〉的通知》（国税发〔2010〕75 号）第十一条
37－1 《国家税务总局关于印发〈中华人民共和国政府和新加坡共和国政府关于对所得避免双重征税和防止偷漏税的协定及议定书条文解释〉的通知》（国税发〔2010〕75 号）第十二条
38－1 《国家税务总局关于中、印两国政府避免双重征税协定若干条文解释与执行的通知》（国税发〔1994〕257 号）第四条
39－1 《国家税务总局关于印发〈中华人民共和国政府和新加坡共和国政府关于对所得避免双重征税和防止偷漏税的协定及议定书条文解释〉的通知》（国税发〔2010〕75 号）第十三条
49－1 《中华人民共和国税收征收管理法》（中华人民共和国主席令第 23

号）第十五条、第十六条
49 - 2 《中华人民共和国税收征收管理法实施细则》（中华人民共和国国务院令第666号）第十二条、第十四条
49 - 3 《税务登记管理办法》（国家税务总局令第36号）第二条、第十条、第十一条、第十八条至第二十条
50 - 1 《国家税务总局关于境外注册中资控股企业依据实际管理机构标准认定为居民企业有关问题的通知》（国税发〔2009〕82号）第一条至第三条、第七条
50 - 2 《国家税务总局关于印发〈境外注册中资控股居民企业所得税管理办法（试行）〉的公告》（国家税务总局公告2011年第45号）第六条至第十五条
50 - 3 《国家税务总局关于依据实际管理机构标准实施居民企业认定有关问题的公告》（国家税务总局公告2014年第9号）
51 - 1 《国家税务总局关于境外注册中资控股企业依据实际管理机构标准认定为居民企业有关问题的通知》（国税发〔2009〕82号）第四条至第六条、第八条
51 - 2 《国家税务总局关于印发〈境外注册中资控股居民企业所得税管理办法（试行）〉的公告》（国家税务总局公告2011年第45号）第四条
51 - 3 《国家税务总局关于依据实际管理机构标准实施居民企业认定有关问题的公告》（国家税务总局公告2014年第9号）第三条
52 - 1 《国家税务总局　财政部　中国人民银行　中国银行业监督管理委员会　中国证券监督管理委员会　中国保险监督管理委员会关于发布〈非居民金融账户涉税信息尽职调查管理办法〉的公告》（国家税务总局　财政部　中国人民银行　中国银行业监督管理委员会　中国证券监督管理委员会　中国保险监督管理委员会公告2017年第14号）
53 - 1 《中华人民共和国企业所得税法》（中华人民共和国主席令第64号）第三条
53 - 2 《中华人民共和国企业所得税法实施条例》（中华人民共和国国务院令第512号）第七条
53 - 3 《国家税务总局关于居民企业报告境外投资和所得信息有关问题的公告》（国家税务总局公告2014年第38号）第一条、第三条、第四条、第六条

54－1 《国家税务总局关于发布〈企业境外所得税收抵免操作指南〉的公告》（国家税务总局公告2010年第1号）第九条
55－1 《国家税务总局关于印发〈境外所得个人所得税征收管理暂行办法〉的通知》（国税发〔1998〕126号）第十条
56－1 《中华人民共和国个人所得税法》（中华人民共和国主席令第48号）第九条
56－2 《国家税务总局关于印发〈境外所得个人所得税征收管理暂行办法〉的通知》（国税发〔1998〕126号）第八条
57－1 《中华人民共和国企业所得税法》（中华人民共和国主席令第64号）第二条至第四条
58－1 《国家税务总局关于母子公司间提供服务支付费用有关企业所得税处理问题的通知》（国税发〔2008〕86号）
59－1 《中华人民共和国企业所得税法》（中华人民共和国主席令第64号）第四十一条第一款
59－2 《中华人民共和国企业所得税法实施条例》（中华人民共和国国务院令第512号）第一百零九条、第一百一十条
59－3 《中华人民共和国税收征收管理法》（中华人民共和国主席令第23号）第三十六条
59－4 《中华人民共和国税收征收管理法实施细则》（中华人民共和国国务院令第666号）第五十一条至五十六条
60－1 《中华人民共和国企业所得税法》（中华人民共和国主席令第64号）第四十一条第二款
60－2 《中华人民共和国企业所得税法实施条例》（中华人民共和国国务院令第512号）第一百一十二条
60－3 《国家税务总局关于印发〈特别纳税调整实施办法（试行）〉的通知》（国税发〔2009〕2号）第六十四条至第六十八条、第七十条至第七十三条、第七十五条
60－4 《国家税务总局关于规范成本分摊协议管理的公告》（国家税务总局公告2015年第45号）
61－1 《中华人民共和国企业所得税法》（中华人民共和国主席令第64号）第四十五条
61－2 《中华人民共和国企业所得税法实施条例》（中华人民共和国国务院令第512号）第一百一十六条至第一百一十八条
61－3 《国家税务总局关于印发〈特别纳税调整实施办法（试行）〉的通

知》（国税发〔2009〕2号）第八章
61－4 《国家税务总局关于居民企业报告境外投资和所得信息有关问题的公告》（国家税务总局公告2014年第38号）第二条至第六条
63－1 《中华人民共和国企业所得税法》（中华人民共和国主席令第64号）第四十六条
63－2 《中华人民共和国企业所得税法实施条例》（中华人民共和国国务院令第512号）第一百一十九条
63－3 《财政部　国家税务总局关于企业关联方利息支出税前扣除标准有关税收政策问题的通知》（财税〔2008〕121号）
63－4 《国家税务总局关于印发〈特别纳税调整实施办法（试行）〉的通知》（国税发〔2009〕2号）第八十五至第八十八条、第九十至第九十一条
64－1 《中华人民共和国企业所得税法》（中华人民共和国主席令第64号）第四十七条
64－2 《中华人民共和国企业所得税法实施条例》（中华人民共和国国务院令第512号）第一百二十条
64－3 《国家税务总局关于印发〈特别纳税调整实施办法（试行）〉的通知》（国税发〔2009〕2号）第十章
64－4 《一般反避税管理办法（试行）》（国家税务总局令第32号）
65－1 《中华人民共和国企业所得税法》（中华人民共和国主席令第64号）第四十三条、第四十四条
65－2 《中华人民共和国企业所得税法实施条例》（中华人民共和国国务院令第512号）第一百一十四条
65－3 《国家税务总局关于完善关联申报和同期资料管理有关事项的公告》（国家税务总局公告2016年第42号）第一条至第四条、第九条
66－1 《中华人民共和国企业所得税法》（中华人民共和国主席令第64号）第四十三条
66－2 《国家税务总局关于完善关联申报和同期资料管理有关事项的公告》（国家税务总局公告2016年第42号）第五条至第八条
67－1 《国家税务总局关于完善关联申报和同期资料管理有关事项的公告》（国家税务总局公告2016年第42号）第十条至第二十四条
71－1 《中华人民共和国企业所得税法》（中华人民共和国主席令第64号）第五十八条

71－2 《中华人民共和国企业所得税法实施条例》（中华人民共和国国务院令第512号）第一百三十二条

71－3 《关于开具〈中国税收居民身份证明〉有关事项的公告》（国家税务总局公告2016年第40号）

72－1 《中华人民共和国企业所得税法》（中华人民共和国主席令第64号）第四十二条

72－2 《中华人民共和国企业所得税法实施条例》（中华人民共和国国务院令第512号）第一百一十三条

72－3 《中华人民共和国税收征收管理法实施细则》（中华人民共和国国务院令第666号）第五十三条

72－4 《国家税务总局关于完善预约定价安排管理有关事项的公告》（国家税务总局公告2016年第64号）

72－5 《国家税务总局关于发布〈特别纳税调查调整及相互协商程序管理办法〉的公告》（国家税务总局公告2017年第6号）第五条、第四十七条至第六十一条

75－1 《国家税务总局关于发布〈税收协定相互协商程序实施办法〉的公告》（国家税务总局公告2013年第56号）